ちくま学芸文庫

生き方について哲学は何が言えるか

バーナド・ウィリアムズ
森際康友　下川 潔 訳

筑摩書房

This edition published by arrangement with
Harper Collins Publishers Ltd, London
through Tuttle-Mori Agency, Inc., Tokyo

目次

生き方について哲学は何が言えるか

ジェイコブに捧げる

凡例

一　本書は、Bernard Williams, *Ethics and the Limits of Philosophy* (London: Fontana Press/Collins and Cambridge, Mass.: Harvard University Press, 1985) の全訳である。

二　ゴチック体の箇所は、著者が原文でイタリック体にしている部分である。

三　（　）は、著者が原文で補足説明のために使用しているものである。ごく一部、挿入句の訳出の便宜上これを用いた箇所もある。

四　〔　〕は、訳者が文意を明示するために使用した。

五　「　」は、主として原文の引用符〝　〟である。概念の名称を表わしたり、長い複合文を読みやすくするためにその一部をくくり出す際にも、これを適宜用いた。

六　原注はアラビア数字で、訳注は括弧で囲んだアラビア数字であらわした。

七　原著の各章は節分けされていないが、論述の区切りとなるパラグラフの後にスペースを入れて切れ目を設けている。翻訳に際してはこの切れ目ごとに漢数字を打ち、節分けした。

八　翻訳は、森際が序、第一、三、七、八、九章を、そして下川が第二、四、五、六、十章、あとがきを担当した。それぞれが担当箇所の原注を訳し、訳注を作成した。その上で、訳語や表記の統一を図り、訳文を読みやすくするために全体にわたって協議し改良を施した。

序

この書物は主として道徳哲学の現状について述べたものであり、そのありうべき姿についてのものではない。しかし、私は道徳哲学の現状があるべき状態にはないと思うので、本書のいく分かは現代哲学についての批判となっている。さらにいく分かは、およそ哲学というものが倫理的な生き方を甦らせるのにどの程度役に立つか、という問題を提起する。この問題について、哲学が少なくとも倫理的な生き方のなんたるかを理解する手だてにはなる、ということを私は示そうと思う。道徳哲学の現状がどういうものであるのかを語ることによって、また、それに対して注文をつけることによって、私は倫理的思考についてのあるイメージと、それに適用される一連の観念を紹介したい。それが道徳哲学のありうべき姿について考えるよすがともなることを願う。

最初に簡単に述べておきたいポイントが二つある。まず、現代道徳哲学の研究が、古代ギリシャ思想に見出される考えのいくつかに考察の頁を割くこと、特に最初の三章をそれに当てることを奇妙に思われる読者もおられよう。これは単に、哲学がその歴史に対して抱く敬虔の念の現われではない。これには特別の理由がある。それは本書を読み進められる過程で明らかになるはずである（また、あとがきではっきりさせるつもりである）。もちろん、その理由は、倫理的思考に対する現代世界の要求は古代のそれと変わらないから、などというものではない。むしろ逆に、私は、倫理的思考に対する現代世界の要求はかつてないものである、と考える。現代のおもな道徳哲学が体現している合理性の観念はこの要求に応えられるものではない、もし応えられるものがあるとすればそれは古代の思考を大幅に修正したならば認められるような、ある思考の筋道だろう、というのが私の結論である。

第二のポイントは執筆のスタイルに関わるものである。本書の哲学的立場は、広い意味での「分析哲学」と呼べるだろう。本書で取り上げる最近の業績もまたその大半がそう呼べるだろう。私は、これはスタイルの問題であるにすぎないと思う。スタイルにともなう限界は、スタイルがある程度まで主題自体をも規定するという事実だけに負うものだと考える。つまり、他の思潮の道徳哲学とは異なった、分析的道徳哲学に固有の主題、といったものはないと考える。現代の他の哲学と分析哲学とを区別するものは、その話の進め方にある。分析哲学は、議論を要求し、区別を大切にする。そして、それを目指すことを忘れず、さらにそれに成功するかぎりのことではあるが、まずまず平明だといえるような語り方を特徴とする（これらの点では、他の時代の主だった哲学と違いはない）。平明な語り方に代わるものとして、分析哲学は不明瞭で晦渋な表現と専門技術的な表現とを鋭く区別する。分析哲学は常に晦渋を排するが、専門技術的表現はときに必要に迫られて認めることがある。分析哲学を敵視する人たちの中には、この点が特にお気に召さない人もいるようである。その人たちは、哲学が深遠であると同時に〔数学、論理学などの基礎的な勉強をしなくとも〕理解できるものであることを求めるので、専門技術的記述を厭い、晦渋な表現を見るとかえって心が和むのである。

分析哲学の目標は、常に唱えられるように、明晰であること、これである。が、分析哲学が何を根拠に明晰さを標榜するのか、さらに、分析哲学のみが明晰さを標榜しうるのかどうか、実はつまびらかでない。私はここでこの問題を論じたくない。なぜなら、この問題に立ち入ったならば他の議論ができないことになるし、また、私は本書が分析哲学の作品と見なされるかどうかについて、そう見なされることにはなろうけれども、実はあまり関心がないからである。しかし、本書が「明晰」なものとなることについては大いに関心がある。〔そこで明晰ということをめぐってだが〕私は本書の議論が進む過程で、ある見解を提示してみたい。その見解とは、理性と明晰な理解というものを論証的合理性の概念で捉えるある種の解釈が、倫理的思考を損ない、倫理的思考についての私たちの捉え方を歪めてきた、というものである。しかしこのような主張を哲学者が行う場合、それが説得力を持つためには、その主張自体はある程度の論証的合理性をもって議論を積み上げる形で展開されるべきである。現に私はそのような展開を与えようと試みた。しかし、言うまでもなく、私はしばしばそれに失敗しただろうから、私が明晰にしようと努力したにもかかわらず、不明瞭なままに終わった事柄も多かろう。不明瞭になった事柄の中には、私がこのような仕方で明晰化しようとしたために、かえってわかりにくくなったものもあるかもしれない。

本書の成立にあたっては大勢の方々にお世話になった。が、本書の仕上がり具合についてはは私以外の誰もその責めを負うものではない。私は倫理学理論に対する未だ完成していなかった批判を、お招き頂いたいくつかの講演で試してみることができた。オクスフォードのブレーズノーズ・カレッジでのタナー・レクチャーズ、ジョンズ・ホプキンズ大学でのタールハイマー・レクチャーズ、ウエールズ大学アバリストゥウィス校（当時）でのグレジニヒ・レクチャーズがそれである。これらの機会に意見や批判を寄せて下さった出席者に感謝する。また、一九七八年には、人文科学の上級客員フェローとしてプリンストン大学で道徳哲学のゼミナールを行う機会を与えられた。その際、多数の方々、とりわけトマス・ネーゲルとティム・スキャンロンとの議論から学ぶことができた。ロナルド・ドゥオーキンは長きにわたって友好的で鋭い、そして決して満足することのない批判者でいてくれている。本書の草稿の全部または一部をジェフリー・ホーソーン、デレク・パーフィット、ジョナサン・リア、そしてアマルティア・センの諸氏に目を通して頂いた。これらの方々の貴重な御意見に多くを負う。マーク・サックスには資料検索、ピーター・バービッジには索引作成を手伝って頂いた。感謝申し上げる。

一四頁のウォレス・スティーブンズの引用は『詩叢（*The Collected Poems*）』（版権一九五四年、ウォレス・スティーブンズ）からのものであり、出版社アルフレッド・A・クノップフ（ニューヨーク）およびフェイバー&フェイバー（ロンドン）の許可をえて再掲した。

イングランド　ケンブリッジ

亡霊たちが消え去り
揺り起こされたリアリストが初めて現実を見る時
その空白のなんと冷たいことか。死すべき者のＮＯには
空虚さがあり、悲劇的な終焉がある。
だが、悲劇は始まったのかもしれぬ、
またしても、想像力の新たな始まりのうちに。
ＹＥＳと言わねばならぬがゆえに言われた
リアリストのＹＥＳのうちに。あらゆるＮＯの背後にある
ＹＥＳへの飽くなき熱情ゆえに言われたＹＥＳのうちに。

ウォレス・スティーブンズ「悪の美学」[1]

人格をもたないとき、人は
方法を適用しなければならない。

アルベール・カミュ『転落』[2]

第一章　ソクラテスの問

一

　これはいいかげんにしてはおけない問題だ。僕らは、人はどう生きるべきか、ということを話し合っているんだからね。――ソクラテスはそう言った。少なくともこの問題を論じた最古の作品の一つを書いたプラトンによれば、そう言ったのである。[1] プラトンは、哲学がこの問題に答えられると考えた。プラトンは、ソクラテスと同様に、哲学特有の理解というものが、人生の指針、場合によっては人生を軌道修正する指針となることを願ったのである。「哲学」ということで言いたいのは、理解の仕方が一般的抽象的であり、合理的な反省を経たものであり、さらに、多様な探究を通じて知りうる事柄を対象とする、ということである。

道徳哲学が目指しているものは、また道徳哲学が真剣にとりあげられるべき営みとなるかどうかは、ソクラテスの問の運命と切り離すことができない。たとえ哲学それ自体がこの問に答えうる見込みはなかったということになったとしても。その見込みについてだが、まず最初に二点ばかり言っておきたい。一つは、特にこの問題について筆を執る哲学者が肝に銘じるべきことである。つまり、この大きな問題を提起した上で、その答として、ある種の抽象的で理論的な書き方をしたものが真剣に取り上げられるべきだと言うとき、大変なことを言っているということである。無論、この問題に関わる書物は他にもいろいろある〔のであって、この種の書き方がよいとする見方を常識とする現状があるわけではない〕。考えてみれば、多少とも出来がよくて、少しでも人生に関して述べたものであれば、たいていの本がそうである。これは哲学者が執筆する場合には、押さえておかねばならないことである。それは当人が、ソクラテスの問は正面きって答えられるようなものではないとする立場をとっていたとしても言えることである。

いま一つの点は、読者を念頭においたものである。もし哲学がこの問に答えられたとしたら、それは大変なことである。そもそも、ある学というもの、つまり大学で研究されるようなもの（大学に限ったという意味ではない）、それについて膨大な専門書があるようなものが、人生の基本問題に対する答と認めうるようなものをもたらすことが、本当にできるのだろうか。このようなことがどのようにしてできるのか、ちょっと見当もつかない。

考えられるとすれば、ソクラテスがそう信じたように、その答が読者にとって自分でもそう答えたかもしれないと思われるものである場合だけである。しかし、一体どうすればそうなるのだろうか。また、それはこのような学が存在するということとどのように関わるのだろうか。ソクラテスにとってはそのような学など存在しなかった。彼はただ友人たちと普通に語り合っただけである。彼が（多少とも尊敬の念をこめて）挙げた著述家といえば、それは〔哲学者ではなく〕詩人たちであった。しかしわずか一世代のうちに、プラトンは道徳哲学の研究を難しい数学の諸学科と結びつけ、二世代後には、それは学術論文が著されるようなものとなった。その中には、最も多くの光を投げかけてくれる論考として今日でもよく挙げられる、アリストテレスの『倫理学』[2]がある。

哲学者の中にはいま再びソクラテスのいた時代と状況に戻り、再出発することができればよい、と思っている人もいる。諸々の文献や哲学的研究の伝統の重みから解放され、常識、そして道徳的ないし倫理的関心について反省的に問うていくことができたならば、と思っているのである。これは確かに一つの考え方である。本書は、それが順を追って一つの探究を行い、その過程で読者を巻き込むことを願うものであるというかぎりでは、この方針をとろうとするものである。しかし、また別のレベルからみれば、この学のこれまでの営みから逃れられると思うこと、また、逃れるべきだとすることには理由がない。ある探究を哲学的探究にするものは、反省を通じて到達する一般性の確保、そして理性に訴えるとされる議論のスタイルである。すでに多くの鋭い、反省能力に優れた人々が、〔哲学的探究として〕この問題を定式化し、議論しようとして苦労を重ねてきている。それを忘れようなどというのは、ばかげたことだと思う。道徳哲学が現在抱えている問題は、その歴史、そして今日の営みがもたらしたものなのだから。さらに、忘れてはならないのは、哲学の他の分野、たとえば論理学や意味論、心の哲学などにも、それぞれの営為の伝統――その一部はかなり専門技術的なものだが――があるということである。確かに、数理論理学を除けば、それらが目に見える「成果」をもたらすことは稀ではある。が、それぞれについて知っておくべきことが多々ある上に、その幾分かは道徳哲学にも重要な関わりをもつので、哲学の諸分野はやはり重要である。

私たちはいまここに現存しているのであって、ソクラテスの時代と状況にいるのではない。この点を忘れてはならないと言うのには、もう一つの理由がある。ソクラテスやプラトンにとっては、哲学が反省的な営みであるということはその大きな特徴であった。つまり、日常の営為や議論に現われる人々の態度を定義し、批判しようとして、これらの営みから一歩退いたものとなっていたことが、哲学の一大特徴だったのである。ところが、現代の生活は反省的な営みに溢れており、高度の自己意識を必須のものとする制度に溢れているので、これらが哲学を他の営為から分かつ主要な特徴であるとすることは、もはや無理である。たとえば、法という制度を見てみよう。それは常に自己が社会的被造物であることをより深く自覚しつつある。また、医療という営みを見てみよう。それは同時に世話といたわりでもあり、ビジネスでもあり、応用科学でもあるという自己理解を余儀なくされている。小説にいたっては、大衆小説までもが自己の虚構性を自覚せずには成立しないものとなっている。現代世界における哲学は、反省的性格というものについて特権的な主張はできない。ただし、反省というものを特別な仕方で用いることはできるかもしれないが。

本書は道徳哲学における最も重要な展開について概説を試みる。ただし、それは問題の探究、特に私が最もおもしろいと思う方向への探究、という方法で行う。〔その過程で〕他の人たちの業績も紹介するが、それが正確なものであることを願う。しかし、業績の選択に当たっては相当の選り好みがあったことを認めねばならない。そのために道徳哲学についての私の概説は、他の人たちのものとはまた異なったものとなっていよう（本書が読むに値するものであるとしたら、〔類書には見られないことを書いていなければならないから〕それは当然のことだろう）。が、それだけではない。それはまたそもそも道徳哲学の現状を忠実にあらわすことだけを目指すものでもない。本書は、少なくとも次の点では道徳哲学――少なくとも英語圏のそれ――の現状を正確に反映するものではない。それは現状に比べて哲学の可能性について概ねより懐疑的であり、また、道徳についてもより懐疑的なのである。

道徳哲学の目的は何かということは、その〔哲学としての〕営みの所産に依存している。道徳哲学的探究は上述のように反省的一般的であり、かつ、知られうる事柄に関わるものである。したがって、この探究は以下のような問に答え、ソクラテスの問に答えるためにはどういうことが必要であるかを明らかにしようと努めねばならない。――科学的知識の果たす役割は何か、純粋に理性的な探究の可能性と限界はいかなるものか、ソクラテスの問に対する答は個々の社会ごとにどの程度の違いがあるとみるべきか、そして、これらの問に答えた上で、個人の決断に残されるべき範囲はどの程度か、が問われねばならない。こうして哲学的反省は、ソクラテスの問やその他のそれほど一般的ではない、実践的な問に答えるにはどのような事柄が問題となるかを考察せねばならない。さらに、それはそのような問に答えるには心のどのような力が、そしてどのような知識が要請されるかを問わねばならない。この過程で外してはならない考察は、哲学それ自体の位置づけの問題である。

この議論には循環があると思われるかもしれない。つまり、哲学はソクラテスの問がどのようにして答えられるかを問う過程で、自らの位置づけを確定する、と。それは循環ではなく、連続した進展である。哲学は、哲学というものをどう捉えようと、いかに生きるべきかに答える可能性をめぐって、哲学が問うことができると同時に問うべきでもあるような諸問題から出発する。その過程で、哲学はこの問に答えるにあたって自分がどれほどの頼りとなるかを看て取るに至るのである。哲学が提供できる手助けのための手段とは、通常の歴史的および個人的知識を補う、哲学に特徴的な手段、すなわち、分析や議論という推論的方法、容易に満足しない批判的な態度、そして諸々の可能性についての想像力に溢れた比較とである。

ソクラテスの問は、道徳哲学の最良の出発点である。それは「私たちの務めとは何か」や「私たちはいかにして善たりうるか」という問に比べてさえ、よい。ここに挙げた問は、あまりにも多くの事柄を真実であると前提してかかっている。それらの事柄がなんであるかについて見解の一致は望みがたいものではあるが。最後の〔幸福の〕問に関しては、ある人たち——たとえば第一の問から出発したがる人たちがそうであるが——は、それが道徳に特徴的な問題を無視するために間違ったところから出発するものだと見る。それに対して他の人たちは単にそれがやや楽観的に過ぎるのではないかと見るにすぎない、といった具合である。ソクラテスの問は、これらの問題に関して、また他の多くの問題についても中立を守る。しかし、この問がいかなる前提をももたないと考えるのは誤っている。したがって、第一になすべきことは、ソクラテスの問にはどのような事柄が関わっているか、そして、この問を有益な形で問いうるものとしたとき、私たちはどれほどの事柄を前提しているか、と考えてみることである。

二

「人はいかに生きるべきか」――すでにこの人（one）という表現の一般性が多くの前提を要求しているように思われる。ギリシャ語で同じことを言おうとすると、人という表現さえ用いない。人称代名詞を用いない表現となるのである。このことが含意するのは、〔三人称単数の人称代名詞が名指す誰かを想定しない表現なので〕誰にとっても大切ないし有益なことが言える、ということである。そして、これはこれで、何か一般的に通用する事柄、つまり、各人が「私はいかに生きるべきか」という問にこめる個々の熱望を包摂し、形作るような事柄というものを語りうるということを含意する。（この一般性の概念の中にに、より大きな含意内容を容易に看て取ることができる。すなわち、この問はその性質上当然に、私たちを捉えて放さない個別的自我に関わる関心から私たちを脱却させる、という含意である。この点については後に立ち入ろう。）これはソクラテスの問が日常の「何をしようか」という問を超える一つの側面である。

もう一つの側面は、それが差し迫った事柄についての問ではない、ということである。つまり、それはいま私は何をなすべきか、とか、次に何をなすべきか、とかいう問題ではない。それは生き方、生涯の過ごし方の問題である。古代ギリシャ人たちは、この問がもっている展望の長さに打たれた。それが人間の一生に関わる問であること、また、よい生き方というものは、人生の終わりに、よい生活であったと思えるようなものでなければならないということに、いたく感激したのである。また、最高の人生と思われた生活をだいなしにしてしまう運命というもののもつ力に感銘を受けて、ギリシャ人の中には――ソクラテスもそうしはじめた者の一人なのであるが――理性的な生活設計を求める者もいた。それは運命の力を削ぎ、人間に可能なかぎりで人を運の問題から自由にすると考えたのである。[3] これは、形を変えながら、その後の思想の目指すところともなった。この高度に一般的なレベルで、人は人生の一部分ではなくその**生涯**について考えねばならない。――今ではこの発想は、ソクラテスにとってそうだったほど、大切ではないと思う人たちもいるだろう。しかしソクラテスの問はいまなお人の人生を**一生涯として**、あらゆる角度から、最後の瞬間に至るまで、反省の対象とすることを要求する。たとえ私たちが、一生がどのように幕を閉じるかということにはもはや古代ギリシャ人ほど重きをおかないにしても。

「人は……べし（one should）」とでも訳すべき、人称代名詞をもたないギリシャ語句は、単にその人生が問題になっている人のことに関して沈黙しているだけではない。それはさらに、どのような考慮がこの問題を考える際に行われるべきかということについても完全に第三者的であり、結果としてそれはとてもよいことである。「私はいかに生きるべきか」という問は「私は道徳的にはいかに生きるべきか」ということを意味しない。これが、ソクラテスの問が上に挙げた他の問、つまり務めとか、善人の生とかをめぐる問と違う点である。ソクラテスの問は、よい人生、つまり生きるに値する生についての問とは同じであるかもしれない。しかし〔ここでも〕、よい人生という観念は、それ自体では、明らかに道徳的な主張をもたらすものではない。ソクラテスがそう信じ、いまなお大多数の人がそう望むように、よい人生とは善人の人生である、ということになるかもしれない。〔ソクラテスはそうに違いないと信じた。現代の私たちはそうでありうることを望む。〕しかし、たとえそうだとしても、それは後になって分かることである。前記のべしは単なる〔こうすればよいという程度の、倫理的に無色の〕べしであり、それ自体では、この高度に一般的な問におけるその用法は、「さて、いま何をすべきだろうか」という日常的な問におけるそれと変わらない。

哲学者の中には、この手の一般的ないし不確定な実践問題から出発することはできないと考える人もいる。彼らによれば、「私は何をなすべきか」とか「私にとって最善の生き方は何か」といった問は多義的であり、道徳的な意味と非道徳的な意味の二つがありうるのである。だから、この問に答えるにあたってまずしなければならないことは、この二つの意味のどちらが言われているのかを決定することである。

この考え方は誤っている。意味の分析は、意味の範疇として「道徳的」と「非道徳的」(3)というものを要求しはしない。無論、誰かがある人について"He is a good man."といった場合、話者に、それは彼が道徳的によい人だという意味で言ったのか、それともたとえば戦場において出撃の際に連れて行くのによい人材だという意味で言ったのか、ということを尋ねることはできる。――しかしこのように多様な解釈を与えることができるという事実は、別段"good"や"good man"といった表現に道徳的な意味をもたらすものではない。そうだとしたら、同じ理屈でこれらの表現には軍事的(とかサッカー的、等々)な意味ももたらされることになろう。

無論、人はある特定の機会に、「倫理的観点からみれば、私は何をなすべきか」とか、「自己利害という観点からすれば、私は何をなすべきか」などと問うことはできる。これらの問は、最終的判断ではなく、その基礎となる考慮の結果を問うものであり、最終的な判断に関係のある考慮のうち、特定のタイプのものを考察するように促し、そのタイプの考慮だけを取り上げたならばどういう結論が出るかを考えてみるように仕向けるのである。同様にして、私はたとえば経済的考慮だけを、あるいは政治的な考慮、家族生活に関わる考慮だけを取り上げて何をなすべきかと自問することができる。これらの個別的考慮を終えた後に残るのが、「あらゆる点を総合的に勘案すれば、私は何をなすべきか」という問である。何をなすべきかということで問われるのは〔結局のところ〕ただ一つのことであり、ソクラテスの問はその極めて一般的な例である。道徳的考慮というものは、この問に答えるのに問題となる諸々の考慮の一つであるにすぎない[4]。

ここでも、また上でも、私は「道徳的（moral）」考慮、というものに言及した。そのとき私は道徳的という語を一般的な仕方で用いたが、この語はここで問題となっている学――道徳哲学、という呼び名はなくなりそうもない――に対応するものである。しかし、この学にはいま一つの名前がある。「倫理学（ethics）」がそれである。そしてこの語には〔道徳的、ではなく〕倫理的考慮という観念が対応している。語源を見てみれば、この二つの言葉の違いはラテン語とギリシャ語の違いにすぎず、いずれも性向ないし慣習という意味の語に関わるものである。一つの実質的な違いは、"moral"のもととなったラテン語は、どちらかというと社会の期待という意味を強調するのに対し、ギリシャ語源の方は個人の性格の面を強調するものだという点である。しかし「道徳（morality）」という語は今日ではより特殊な内容をもつに至った。そこで私は、道徳というものは倫理的なるものの特殊な発展形態、現代の西洋文化において特に重要な意味をもつ形態、として理解されるべきだ、という見解を打ち出そうと思う。道徳は、倫理的な諸観念の中でどれをどのように取り上げるかに関して偏りがあり、特に義務の特殊な観念を発展させ、さらにいくつかの特殊な前提をもつものとなっている。それゆえに、道徳はまた、相当に眉に唾をつけて扱うべきものだと考える。したがって、以下では私は「倫理的」という語をこの学が当然主題にすべき事柄を表わす広義の表現として用い、「道徳的」および「道徳」――その特殊性については後述する――をより狭いシステムを表わすものとして用いることとする。

私はどれが倫理的考慮であり、どれがそうでないかについて定義することはしない。しかし、倫理的なるものの観念に含まれる事柄については一言したい。この観念は曖昧であるが、そのことにはなんら差し支えはない。実は、自身に明確な境界が設定されることを要求するのは、道徳、あの特殊なシステムの方である（それはたとえば、語の「道徳的」意味と「非道徳的」意味とを要求することによってそうする）。これは道徳に特有の諸前提のなせるわざである。〔倫理の場合〕それらの前提がないので、倫理という観念のもとには多様な考慮が含まれることを承認することができ、さらに、なにゆえにこの多様性の範囲が明確に限定されていないかを看て取ることもできる。

この範囲内に含まれるものの一つは義務（obligation）というものの観念である。相当に多様な種類の考慮が通常は義務ということで一括されており、後に第十章でなぜそうなのかという問題を取り上げる。よく知られた種類は自分で自分がそれを負うようにしうる義務、特に約束することによって負うような義務である。さらに、務め（duty）という観念もある。現在ではこの語が最もよく用いられるのは、限定的な制度的文脈においてである。たとえば、務めの一覧表があるときなどがそうである。それを超えると、務めというものは一つの役割、立場もしくは関係、たとえばブラッドリーがある有名な論文の題名[5]で用いた表現を使えば、ある人の「持ち場（station）」との関係で発生するもの、と結びつけて用いられることがその特徴である。ある仕事に関わる務めの場合などでは、その仕事は自発的に引き受けたものであることもあるが、概していえば、務めや（約束に基づいたものを除けば）ほとんどの義務は、自発的に引き受けるようなものではない。カントやカントに影響された人たちによれば、すべての真に道徳的な考慮は、究極的に、深いところで、行為主体の意志に依存している。私は社会制度における私の立ち位置ということ――たとえば、私が誰それの子供であるという事実――だけから、ある一定の仕方でふるまうように要求されるといったことはありえない。もしここでの要求が、心理的な強制や社会的、法的制裁といったものの単なる反映ではなく、道徳的なものであったとすればのことであるが。道徳的にふるまうということは、社会的圧力に押されて動くということではなく、自律的にふるまうことである。この点が、道徳という下位システムに特徴的な発想のいくつかを見事に表わしている。これに対し、あらゆる社会に認められる倫理的な考えであり、私たちの社会にもなお認められる考えは、人は自分が誰であるかということや、自分の社会的な立場というものによってこの種の要求を引き受けざるをえない、というものである。西洋社会の人々の中には、この種の考慮を受け容れたがらない人もいるかもしれない。が、このような考え方は過去においてほとんどすべての人が受け容れてきたものである。また、このような考え方はすべて、合理的な検討を経たならば、放棄されるか、さもなくば自発的認容の論理によって再解釈されるべきものとなる、とする立場があるが、それには必然性はない。このような立場は、道徳というものの他の特徴と同様に、近代化の過程と密接に関連している。すなわち、それは法的関係の世界においてはメイン(Maine)[4]が「身分から契約へ」と呼んだ変化の過程の倫理的な了解形態なのである。それはまた、倫理的関係に入る自己についての捉え方の変遷にも対応している。[6]

義務や務めというものは、越し方を振り返ることを、少なくとも横を見ること、つまり現状を考慮することを含意する。何をなすべきかについて考慮していると、義務や務めが要求する行為というものは、なすべきものとして未来にあるが、その行為をなすべき理由は〔過去にあり、それは〕たとえば、すでに約束してしまっていることとか、引き受けた仕事だとか、すでに立っている立場といった事実に基づくものである。これとは違った種類の倫理的考慮として、前向きの倫理的考慮がある。それは自己が選択しうる行為の結果を見据える。「それが最善の道だ」という表現がこの種の考慮の一般的な形であるとみてよい。この表現の一つの解釈によれば――哲学理論としては非常に重要なのであるが――「最善」は、人々が自分たちの欲しいものを手にいれる度合とか、幸せになる度合といった考慮によって測られる。これは福利主義(welfarism)や功利主義(utilitarian-ism)の領域の話である(このような理論については第五および六章で論じる)。しかし、これはあくまでも一つの解釈にすぎない。前向きの考慮が基本となると考えた論者にはG・E・ムーア(G. E. Moore)もいるが、ムーアは満足以外のもの――たとえば、友情や美意識――をよき結果の一つに数えた。彼の理論がブルームズベリ(Bloomsbury)グループにとってきわめて魅力的であったのは、このことによる。つまり、この理論は義務〔論者〕のしかつめらしさと功利主義の低俗さとの双方を同時に峻拒しえたのである。

さらに、また別種の倫理的考慮がある。それは行為というものを何か倫理的に意味あるものとして提示するのである。ある行為が選ばれたり、斥けられたりするにあたって、その行為がもちうる倫理的性質は実に多様である。たとえば、ある行為はそれを行うことが窃盗とか殺人の実行となるから、また人を偽ることとか不名誉なことになるから、さらに、より平凡な理由としては、それが誰かの期待を裏切ることになるから、といったことで斥けられうる。これらの実に多様な行為記述はさまざまなレベルで行われる。たとえば、ある行為はそれが人を偽るものであるから不名誉な行為となる、といった具合に。

このような記述——行為がそのもとで選択されたり斥けられたりする記述——と密接に関連するものには、さまざまな徳（virtues）というものがある。徳とは、行為を、それがもっている倫理的な意義を理由に、選んだり斥けたりするというその人の性向である。「徳」という語はほとんど滑稽な、いずれにせよ望ましくない感じのすることばになり果ててしまい、いまなおこの語を用いるのは哲学者くらいのものであるが、この語にとって代わりうるような適当なことばもないし、また道徳哲学においては使わざるを得ないものである〔からこの語を用いる〕。もしその本来の意味が再確立されたならば、この語はもう一度まともな使い方がされるようになるのではないか。その本来の用法においては、それは倫理的に立派な性格を意味する。この本来的用法においてはさらに、この語はかなり広い範囲の性質を含む集合に適用でき、またこのような事柄に関してはよくあることだが、その集合の境界は厳密ではなく、また、厳密にする必要もないものである。望ましい性質の中には確かに徳とは言えないものがある。たとえば、性的魅力があるという性質がそうである。性的に魅力があるかどうかは性格の問題でありうる〔確かに性的魅力のある性格の持ち主もいる〕が、常にそうであるとは限らないし、いずれにせよそれはちょうど絶対音感をもっていることが徳でないのと同様に、徳であるとは言われない。さらに、徳というものは常に単なる腕前の良さ以上のものである。というのは、徳に関してはそれに特有の欲求や動機が問題になるからである。つまり、人が優秀なピアニストでありながら弾きたいという欲求をまったくもたない、といったことはありうるが、〔徳についてはこのようなことはありえず〕人が寛大であるとか公明正大である場合には、このような性質自体が、適当な状況においては、どのようにふるまいたいか〔という欲求、動機〕を決定するのに与るのである。

だからといって、徳というものが誤用されることがないわけではない。誤用されている徳の一つは、いわゆる執行上の徳（executive virtues）である。これらはそれ自体が目的をもつのではなく、他の目的の実現を補助するものであり、たとえば勇気とか自制心がそうである。これらはそれでも性格の一種であるから徳の一つであり、単なる腕前の良さと同じような仕方で他の目的の追求に関わるものではない。ソクラテスによれば、徳は誤用されえない。それどころか、ソクラテスはさらに強い主張をもっていた。彼によれば、人がある徳を我がものとしているときには、彼はそれを身につけていなかった場合に比べて、より悪くふるまうことはできないのである。この考えを一貫させたソクラテスは、基本的には徳というものはただ一つ——正しい判断を行う能力が——あるだけだと信じるようになった。私たちはそこまで彼に従う必要はなかろう。さらに重要なことは、私たちは、これらの考えを生み出す動機に関してソクラテスに同意すべきではないということである。ソクラテスはこの動機を個人の人生における**無条件**によいもの、つまりあらゆる状況において善であるようなものの探求に求めたのだが、これについては彼に同意すべきではないだろう。この探求は形を変えて近現代にも現われている。後に私たちは、その一つの姿を道徳固有の特殊な関心の中に看て取ることになろう。

徳という観念は道徳哲学においては古くからあったものであるが、ここしばらく廃れてしまっている。最近、ようやく何人かの人たちがその著書においてこの観念の重要性を強調した。[7]もし人がある徳を身につけていたとすると、それはその人が実践判断にあたって行う熟慮に影響を与える。ここで私たちは、徳がどのようにしてこの熟慮プロセスに影響を与えるかをはっきりさせねばならない。一つの重要な点は、徳を表わす言葉自体は通常この熟慮プロセスには現われないということである。

ある特定の徳を身につけた人は、自分の行為がある記述を受けるものであるとき、それを理由にその行為を実行し、それが別の記述を受けるときには、それを理由に実行を控える。その人はその徳の持ち主として記述され、彼もしくは彼女の行為もその徳の現われとして記述される。たとえば、彼もしくは彼女は、正しいことないし勇気のいることをする、正しい人ないし勇気ある人である。しかし――これが言いたいことなのであるが――行為主体と行為に当てはまる記述が、行為主体がそのもとでその行為（の実行）を選んだ記述と同じであることは、まずない。「正しい」というのはその例外に属する。つまり、正しい人ないしフェアな人とは、いかにふるまうかを自分の行為が正しいか（フェアか）否かということを理由に決定する者である。しかし勇気ある人は、自らの行為が勇気ある行為だからそれを選択するのではない。また、よく指摘されることだが、謙譲の美徳を備えた人は、自分の行為が謙譲の名にふさわしいものであるからそれを選ぶのではない。さらに、善意の人や心優しい人は心優しいことをするが、それを〔それが心優しいという記述を受けるから行うのではなく、〕他の記述のもとで行う。たとえば、「彼女にはこれが必要だ」とか「きっと彼を元気づけるだろう」とか「痛みを鎮めるだろう」などである。徳の記述は考慮の際に現われる記述自体ではない。

さらに、通常、特定の徳を身につけた人の行う熟慮を一言で言い表わすような倫理的概念はない。むしろ、もし人がある特定の徳を身につけているのであれば、その人がその徳を身につけているがゆえに、その人にとってある範囲の事実が倫理的考慮の対象となるのである。有徳の人において意味をもつ倫理的考慮から、徳そのものの記述に至る道は険しいものであり、自己意識というものの衝撃力がこの道を定めると同時にそれを険しいものにしている。

この衝撃力が、実は、徳というものの倫理的概念としての評判を落とすのに一役買っていたかもしれない。徳についての議論ともなれば、徳育についてうるさく言ったものである。徳育は、その名称はなじみのないものであったとしても、三人称の形では、ありふれたものである。それは社会化過程や道徳教育、それどころか考えてみれば教育一般のかなりの部分を占めるものであるから。しかし、それが一人称の形で捉え直されると、徳育にはしかつめらしさとか自己欺瞞といった、何かうさんくさいものがつきまといがちである。それは単にこのような〔自己の徳育という〕仕方で考えることは、世界や他の人々のことではなく自分のことを考えることになるから、というだけではない。ある種の倫理的思考は、特にそれが自己批判的なものである場合には、もちろんそのように〔自己中心的に〕なるだろう。〔この種の倫理的思考に関連して〕最近何人もの人たちがその書物で二階の欲求——特定の欲求をもちたいとする欲求[8]——と、それの倫理的反省および実践意識にとっての意義について力説している。これらの二階の欲求を充足させようとして行う熟慮は、とりわけ高度に自己自身に向けられたものでなければならない。さて、一人称の、熟慮を伴う作業として徳育というものを見てみると、問題はむしろ思考が十分に自己に向けられていないことにある。徳の観点から自分のありうべき状態について思考をめぐらすということは、必ずしも自分のこれからの行為について考えることを意味しないし、また、明確に、自分のこれからの行為について自分はどう思うのか、どう思うべきかといったことについて考えるということでもない。それはむしろ、自分のこれからの行為について自分がどう思っているのかということを、他人がどのように記述したり評価したりするだろうかということについて、自分が考えることである。そしてもしこれが自分の熟慮の本質的内容であったとすると、それはやはり倫理的関心が間違った方向を向いていることを意味するだろう。このことから学ぶべき教訓は何か。それは徳が重要な倫理概念ではない、ということではない。むしろ、倫理概念の重要性は、必ずしもその概念が一人称の熟慮の要素たることにある訳ではない、ということである。というのも、寛大な人々や勇敢な人々の熟慮、また、より寛大に、あるいはより勇敢になろうとしている人々の熟慮は、そうでない人々の熟慮とは異なるが、その相違の実質は有徳の人々が自分たちのことを寛大さとか勇気といった言葉で捉えることにあるわけではないから。

三

以上いくつかの倫理概念、および倫理的考慮を挙げた。さて、行為の選択にあたって考慮されるが、倫理的考慮とは言えないものにはどのようなものがあるだろうか。一つ誰もが思いつくものがある。利己主義的考慮である。これは安逸や興奮、自尊心、権力など、行為主体の利益だけに関わる考慮を言う。このような考慮と倫理的なそれとが違うということはいまさら言うのも陳腐なことではある。また、その違いというのも、倫理という営みが何のためにあるのか、それが人間社会でどのような役割を果たすのか、といったことについてのもっともな考えに基づくものだろう。しかし、ここにおいてさえ、いくつかの区別をはっきりさせておかねばならない。

一つは単なる言葉の問題である。いま問題となっているのは「人はいかに生きるべきか」というソクラテスの問である。そして恥も外聞もない我利我利亡者主義という意味での利己主義は、とにもかくにもこの問への一つの理解可能な応答ではある。たとえ大多数の人がこの答を斥けたがるとしても。さて、ソクラテスの問への理解可能な応答をもたらすいかなる人生計画にも「倫理的」という語を用いることができよう。その意味では最も露骨な利己主義も倫理的生活の選択肢の一つとなろう。しかし、私はこの用法に従うべきではないと考える。というのは、第一に、それが当初はどれほど曖昧模糊としていても、私たちは確かに倫理的なるものについての一つの捉え方をもっていると思うからである。それは私たちと私たちの行為を、理解できる形で、他の人々の要求や必要、主張、欲求、そして一般に他者の人生に結びつける。第二に、私たちが倫理的考慮と呼ぶ準備があるものの〔性格をはっきりさせる〕ためにはこの捉え方を保持することが役立つと思われるからである。

しかし、利己主義は〔捉え方によっては〕その最も露骨な形でのそれよりも〔倫理的なるものの方向へと〕一歩先に進むことができる。紛らわしい名前だが、**倫理的利己主義**（*ethical egoism*）という規範的行為理論がある。これは、各人は自らの利益を追求するべきだ、とする。これが露骨な利己主義と異なるのは、それが反省的な立場であり、人間の利害について一般化した見方をする点である。それを自称に従って倫理システムと呼んでよいかどうかはたいした問題ではない。重要なのは、それが倫理的考慮という観念にいかなる寄与をもたらすか、という問題である。一見したところ、そのような寄与はないように思われる。なぜなら、それは各人が非倫理的考慮に基づいて行為すべきであると主張するものだから。もし、この立場がこれだけのことしか主張していないとしたならば、それはただ教条的な立場であるにすぎない。というのは、人が実際には自己の利害以外の考慮に基づき行動することもあるとしたならば、そのようにふるまうのがなにゆえに不合理であるのか、この立場は何も言っていないからである。この立場はこれほど強く解釈すべきではなく、倫理的考慮の役割については何も言わないで、むしろ倫理的考慮に基づいて行動することもあるような生がどのように自己利害というものと関わるのか、という問題を提起するものと見るべきだろう。

さらに、この立場に似て非なるいま一つの見解がある。これもまた一般的に言える事柄として、各人が自己利益を追求するという事態が発生すべきである、との主張を掲げる。この見解は、〔利己主義の〕人が行動する際に行う考慮をぐらつかせることになろう。というのは、それは通常の意味での倫理的な考慮を〔利己主義者の考慮の中に〕持ち込むことになろうから。つまり、もし私が各人による各自の利益追求という事態が発生すべきだと思っているとすると、私がなすべき事柄として挙げられそうなのは、そのような利益追求の事態を招来するよう努める、ということである。ところで、これは他の人々がこの考え方を採用するようになるよう、私が一肌脱ぐこともありうることを意味するのではないか。このようなふるまい方は〔倫理的考慮に基づくものと思われ〕、単純に自己利益を追求することと十分に衝突しうる〔のでこの手の考慮をぐらつかせることになろう〕。

実際のところ、各人が自己利益を追求するという事態が発生すべきだとする信念を、そのままの形で保持し続けることは極めて困難である。むしろ、各人がそうすることが一番よい結果を生むはずだ、という考慮をこれに加えた形で保持するのが普通だろう。これは、他人に優しくするような試みは単に問題を混乱させるだけだ、といった言い方をとることもできよう。このように論じ（かつ、それを信じ）る人は実際のところ、他の倫理的考慮をも受け容れているのである。たとえば、人々が自分のほしいものを手にいれることはいいことだ、と信じ、さらに、なるべく多くの人がほしいものをできるだけたくさん手にいれるための方法は、各人が自分のほしいものを手にいれようとすることだ、と信じているのである。これは言うまでもなく自由放任の資本主義を弁護する人たちが、一九世紀初期に主張していたことである。人によっては二〇世紀末にいたっても、すべての経済システムはその成員に自己利益〔だけでなく、これ〕を超える行動傾向があること〔を前提し、システムの存立がこれ〕に依存しているという明らかな事実があるにもかかわらず、相変わらず同じ主張を行っている。この矛盾は、なぜ自由放任の擁護者の中には自己利益を追求していない人だけでなく、自己利益追求を行っている人に対してさえも〔自由放任がいかによいかの〕道徳訓話的な話をする傾向があるかということを説明するてだてになるかもしれない。

私たちは今、倫理的考慮と利己主義的考慮とを対比しているのである。しかし、人が他の誰かが幸福になることを欲するといったことがあるのではないか。すると利己主義すなわち自己が欲するものを追求するということが、倫理的な考慮の一種であるはずの、他者の幸福への関心ということと一致してしまうのではないか。ふたたび答はイエスである。

しかしこの点は、〔たまたまそのような一致があるだけでなく〕何らかの一般的かつ体系的な仕方で利己主義的な考慮と倫理的なそれが合致するということがなければ、取り立てておもしろいことではない。この問題は第三章で基礎づけの問題を考察する際に考えることにしよう。

以上、倫理的なるものの観念は確かに曖昧ではあるが内容を持っているものでもある、ということが明らかになったことと思う。倫理的なるものとは純粋に形式的な観念ではない、ということである。この点はたとえば、「反倫理的」とでも呼んでよいまったく別種の非倫理的考慮に看て取ることができる。反倫理的動機はきわめて人間的な現象であるが、さまざまな形で現われる。それは倫理的なるものにおけるそれらの対応物によって規定されるのである。この種の動機の中で最もなじみ深いものは悪意というものである。それはしばしば行為主体の楽しみと結びつけられており、そのように結びついていることが悪意というものの通常の状態であると考えられている。しかしこれ以外に、純粋で無私の悪意というものもあるはずである。それは行為主体が意志した害悪〔が発生するの〕を楽しむために待機する必要さえ認めないものである。それは不公平であることを楽しむ気まぐれな気持ちである、反正義（counterjustice）というものとも異なる。反正義の方はその倫理的な対応物〔である正義〕に大きく依存している。それに方向を与えるためにはまず何が正義であるかを注意深く決定することが必要だという意味である。悪意に関しては、そのような構造はない。悪意が行われるためには善意がまずその機能を果たさねばならないというわけではなく、むしろそれぞれが同じ知覚を利用し、そこから異なった方向に動く〔という構造があろう〕。（だからこそ、ニーチェが指摘したように残酷さ（cruelty）は憐憫の情を必要とするのに対し、獣性（brutality）はそれを必要としないのである。）さらに、他の反道徳的な動機は倫理的なるもののもたらす帰結ではなく、それの評判や情緒的イメージに依存している。これは予期されたことだが、特に徳に関わることについてそう言えそうである。たとえばある行為が臆病な行為だということは、ふつう行為主体にとってはその行為の価値を減らすものであるが、それは恥のマゾヒズムに、しかもある反道徳的な仕方で、奉仕するものでありうる。

私は利己主義的な考慮と〔その反対の〕自己への関心を超えるような考慮、たとえば善意とか公正といったものに触れてきた。そこで問題となるのは、後者のような考慮が自己への関心をどれほど超えればよいのか、ということである。これは倫理学にとって大変重要な問題となった。たとえば、〔自己への関心を超えるといっても〕自己の家族の関心と需要とを考慮するだけであった場合、それは倫理的考慮といえるだろうか。それが自己の共同体〔まで広がった〕という場合はどうか。自分の国〔まで広がった〕という場合はどうか。確かにこのような身近な忠誠の対象は人々の生活の一部をなしてきており、倫理的生活の場をも提供してきたといってもよいように思われる。しかしながら、倫理的要求の中には普遍的な関心のみによって満たされるようなものがあるように思われる。普遍的関心、それはすべての人間に関わる関心、あるいはさらに、人類を超えた関心といったものである。この関心は特に道徳という下位システムによって育まれるものである。いかなる関心も、それがこの普遍性をもたなければ真に道徳的とは言えない、と考えられている限りそうである。

道徳にとっては倫理的共同体は常に同一である。それは普遍的共同体である。より小さな団体への忠誠、たとえば家族や国への忠義といったものは、いわば外から内へと正当化されねばならない。つまり、普遍性に届かない対象への忠誠心もまたよいものだ、ということを説明する議論が必要なのである。（第五章および六章で、このようなアプローチをもたらす動機とその危険性とを考察しよう。さらに、普遍的共同体とは何かについてのさまざまな立場を考察しよう。）より日常的なレベル（道徳の立場から（偉そうに）語る輩なら「より無反省の」とでもいうことだろう）では、倫理的なるものの位置づけは、与えられた対比図式の一方から他方へと自由に行き来することができる。つまり、私の私的利害に対比すれば、（私の）町や国民の利害は倫理的要求を現わすことができる。しかし、町の利害は、もし要求がさらに大きな（共同体である自己）同一化対象から提起された場合には、エゴとみなされることにもなろう。これはなぜかというと、以下の単純な理屈による。まず、善意や公正さの要求というものは、常になんらかの自己利益に対してそれを批判する立場に立つことを可能にする。ところで、私たちは、私に負けず劣らず自己利益を現わしうる。そして、誰が私たちであるかは、特定の場合における自己同一化領域の広がり方に依存するのであり、さらに、それが対比される対象との境界線の引き方にもよるのである。

私はいく種類かの倫理的考慮を挙げてきた。また、非倫理的な考慮も一つならず挙げた。哲学は伝統的にこのような多様性を還元したがってきたと思われる。倫理的、非倫理的考慮の双方についてそれは言えよう。まず第一に、哲学は、非倫理的な考慮をすべて利己主義、つまり自己利益を求める立場の中で最も視野の狭い形式に還元できるとみなす傾向があった。実に、哲学者の中には、それを快楽の追求という特定の利己主義的関心に還元しようと欲した人もいた。特にカントは、道徳原理に基づかないあらゆる行為は、行為主体の快楽のために行われると考えていた。この考え方はいま一つの考え、すなわち、倫理的理由に基づくものをも含むあらゆる行為が、すべて快楽の追求に動機づけられている、とするものとは区別されねばならない。後者の理論、つまり心理主義的快楽主義は、明らかに誤りであるか、さもなくば空虚でつまらないものになりがちである。というのは、それが行為主体の求める快楽と行為主体が意図的に行うことをまったく同一視してしまえば空虚になるからである。いずれにせよ、この理論は、倫理的なるものとそうでないものとを区別するために特別に貢献するものではない。もし心理主義的快楽主義の一種に、真であり、かつ興味をひく理論があるとすれば、そこでは非倫理的な動機をもった行為は必ずしも快楽追求行動の特殊な集合を形作ることにはならないはずである。他方、カントの見方は、この区別の問題に貢献する。それは、道徳的行為のみが心理主義的快楽主義から自由であるとするのである。この見方はどう考えても間違っているだろう。[9] そのような理論に影響されなければ、私たちにはさまざまな非倫理的動機があるという明らかな真理を受け容れることができよう。さらに、倫理的考慮を妨げる動機にはいろいろある、ということも受け容れられよう。[10]

すべての非倫理的考慮を一つの類型へと還元する欲求は今や哲学において以前ほど強くはない。以前は道徳哲学は、何をなすべきか、また何がよき生であるか、といった問題ではなく（そのような問に対する答は分かりきったものと考えられていた）、わがままや快楽といった動機に抗して、そのような事柄を追求するように、いかに動機づけられるべきであるか、といった問題に主たる関心を向けていたのである。他方、あらゆる倫理的考慮を一つのパターンに還元しようという欲求は相変わらず強い。さまざまな理論が、倫理的考慮の特定の類型が基本的なものであり、他の類型はそれによって説明されうることを明らかにしようとする。ある理論は義務や務めといった概念を基本的なものとする。たとえば、ある行為がおそらく最もよい結果をもたらすだろうとする考えが倫理的考慮の一つに数えられるという事実は、最もよい結果をもたらすように求める務め（他にも務めはいろいろあるのだが、）によって説明されるといった具合である。このような理論は、「義務論的（deontological）」と呼ばれる。（この用語はときには古代ギリシャ語の務めにあたる言葉からくるといわれる。しかし古代ギリシャ語には務めに当たる言葉はない。それは人がせねばならないことに当たるギリシャ語からくるのである。）

これらの学説に対比されるものとして、生じうる最善の状態をもたらすことが基本だとする理論がある。この種の理論は「目的論的（teleological）」と呼ばれる。その最も重要な例は、結果のよさを人々の幸せ、つまり人が望んでいるものや選好するものを手にいれるといったことと同一視するものである。これは前にも述べたように、「功利主義」と呼ばれる。もっとも、この表現は、たとえばムーアによって目的論的体系一般を指すのに用いられたこともある。[11] これらの還元理論のいくつかは、単に基本概念として何を取り上げるのが合理的であるか、あるいはどの概念を基本とするのが私たちの倫理的体験に最もぴったりとあてはまるか、をいうものにすぎない。他の理論はより大胆であり、これらの関係は私たちの言語表現の意味の中に見出すべきものであると主張する。たとえばムーアは、「正しい」は「最善をもたらすもの」を意味するのだと主張した。[12] ムーアの哲学は、ある程度注意深く議論を進めていることを意識させるのがその特徴である。そのためその文章は留保条件が多くて読みづらいのであるが、それも彼がとんでもない間違いを犯すのを抑えるのにはほとんど役立たなかった。「正しい」という言葉の意味の問題としては、ムーアの主張は端的に間違っている。より一般的には、もしこの種の理論が記述的理論として提起された場合、すなわち私たちが〔二つの表現が〕同じ意味だと実際に捉えているという主張だと考えると、これらはすべて同じくらいに見当違いだといわねばならない。〔現実をすなおに見れば〕私たちは、さまざまに異なった倫理的考慮を用いており、これらは間違いなく互いに異なっている。それは当然のことである。私たちが、さまざまに異なった宗教的その他の社会的文脈があざなえる中で育まれた、長くそして複雑な倫理の伝統の承継人であるということをとりあげただけでもそれは分かろうというものである。

もし人類学のように、記述的であることをめざす営みであれば、この還元という方法は単に誤っているだけですむ。しかしここではこの方法は、他の狙いをも持っているのかもしれない。それはつまり、なんらかの、より深いレベルで、倫理学の主題についての理論を与えようとするものかもしれないのである。しかし、それでもなおこの狙いが、なぜ私たちの基本的な倫理的諸概念を還元するよう奨励するのかがはっきりしない。もし倫理学の主題に関する真理なるものが存在するとすれば、すなわち言ってみれば倫理的なるものについての真理であるが、それが単純なものであるという期待など、どうしてできるのだろうか。特に何故にそれが概念的に単純であることになるのか、つまり多くの倫理的概念ではなく、務めとかよき状態といったものを一つか二つ用いるだけでよい、などとどうして考えられるのだろうか。むしろ、倫理的なるものを記述するにはそれに必要だと分かっただけの概念が実際に必要なのであって、それ以下ではやっていけないのではないか。倫理的概念を還元しようとすることの意義は、倫理学の、これとは異なった狙いの中に見出さねばなるまい。倫理学理論とは、私たちが倫理的なるものについてどのように考えているかを記述するだけではなく、さらに私たちがそれについてどのように考えるべきかを教えようとするものでもあろう。〔しかし、これについても〕後に私は哲学は倫理学理論を作ろうとしてはならないと論じるが、これは哲学が倫理的な信念や考えの批判を提供できないことを意味するものではない。〔結局のところ〕私は倫理学においては還元の営みには根拠がなく、そのような企図は消え失せるべきものであると主張する。しかしここでさしあたり言っておきたいことは、この還元という営みには正当化が必要だということだけである。ずいぶんと多くの道徳哲学がこの還元という作業にわき目もふらず、専心している。それには、そのような活動が長い間行われてきたということ以外には、特別に理由があるようには思われない。

還元主義への動機の一つに、倫理的なるもの、あるいは非倫理的なるものの片方を他方に還元しようとするのではなく、あらゆる考慮を一つの基本的なものへと還元する傾向をもつものがある。この傾向は合理性についてのある想定に基づいている。それは二つの考慮があった場合には、それらを比較することができるような共通の考慮がなければ、合理的には比較できないというものである。この想定は非常に強力なものであると同時に、まったく根拠のないものである。倫理的なるものを離れても、たとえば審美的な考慮と経済的な考慮とは、審美的な価値を経済的なものに言い替えることなく、またそれらを共になんらかの第三の考慮の中に包摂することなく、比較できる。また政治家は、政治的な考慮がそれと比較すべき他の考慮と同じものからできあがっているわけではないことを知っている。政治的考慮だけを取り上げても、それはずいぶんと多様なものからできあがっているものである。また、一つの仕事を他の仕事と、あるいはあるバカンスを他のバカンスと、ある連れ合いを他の連れ合いと比較する場合、その判断が特定の物差しによらねばならないことはあるまい。

これは単に知的な誤りではない。もしそうだとしたら人々の経験がそれに反するものであるという事実の前で、この想定は息絶えてしまうはずである。特定の比較の基準を用いてはいないのに、人は合理的、少なくとも分別がある、とみなしている結論に到達するのにふだんは困ったりはしないのであるから。合理性についての合理主義的な捉え方への衝動はむしろ近代世界の社会的特徴がもたらすのである。その特徴は個人的な熟慮、ついには実践理性の観念そのものに、公共的合理性についてのある特定の考え方から導かれたモデルを押しつけることにある。この考え方は、原理上すべての決定が、推論を用いて説明できる根拠に基づくものであることを要求する。この要求は実際には満たされないものであり、権威は〔自らの決定の根拠を示し、公共的決定に〕責任をもつことで権威たるの責めをふさぐのにはほとんど役に立たないだろう。しかし公共的合理性は影響力の大きな理念であり、因果の連鎖を逆に辿ることによって、それはまるで公共世界にそれとは独立の合理性理念を適用した結果生じたものであるかのように見える。理念としては、後にこれをさらに考察することになろう。[13]

四

ソクラテスの問題に戻ろう。それは個人的な実践問題の中でも取り分けて野心的なものである。逆に、この種の問題の最も率直で素朴な形というのは、「私はここで何をしたものか」とか、「どうしよう」といったものである。私たちが考察してきた倫理的そして非倫理的なさまざまな考慮はこの種の問題に答えるのに役立つ。その答、すなわち熟慮の結論は、「……しよう」とか「私がなそうとしていることは……である」といった形をとる。そしてこれは意図の表明、私が熟慮の結果形成した意図の表明なのである。いざ行為しようというときに、私がそれを遂行しないということもあろう。しかし、その場合、それは私がこの意図を忘れたからとか、それを実行するのを妨げられたからとか、気が変わったからとか、(改めて考えてみれば)本気でするつもりはなかったから、ということがあったからである。つまりそれは私の熟慮の真の結論ではなかったか、でなければ、それは真の熟慮でなかったのである。もし行為の時が直ちにやってくるのであれば、このようなさまざまなことが起こりうる暇はわずかである。したがって、何をなすべきかについての答を出したにもかかわらず、直ちに実行すると言ったことを直ちに実行しなければ、それは道理に合わない。

「私は何をなすべきか」という問題では、思考と行為との間にいま少しゆとりがある。ここでは正しい結論は「私は……をなすべきである」であり、ここにさらに「でもそうはしないのだ」と矛盾に陥ることなくつけ加える方法がいくつかある。べしというものは、ある特定の仕方で行為する理由に注目させる。「私は……をなすべきだが、そうはしないのだ」という表現の通常の機能は、倫理的あるいは処世的配慮からくる理由——これらは私の行動を（たとえば他の誰かの行動計画にうまく組み入れることによって）正当化するので、他人に宣言するのに特に都合のよい理由である——など、別格の理由でありながら、結果としてはそのときの私にとって最も強力な理由とはなっていないものに注目させることである。そこでの最も強い理由とは、私が何か他のことをしたくてしようがないのだ、というものである。何かをしたがるというのは、無論それを行う理由の一つである。[14]（それは他者に自分の行動を正当化する理由になりさえする。もっとも、正義の問題と関係したものなど正当化の種類によってはそれが単独ではできないものがある。）したがって、このような場合では、総合的に勘案して最も多くの理由があると私が考える行為とは、私がどうしてもしたいことである。そしてもし私は……べしが私が最も多くの理由をもっている行為に言及しているととるならば、これこそ私が行うべき行為となる。しかしさらに、より深い問題がある。私は、私がそれを行う最も多くの理由があると思うことを、意図的に、抑制されることもなく行わないということがありえようか。これはアリストテレスの命名によって**アクラシア**（*akrasia*）の問題として知られている。[15]

以上から、ソクラテスの問題は「人はどのような形で生きることに最大の理由を見出すか」を意味することになる。先にソクラテスの問題におけるべしの趣旨は、単なるべしのそれ〔で、必ずしも倫理的色彩があるわけではないの〕だと言ったとき、私はある種の理由が他の理由に優先するような仕掛けはこの問題自体にはないのだ、と言いたかったのである。特に、立派な正当化理由に特別の考慮が与えられるということはない。たとえば、倫理的な理由がその答において重要なものとして登場したとしても、それはそれが問題自体によって選ばれたからそうなったわけではないのである。

にもかかわらず、ソクラテスの問には、特殊な点がある。何をなすべきかを考えさせる、現実かつ特定の機会から距離をとったものであるために、それは特殊なのである。まず、それはいかに生きるべきかを問うので、何をなすべきか、ということに関する〔具体的ではない〕一般的な問である。さらにそれはある意味では超時的な問題である。というのは、それは私に私の人生の特定の時点から考察することを強要しないからである。これらの二つの事実がこの問を反省的な問にする。これは答を決定するようなものではないが、それに影響を与えはする。ある特定の時点で、特定の状況で、実践的な問題に答える場合には、私は、そのとき私が何を欲するかということに特に深く関わることになる。〔それに対し〕ソクラテスの問題の方は特定の時点において問う性質のものではない。いや、むしろそれを問う時点というのは、この問題と特別の関係がない時点なのである。したがって私は問題の性格自体によって、生について、より一般的な、そしてより長期の視座を持つことを余儀なくされるのである。これは私が長期的な処世的配慮を行うことによって答を出すということを意味するものではない。この問題に対する答は、私が生きるべき最良の道は「いかなる時点においてもその時点で私が最もしたいことを行う」というものでもよい。しかし、もし私が処世的配慮というものを大切にする人間であった場合、ソクラテスの問題のこのような性格は、そのことを露にするだろう。

さらに、それは誰もが問いうる問題である。無論、これはある特定の人がこの問題を立てたときに、それは誰でもよい誰かについての問題だということではない。それは問を立てたその人の問題であるに決まっている。しかし、この問がソクラテス的な方法で立てられたとき、つまり反省を促すしかたで問われたとき、この問が誰もが問いうる問題だということは、それがこの問を形作る知識の一部であるが故に、反省内容の一部となるのである。一旦このように問題が立てられると、誰かが「私はいかに生きるべきか」と問う問題から「およそ人はいかに生きるべきか」への問題へと、問はごく自然に移行する。後者の問は他の生き方を斥けてある生き方をする、私たち誰もが共有している理由を問うもののように見える。それはよい生き方の条件、すなわち人間一般にとっての正しい生の条件を問うかのようである。

ソクラテス的反省という作業は、問題をこの方向にどこまで押し進めることになるのだろうか。それは答にどのような影響を与えるのだろうか。反省というものが超時的であるからと言って、それは答が処世的配慮を重視するということを意味しない。同様に、誰もがこの反省的問題を問いうるという事実は、その答が利己主義的なものとなりうることを妨げはしないだろう。しかし、もし答が利己主義的であったならば、それはある特定の利己主義となろう。それは先に明らかにした、すべての人間は自らの利害を重視すべきだ、とする一般的利己主義である。この考えは自然に「もしそう〔すべきであるの〕ならば、そのように〔利己的に〕生きられる生というのは、よりよい人生である」という考えを促すだろう。しかしもしそうであるのならば（と続けたくなるのだが）、なんらかの個人的でない、もしくは間個人的（interpersonal）な意味で、およそ人はそのように生きるべきだ、ということになろう。さて、このような非個人的な観点に導かれてしまうと、やはりそこから来し方を振り返〔り、辿ってきた道が正しかったかどうかを見定め〕ることを求められるかもしれない。そして辿ってきた道を戻り、私たちの出発点を修正するということとすらあるかもしれない。というのは、もし非個人的な観点からして誰もが利己主義的に生きることがよりよいことではないのならば、私たち一人一人もそのような生き方をするべきではないと言える理由があり、結局ソクラテスの問には非利己主義的な答をしなければならないのかもしれないからである。もし以上のことが言えるのならば、ソクラテスの反省的問を問うこと自体が、私たちを倫理的世界奥深くへと導くことになろう。しかし、はたして以上の推論は妥当なものだろうか。

実践的思考は根源的に一人称的である。それは「私は何をしようか」と問い、そしてそれに答えねばならないのである。[16]しかしながらソクラテス的反省のもとでは、私たちはこの**私**を一般化し、さらに反省というものの力だけで、倫理的な観点をとるように仕向けられるようである。第四章ではたして反省がそこまで私たちを運ぶものかどうかを検討する。しかし仮にそうできないとしても、ソクラテス的反省は確かに私たちをいずこかへと運ぶ。つまり反省というものはなんらかのコミットメントを不可避とするようであり、さらに哲学というものは確かに反省ということにコミットしている。したがって本書が存在するということ自体が、反省がどこまで私たちをコミットさせるかという問と、私たちはなぜ反省にコミットしなければならないか、という二重の問題を提起することになってしまう。ソクラテスは反省が不可避であると考えた。が、彼が言わんとしたことは、誰もが反省を行うということではなかった。彼は誰もがそうするわけではないことをよく知っていた。

それはまた、自分の人生を反省し始めた人は誰でも、自分の意志に反してさえ、内的な強制的衝動によって反省を続けることを余儀なくされるといったことでもない。むしろ彼が言いたかったことは、よい生き方はそのよさの一部として反省（reflection）を含まねばならない、ということである。彼の言い方では、**反省のない生は生きるに値しない**のである。

これは彼の問にきわめて特殊な答を要求することになる。その答は、彼にとってはそもそもこの問を提起することについての究極の正当化根拠を与えるのである。もし本書がこの問題を立てることにコミットしてしまっているならば、それはまたこのように答えることにもコミットしていることになるのだろうか。倫理的なるもの、そしてよい生き方へのいかなる哲学的探究も、答の一部として哲学自体の価値、および反省的知的態度の価値〔の承認〕を要求するのだろうか。

第二章　アルキメデスの支点

一

ふだんは鷹揚に構えているような著述家であっても、道徳の根拠づけを求める段になると、それは早急になされるべきだと言い出すことがある。彼らによれば、哲学が倫理的生活や（より狭くは）道徳の根拠を示すことができない限り、私たちは相対主義や道徳否定主義や無秩序といった危険に身をさらすことになる。彼らはしばしば問いかける。道徳否定主義者が倫理的考慮というものを疑い、道徳の要求に従う理由などないと主張したら、**私たちはどう答えればよいのか？**

だが、仮に道徳を根拠づけたとしても、私たちはそういう道徳否定主義者に対して一体何が言えるというのだろうか？　なるほど、彼にその根拠をつきつけることはできよう。

しかし、私たちが根拠を示したのと同じ土俵に彼がとどまると考える理由はない。彼には、それに耳を傾ける義理などないだろう。著述家たちは、道徳否定主義者だけでなく［そこまでは行かないが］より理論派である相対主義者さえも、警戒すべき人物つまり脅威として描くのである。しかし、倫理的生活を哲学的に正当化できるかどうかということなど、そういう人物にとってはどうでもよいことではないだろうか？

道徳否定主義者が警戒すべき人物として具体的な形で描かれたことが、哲学史上少なくとも一度あった。プラトンの対話『ゴルギアス』のなかでのカリクレスがそれである。プラトンの対話構成上の常套手段なのだが、カリクレスは理性的な対話をして、ソクラテスの議論――本当はあまりにも説得力を欠いた議論だったので、プラトンは後に『国家』を書いてこれを改良せねばならなかった――に言い負かされることになる。しかし他方で、カリクレスには私たちを不安にさせるものがある。彼は、哲学そのものを露骨に蔑んでおり、その場にとどまって議論に耳を傾けるとしても、ただ優越感からそうするか、あるいは気晴らしでそうするにすぎないからである。プラトンはこの状況を対話のなかで如実に示し、それ故にそれは対話の主題ともなっているのである。

［ここで、こう主張する人がいるかもしれない。］そういうことが問題なのではない。重要なのは、彼が説き伏せられるだろうかということではなく、説き伏せられるべきかどうかということである。

しかし、本当にそれが問題なのだろうか？　早急な解決を求める著述家たちの態度は、もっと別の見解を示唆しているようである。彼らは、現実に何が起こるかはこの種の議論の結果次第であり、倫理的生活の根拠づけ〔に成功した議論〕は威力になりうる、と考えているようである。この見解を真剣に受けとめるのであれば、正当化の議論に耳を傾けると想定されているのがどんな人たちかという問はきわめて重要である。なぜ、そういう人たちが、おとなしく議論を聞くと考えてよいのだろうか？　研究室に強引に侵入し、議論をしている先生のメガネをたたき潰し、その先生を引きずり出してしまうとしたら、学者先生の正当化はどんな意味をもつというのだろうか？

ともかく、議論をおとなしく聞いていた他の人々が道徳や倫理的生活の正当化と見なすものが仮に存在するとしても、道徳否定主義者――カリクレスと呼ぶことにしよう――は、それに説き伏せられるべきだと言えるのだろうか？　ここで問題になっているのは、彼が納得したとしたらそれはよいことだ、ということにすぎないのか？　私たちにとってそれがよいことであるのは間違いないにしても、ここではそんなことが問題なのではないだろう。それでは、正当化の議論が、道徳否定主義者自身にとってよいということなのだろうか？　たとえば、彼は自分にとって最も利益になることを無視して行為しているので処世的配慮を欠いている、ということが問題なのか？　あるいは、自己矛盾を犯したり論理法則に反するというように、彼はもっと抽象的な意味で合理的でないというのか？　だが、そうだとしたら、彼自身がそのようなことに心を煩わせる理由などないはずである。ロバート・ノージックは、私たちが「不道徳な人間」に対して、一貫性が欠如しているという非難を浴びせる時、それがどの程度の威力をもつかという問を巧みに提起している。

> Xを保持したり、受け容れたり、行うことによって、不道徳な人間も道徳的な行為にコミットしていることを示しえたとしよう。そうすると、不道徳な人間は少なくとも次のどれかを放棄せねばならない。(a)不道徳にふるまうこと、(b)Xを保持すること、(c)この〔不道徳なふるまいという〕点で、この〔Xの保持という〕件について、一貫性を保つこと。不道徳な人間は私たちに言う。「実のところ、選択しなきゃいけないというのなら、僕は一貫性を放棄する。[1]」

倫理的生活の正当化は何のためのものか、言い換えれば、なぜ私たちはそういう正当化をする必要があるのか、このことは明らかではない。正当化と称されるものに対して、私たちは次の三つの問を出すべきである。その正当化が、誰にむけて、どこから〔つまり、何を根拠に〕、何に対抗して、なされるのか、と。まず第一に重視されるべきは、何に対抗してかという問である。私たちは、倫理的生活に代わるものとして何が提案されているか、と問わねばならないからである。それに代わるものが存在することが重要なのである。

「道徳否定主義者」という名称は特定の誰かにつけられた名前である。このことを考えれば、以上の三つの問は、懐疑主義という繰り返し登場する哲学上のテーマと関連づけることができる。懐疑主義は、人々が知っていると称するすべての事柄に、たとえば、「外」界は存在する、他の人々は経験をもつ（他者は存在する、とも言われる）、科学的な探究は知識を生み出すことができる、倫理的考慮は威力をもつ、といった事柄に影響を及ぼす。哲学的懐疑主義はこういった事柄すべてに影響するが、それぞれにおいて異なる仕方で作用し、異なる結果をもたらす。外界についての懐疑主義においては、それが正気の人間に本当に突きつけるのは、私たちが外界について語ることに真理が含まれているかとか、そこに真理が含まれているかどうかを私たちが知っているか、というような問題ではない。むしろ懐疑主義は、私たちが外界について語ることに真理が含まれていることを、私たちがどうやって、どれだけ知るのか、という問題を提起しているのである。生活の内部において、こういう外界についての信念に代わるものは何もない。代わりを果たすものがあるとすれば、生活そのものに代わるものとならざるをえない。「他人の心」としばしば呼ばれる問題の場合も、正気を保つという条件の下では、外界の場合とほぼ同じことが言える。しかし、ここで問題の焦点は、私たちの不安をかきたてるかのように、どれだけ知っているのかという点に移ることになる。私たちは、確かに、他の人々が感情を持っているということを知っているかもしれないが、その感情についてどれだけ知っているのか、と問うのである。この問は、部分的には、哲学的な問である。同時にそれは、「私はどうやって知るのか」という単純な問よりも、実践には大きな影響をおよぼすのである。

これらの点において、倫理的懐疑主義は外界についての懐疑主義とは対極に位置する。他方、それは心霊術や精神分析についての懐疑主義とも異なる。後者の懐疑主義の場合、本物の疑いが最終的に受け容れられれば、その結果、そのような精神活動は骨相学と同じ運命をたどることになろう。そうなれば私たちは、心霊術や精神分析が自らを知識であるとか、理にかなった信念であると称することには、何の根拠もないことを知り、それらを完全に斥けてしまうようになるだろう。〔ところが〕倫理的考慮がそのように十把一絡げに拒否される可能性はない。ただし、個々の人間にとっては、倫理的考慮を〔全面的に〕受け容れるのとは違う別の生き方があるように実際に思われるのである。それは、倫理的生活ではない生活において見出される。

この種の懐疑主義は外界についての懐疑主義とまったく違っているため、同じ方法で対処することはできない。有名な話だが、ムーアは、物体の存在を疑う懐疑主義者の目の前で、物体の一つである自分の手を差し出して見せることによって、懐疑主義者を動揺させた。（少なくとも、そういう懐疑主義者がその場にいたと仮定したら、彼にはちょっとした挑戦になっていたことだろう）。[2] ムーアのジェスチャーの効果については、たとえば、それが証明すべきことを前提としてしまっているかどうかをめぐって、かなりの議論がなされてきた。しかし、彼のジェスチャーは、懐疑主義者の発言を文字通りの意味に解釈することがそれを真剣に受けとめることなのかもしれないこと、さらに、文字通りの解釈とはどんな解釈のことかについて問題が残るということを、私たちに想起させた。彼のジェスチャーがこの点である程度の効果を発揮したことは否定できない。〔ところが〕倫理的な懐疑主義の場合には、同じように対処することはできない。確かに、なんらかの倫理的真理があるのならば、そのいくつかを確実なものとして目の前に出して示すことができてもよさそうである。たとえば、選択の余地があるならば子供に麻酔なしの外科手術を施すべきでない、というような具体例を提示してはどうだろうか。[3] しかし、そういった具体例を示したとしても、ムーアが外界を疑う懐疑主義者に与えたのと同じ程度の動揺を、倫理的な懐疑主義者に与えることはできない。その理由の一つは、物体については、真であると知られているような一個の独立した命題が、それだけで外界についての懐疑主義者を打ちのめしてしまう、という点にある。ムーアの手は物体の一例であり、一つの存在が無を否定するように、一つの確実な存在が無の可能性を否定するのである。しかし、手術される子供の例や、人目を引く他のどんな具体例を単独で出したとしても、それは倫理的なるものを認める人にとってしか、倫理的なるものの例とはならないのである。〔確かに〕カリクレスのような道徳否定主義者でも、具体例がこのような形で作用すれば、子供に手を貸したり、救ったりするかもしれない。限られた慈悲心や利他主義的な感情が動機として働けば、ほとんど誰でも、特定の与えられた状況で特定の仕方で行為すべきだと考えるだろう。しかし、そうだとしても、その事実は、ムーアの手が懐疑主義者に物体を提示したようには、倫理的なるものを提示しはしない。倫理的なるものは、もっと多くのもの、つまりさまざまな考慮からなる一大ネットワークに関わる。倫理的懐疑主義者は、そういう考慮をまったく無視した生活を送ることができるのである。

伝統的な懐疑主義者は、基本的には、**知識**についての懐疑主義者であった。しかし、倫理的懐疑主義者は、倫理的知識が存在するかどうかを疑っている人間であるとは限らない。倫理について懐疑的であるというのは、私の解釈では、倫理的考慮の威力について懐疑的であるということである。その威力を認め、それゆえ〔この意味での〕懐疑主義者ではないような人間が、同時に、倫理的な考慮が知識であるかどうかに重要性を認めず、そのためにそれが知識の一部をなすことを認めない、ということもある。（倫理知なるものがあるかどうかについては、第八章を参照。）しかし、倫理的懐疑主義をこのように解釈したとしても、懐疑主義者は倫理的考慮に反した生活を送る人間に違いない、と想定するべきではない。むしろ、懐疑主義者にはそういう反倫理的生活をする余地がある、と言うのが正確だろう。懐疑主義者は、結局は、懐疑的であるにすぎない。彼は可能なかぎり、肯定もしなければ、否定もしないのである。完全な懐疑主義者である古代のピュロン主義者は、どんなことについても、肯定も否定もしないことになっていた。〔ところが、実際には〕ピュロン主義者はこれを成し遂げることはできなかった。[4] 同様に、倫理的懐疑主義者もそんな大それたことを成し遂げうる――つまり、倫理的ボキャブラリーを使いながら、なおかつすべての倫理的問題について判断を留保しうる――とは思えない。そういうことを実行するという考え方そのものが、難点をともなう。たとえば、約束のボキャブラリーを使っていながら、他方で、人が約束を守るべきかどうかについて、賛成か反対か、決定的なことは言えないという立場を守り抜くことは困難である。しかも、懐疑主義者も行為しなければならない。彼がともかくも倫理的な言説が交わされる世界に身をおく以上は、彼の行為は、その世界の内部で彼がもっている思想を表現しているものと見なされることになる。もし懐疑主義者が、倫理的に問題ないかどうかという観点から行為について語り、さらに喜んで特定の行為をしたとしたら、彼はその行為を倫理的に問題ないものと見なしている、と私たちは考えざるをえない。したがって、これは〔＝倫理的ボキャブラリーを使用しながら判断を留保することは〕倫理的懐疑主義者にとっては実現不可能なのである。しかし、彼には別の選択肢がある。すなわち、人を欺くといった目的がある時だけは別として、倫理的な言説を用いることからすっかり身を引いてしまうという手である。これは容易ではないが、こうして懐疑主義者は、倫理的考慮にまったく関心をもたない者として、自らの地歩を固めることができるかもしれない。こう考えれば、倫理的考慮を受け容れないような別の生き方があるという主張がもつ力が見えてこよう。懐疑主義者は何もしないでいるしかない、というわけではないのである。

倫理的な主張〔をする立場〕というものは、道徳否定主義者に残される余地のあるこのような動機を敵と見なし、それに対抗する正当化を求めることもあるかもしれない。しかし、ここで、非倫理的生活の方が強そうだと予め判断してよい客観的根拠があるとか、倫理的懐疑主義は自然な状態であるとか、倫理的生活を正当化するものがなく、またそれがないことが判明したならば、私たちは皆ここで想像してきたような道徳否定主義者になりたいと思う、と考えるのは(次章で見るように)間違いである。正当化を求める道徳哲学者は、ときどき、こういったことが真であるかのごとく振る舞う。しかし、そういう哲学者は、この点に関して、正当化の必要性を過大評価してしまっている。彼が、正当化の効果、少なくとも、実践をともなった懐疑主義者に対する正当化の効果を、過大評価してしまったのと同じように。

二

ここで私たちは、「誰にむけて?」という問へと連れ戻される。哲学者は、懐疑主義者ないし道徳否定主義者に対して何と言うべきかと問うたが、むしろ、彼について何を言うべきかを問うべきであった。哲学者が求める正当化は、実は、倫理的世界の内部にほとんど身をおいている人々のためのものである。その議論の目的は、聞く耳をもっていそうにない人を相手にすることではなく、議論を聞こうとする人々を安心させ、力と洞察を与えることである。こう考えると、倫理的世界の正当化は威力をもつという――上で見たように、道徳否定主義者に対抗する際かなり楽観的に用いられた――見解を異なった視点から眺めることができる。プラトンは、倫理的生活の外部で生きる可能性が提起するさまざまな問題を、他のどの哲学者よりも深く追究した。それだけにプラトンは、倫理的生活の正当化が威力をもつことを当然だとは考えなかった。彼によれば、倫理的なるものの力は理性の力であって、それは威力に作り変えられねばならなかった。プラトンはそれを政治の問題だと見なしたが、実際そのとおりである。しかし彼は、正当化の作業は知的で非常に困難な営みであり、しかも、人間は誰でも倫理的な秩序を突き破り破壊してしまう自然的傾向をある程度もっている、と信じていた。こういう傾向は大部分の人々が常にもっているものであり、彼らは、そういう正当化の問題をマスターする能力、よって自分自身を支配する能力を欠いている、と考えたのである。[5] プラトンにとっては、倫理的なるものに威力をもたせるという政治的課題は、理性的な正当化を体現するように社会を変革するという問題であり、これは権威主義的にしか解決できないものであった。逆に、もしすでに倫理的である共同体に対して正当化を与えるとしたら、道徳哲学を含む倫理的言説の政治的目的は、まったく異なったものとなる。その目的とは、共同体の敵や義務を忌避する人間を取り締まることではなく、すでに正当化を受け容れる性向をもつ人々に根拠を提供することによって、この性向を絆としてまとまっている共同体が絶えず再生されるように力を貸すことである。

これまでの私の議論の大半は、ある人と理性的な議論をすることができれば、私たちはその人とともになんらかの(必ずしも同じではない)倫理的生活の内部にいる、という前提の上に成り立っている。あらゆる倫理的生活の外部にいるような人たちが、私たちと議論するとは思えないし、もし議論をしたとしても、その人たちを信用するべき特別の理由もない。しかし、この前提は常に正しいわけではない。カリクレスがソクラテスと会話をする際の気まぐれな、わざとらしいとも言える動機を別とすれば、次のような重要な事実がある。人々は、共通の必要——極端な場合は、悲惨な事態への共通の恐怖——によって駆り立てられ、一定枠内での協調、少なくとも不可侵の協定を交渉によってとりつけるということがある。そのような合意は、それ固有の理由によって、外的な制裁がなければ必ず不安定になる。[6] ともかく、そういう合意が、それ自体で共通の倫理的了解をうみだすことはないのである。人々が倫理システムを共有しなくても理性的な議論ができることを示すには、これで十分である。なるほど、限られた目的のためなら、議論参加者の誰も倫理システムをもっていなくとも、理性的な議論ができるだろう。しかし、こういったことはふつうは不可能である。二人の当事者の間で理性的な会話が実際に交わされる場合、その会話をつなぎとめるものが必要とされるからである。もちろん、この絆は、より一般的な、倫理的なるものにはつながらないような個別的関係であるかもしれない。しかし、もしそれではなく、また、カリクレスの優越的態度でも、共通の緊急事態のもとにいる人々が共有する必要でもないとすると、それは、わずかであっても倫理的意識を含むものであるに違いない。

ここで再び、一共同体のメンバーすべてが倫理的生活の外側で生きてゆけるわけではない、という平凡な真理が登場する。だが、一人の人間ならば、その生活の外側で生きてゆけるかもしれない。〔ここでは個人が「私は倫理的に生きるべきか」と問うことになる。〕それゆえ私たちは、倫理的考慮を基礎から全部正当化できるかどうかという問題の一人称型に進むことになるのである。ソクラテスの問を自ら問う行為主体は、行為と欲求と信念からなる最小限の構造を所与とするだけで、倫理的生活を送る理由を手にいれることができるかどうか、途方に暮れるかもしれない。〔だが〕この行為主体が、その最小限構造しか保持していないとする必要はない。倫理的世界の外側にいて、倫理的世界にはいる道があるかどうかを見極めようとしていると問題設定する必要はないのである。彼はその世界の内部にいる人間であってもよい、いや実際そういう人間である方がよい。そして、いかほどの理由があって、自分はそこに〔とどまって〕いるのかと考えるのである。〔ここでも、彼が自分の反省をどう理解するかということ自体は、反省の結果に影響されることになる。〕

ここでは、「誰にむけて？」という問はもはや問題ではなくなっている。いまや重要なのは、最初の三つの問のうちの最後のもの、「何から〔＝どこから〕？」という問である。この行為主体が保持していると想定される最小限の構造とは何なのか？　もし彼が倫理的生活を基礎から全部正当化しようとするのならば、この基礎とは何なのか？

使い古された別の比喩で表現してみよう。アルキメデスの支点はどこにあるのだろうか？　この問は、単に使い古されているだけではない。このような比喩が言い表わすと考えられるどんな探究においても、それは、探究の意欲を根本からそいでしまう。ある種の探究においては、私たちはこの意欲喪失をあまりにも頻繁に体験しており、もはや成功の基準が何であるかを想像することさえ難しくなっている。もし私たちのあらゆる知識と信念の外側に、それらを根拠づける〔アルキメデスの支〕点を見出すという課題がここで与えられたとすれば、私たちはその意味をよく理解せず、それが課題であることを認めることさえできないだろう。しかし、倫理的問題の場合には、〔幸い〕どんなことが課題になるのかがもっとよくわかっている。その課題とは、私たちが〔倫理についてのアルキメデスの〕梃の支点を理性的行為という観念において見出すということである。すでに見たように、この観念自体は、倫理的なるものへのコミットメントを直接には示さない。ソクラテスの問がすでに倫理的な問となってはいないのはそのためであり、道徳否定主義者ないし懐疑主義者が、倫理的考慮の外側で理性的な生活を送るという可能性を手放さないように見えるのもそのためである。とは言っても、それは十分な反省を加えないでうわべだけを見ているだけだからそう思えるのかもしれない。だがソクラテスの問そのものは、やはり倫理に固有の用語を使ったものではなかった。これは事実である。しかし、よくよく考えてみれば、私たちが単に理性的な行為主体であるというだけで倫理的生活にコミットしている、ということが判明するかもしれない。哲学者のなかには、これが真理であると信じる人々もいる。彼らの見解が正しいのであれば、私がアルキメデスの支点と呼んだものは存在する。これこそは、道徳否定主義者や懐疑主義者でさえもコミットしているものである。同時に、その支点が正しい仕方で徹底的に考察されれば、彼らが理性的でない、もしくは無分別である、少なくとも誤っている、ということが示されるのである。

このパターンにあてはまる哲学的冒険には、二つの基本的なタイプがある。第一のタイプは、理性的行為主体について、最小限の、可能なかぎり抽象的な解釈を設定し、そこから出発する。これは第四章で扱う。第二のタイプは、次章ですぐ考察するが、理性的な行為主体とは何であるかについて、より豊かで、より限定的な見解をとる。理性的行為主体の特性は、人間にふさわしい生活を送る際に発現するものとされる。以上の二つのタイプは、ともに過去の哲学的営為を起源とする。より抽象的な観念はカントに、より豊かで、より限定的な解釈はアリストテレスに由来する。しかし、どちらの哲学者も、ソクラテスの問をそのままの形で、即答できるような問として扱えるとは考えていない。どちらもアルキメデスの支点を探す試みを定義しなおすのである。彼らは違った仕方でそうするのだが、重要なところで共通点を持っている。この共通点ゆえに、彼らは、道徳哲学の歴史における他の実りの少ない考え方とは対照的に、ソクラテスの最初の問いかけとつながっている。カントとアリストテレスは、それぞれ、実践理性における議論を生み出すのである。いずれもなんらかの倫理的命題が真であることを最初に証明しようとし、その後で、真理を信じるべきだと思うのであれば、この命題を受け容れよ、と求めたりはしない。むしろ、彼らがある行為を〔倫理的だとして〕私たちに勧めるのは、それが私たちが理性的に行為すること、満足のゆく人間的生活を送ることに裨益するからなのである。カントにとってもアリストテレスにとっても、倫理的命題の正当化はこれのみを淵源とする。すなわち、理性的に行為する人や人間らしい生活を送る人によって、その命題は受け容れられるということである。

第三章

基礎づけの試み——幸福

一

　ソクラテスはあの問を、プラトンの『国家』においては、トラシュマコスとの議論の中で提起する。トラシュマコスはどうやら架空の人物で、当時のソフィストたちの間で広まっていた考えの中でも特に粗雑なものをまとめて体現するために作られた人物のようである。トラシュマコスは、人にはしばしば自分自身だけでなく他者の利益にも関心を払う理由があることを認めるが、それは人の力が通常は他者の、さらに大きな力によって制約されるからだとする。トラシュマコスによれば、人間は本性的に権力と快楽を追求する。〔しかし〕他者の権力というものがあるから、人間は、合理的に考えれば、自らの権力追求を控えねばならなくなろう。他方、同じ事態を前にして、人間は不合理にも、他者の利害を尊重することが正しく、また高貴なことであると思うようになるかもしれない。が、その場合、人は〔その社会の〕約束ごとによって誤った方向に引きずられているのである。ここでの約束ごととは、これらのもっともらしいが実は根拠のない想定を教え込む社会のルールである。人がこのように考えはじめるのは、通常、誰か他の者がより大きな権力を持っている、という実質的理由による。人がこのように誤るのは騙されるからであり、彼らをこのように欺く約束ごとは、強制の道具として用いられている。

トラシュマコスは、他者の利益の尊重を要請する約束ごと——それは「正義」と呼んでよい[1]——は、強者による弱者搾取のための道具だという。すると、直ちに次の疑問が起こる。これら強者を強き者にするのは何であるのか。トラシュマコスは政治的社会的権力それ自体が約束ごとの力によるものではないかのように語るが、この見解はたかだか小学校の運動場の世界について通用するくらいのものだろう。『国家』では、まもなく彼の立場はこの点を衝く、別の立場によってとって代わられる。この新たな立場によれば、正義とは、自分たち自身を守るために、ある一団の人々が採用した約束ごとである。それは弱者が自分たちを強者たらしめるための、契約装置なのである。〔正義の〕この定式化は表面上、第一のものの正反対であり、また確かにより洗練されてもいるが、両者は多くの共通要素をもつ。すなわち、いずれの見解においても、正義というものは、いかなる倫理的立場からも独立した、本性的な利己的欲求を満足させるための道具として捉えられているのである。いずれも正義を、もし必要がなければ従いたくない約束ごとと捉えている。プラトンにとっては、これは〔正義の捉え方としては〕根本的な弱点であった。プラトンの考えでは、倫理的生活についての説明がソクラテスの問に答えて懐疑主義と戦いうるのは、「人が正しくあることは、その人が誰であれ、またどんな状況におかれていようとも、合理的である」ということを、その説明が示すときのみである。第二の契約論的な説明もこの点では当初の荒削りの考え方と変わらない。もし人が強力かつ賢明で、十分に好運に恵まれていたならば、その人が正義に関わる約束ごとの要求に従うことは合理的ではないことになるからである。契約論はこの点で特に弱いものであった。というのは、それは他者よりも賢明で才能に恵まれ、人をなびかせる力がある者の場合、すなわち優越した主体に関しては〔通用するかどうか〕危なっかしいからである。プラトンが懐疑主義に対峙し、正義と倫理的生活が合理的であることを示さねばならないと考えたのは、まさにこの種の優越者に対してであった。

この点で、プラトンにとっては契約論は失敗であった。それが失敗したのは、契約論の構造的な特質による。契約論は倫理的に基礎的なものとして、ある望ましいもしくは有益な慣行（*practice*）、すなわち正義の約束ごとをあげるものであった。ところがプラトンやソクラテスにとっては、倫理的に望ましい第一のものは、行為主体自身に内在する何かでなければならなかった。彼らの言い方では、魂の外にあるもの――たとえば、なんらかの規則とか制度――が倫理的に第一のものであるとすると、その規則や制度に従って行動するのが合理的でなくなってしまうような深い欲求や魂の状態の持ち主が存在しうることを認めざるを得なくなってしまう。するとそれが可能なかぎりで、倫理的生活にとって有利な仕方でソクラテスの問に答える議論が組み立てられなくなってしまう。各人に、正義に従うことがその人にとって合理的であることを示すという要求に応えるためには、その答がまずもって「どのような人間であることが合理的なのか」ということの説明によって基礎づけられねばならないのである。

現代の批評家の中にはプラトンの倫理――同じことはアリストテレスの見方についても言える――が利己主義的である、道徳の基本的性格と対立するしかたで利己主義的である、という人がいる。[2]彼らの言わんとすることは、ギリシャ人は道徳意識について成熟した理解には至らなかったということである。確かにギリシャ人は、義務についての特殊な捉え方を強調する道徳というシステムに固有の問題関心に到達することはなかった。(この点では後にみるようにギリシャ人はたいへん好運であった。)しかしながらプラトンもアリストテレスも倫理的生活が利己的な満足を増加させる装置だとは考えなかった。[3]彼らの見方は形式的な意味で利己主義的なのである。つまり彼らは各人にその人が倫理的に生きる十分な理由があることを示さねばならないと考えたのである。ここでいう理由とは、それが自分に関わるがために、当人にとって魅力的でなければならない。つまり、自分が倫理的な人格を持った人間になった場合に、いかにして、また何者となるだろうかということに関して魅力的でなければならないのである。しかし彼らの発想は、倫理的考慮が現われる前にすでにきちんと定義されている個人的な〔諸欲求の〕充足のためには倫理的に生きることが役にたつことを示す、という意味では利己的ではない。彼らの狙いは自己とその〔諸欲求の〕充足に関する説明が与えられたものとした上で、倫理的な生活というものがそれらに〔幸いにも〕ぴったりと当てはまるということを示すことではない。そうではなく、その狙いは倫理的な生活がそこにぴったりと当てはまるような自己概念の説明を与えることにある。

二

これはすでに、〔何故倫理的に生きるべきかとの問についての〕最も原始的な宗教的説明に比べればはるかに洗練された狙いである。原始的な宗教的説明では、倫理的考慮というものは神によって約束された刑罰や報償によって裏打ちされた法や命令の集合として表わされる。この最も原始的な宗教的道徳のレベルはこれまで考察してきたものよりもさらに利己主義的である。しかしこのような説明でさえ、それが惹起する利己主義的な動機が不純でとても承認できるものではないとか、神の力という事実から当為を導くことはできない、

（それは神の善性のみができる）とすることなどを根拠にして斥けることはできない。[4] この説明の形自体には問題はない。というのは、それは他者の利益を尊重するような生を送ることにはなぜ理由があるのか、ということについての説明となっているからである。むしろ問題は、この理論が正しいはずがないことを私たちが知っていることにある。正しくはありえない、というのは、もしいくらかでもこの世界について私たちが分かっているとするならば、世界はそんな風に運営されてはいないことが分かっているからである。実際、今や多くのキリスト者を含む大勢の人が、そもそも世界というものは誰かが運営しているようなものではないことを知っている、というだろう。

この宗教的説明は原始的だと言うのは自然なことである。その場合、これが宗教的であるから原始的だと言うのではなく、それが原始的な宗教であるという意味で原始的なのである。より洗練された宗教的倫理は宗教的要素を外在的な制裁装置としてつけ加えるのではなく、倫理的な目標、および〔自己と〕神との関係の双方に等しく目配りした人間性の説明を与えるだろう。しかしながら原始的な宗教だという趣旨の批判はある重要な問題を提起する。もし宗教というものが究極的には世界がどのようなものであるかを問題にするものであるならば、どうして世界はまさにそのように原始的であると考えてはいけないのだろうか。そもそも何故に宗教が、世俗的な意味では宗教よりも洗練ないし成熟しているとされる倫理的な世界了解によって意味づけられ、価値づけられねばならないのだろうか。

その答はおそらく「全能なる法執行者たる神」という原始的な観念自体が私たちの〔原始的な〕倫理的世界了解を通して得られたからだ、ということだろう。しかし、だとすると、もし倫理的世界了解が発達するものであり、かつ、宗教が自らの発達をこの倫理的発達との関連で了解するのであれば、宗教は自らを人間が構築したものとして了解するようにならざるをえないと思われる。もしそうだとすると、宗教はついには潰れることになろう。

倫理的意識の発達が宗教の崩壊を意味するということは真実である。しかしそれは宗教的倫理が、原始的なそれでさえもが、倫理的なものたることを論理的に禁じられているからだ、というからではない。その理由はむしろ弁証法的なものである。すなわち、もし宗教の自己理解が倫理的意識〔の発達〕に取り残されまいとするならば、宗教的自己理解は宗教を滅ぼす方向へと動かざるをえない、というものである。問題の核心は純粋に論理的な問題にあるのではない。実際のところ、神に関する多くの問題がそうであるように、宗教的倫理に関する論理的ないし構造的問題は、神を信じるかぎりでしか興味をひかない。つまり、もし神が存在するならば、神についての議論は、宇宙についての、宇宙的規模で重要な議論となるが、もし神が存在しないならば、それはいかなるものについての問題でもない。その場合、重要な問題は人間についてのものである。たとえば、人間はそもそもどうして神が存在すると信じてしまったのだろうか、という問題である。宗教的倫理に関する問題は、そのような形で表現された人間の衝動についての問題なのであり、だからこそ問題はそのように人間に即して捉えられるべきなのである。宗教的倫理というものを信じない人にとっては、宗教的倫理の構造について議論をし続けることは一種の問題回避となろう。それは「そのような発想が人間というものについて何を物語っているか」という重要な問題から注意を逸らすためである。「神は死んだ」というニーチェの言葉は、今や私たちは神を死者として遇するべきだ、と主張しているものととることができる。つまり、私たちは神の遺産を正しく分配し、神について、遠慮やへつらいのない伝記を書くように努めるべきだ、ということである。

三

プラトンの狙いという問題に戻るならば、それは自己についてのあるイメージを与えることであった。それは人が自らが何者であるかを正しく理解したならば、正義にかなった人生が自己に外在的な善ではなく、それを追求すること自体に意味があり、合理的であることが分かる、そういったイメージである。プラトンにとっては、アリストテレスにとってもそうであったように、ある種の人生を追求すること、あるいはある種の人間になることと自体に意味があり、合理的であるのであれば、そのような事柄はエウダイモニア（eudaimonia）と呼ばれる満足するべき状態に導くものでなければならなかった。「エウダイモニア」という表現は普通「しあわせ」と訳されるが、この哲学者たちが使うときにそれが意味するものは、しあわせの現代的な捉え方とはまた異なったものである。一つには、現代の捉え方では今はしあわせだが以前はそうではなかったということは有意味だが、エウダイモニアは人の生涯全体に関わることであった。私はそのような状態を表わすために**幸福**（*well-being*）という表現を用いることにする。

ソクラテスは幸福を、知識と推論的理性の力によって説明した。彼がこのように説明しえたのは、彼が魂と肉体との関係を極端な二元論の形で捉えたからである。幸福とは人の魂の望ましい状態のこととされたのである。魂とは自己を意味した。というのは、人は本当のところは破壊できない非物質的な魂だとされたからである。[5] 自己というもののこのような捉え方は、私たちの最も深い、最も大切な利害についてのソクラテスの捉え方の背後にあり、それが彼をして、あの有名な表現を用いるならば、善人は傷つけられえないと信じることをより容易にしたのである。というのは、人を傷つけうるものはその魂のよき状態を傷つけうるものだけであり、魂は犯されえないものであったからである。この見解にとっての問題は、倫理的動機を描写する際に、自己の利害について大変精神的な見方をとる一方で、倫理学の主題は他者の利害についてこれほど精神的ではない見方をとることを要求するからである。つまり、もし身体的被害を与えることが本当に人を傷つけることにはならないのならば、他者の身体に被害を与えないようにあれほど強い倫理的要求があるのはなぜなのだろうか。

四

ソクラテスのイメージにはいま一つの特殊な帰結がある。それは彼が哲学の活性力に対してもっていた願望に関わる。ソクラテス、そしてある程度まではプラトンも、哲学の研究が、徳を発達させるその力を通して、人を幸福に導く唯一の道だと信じていた。合理的な哲学は幸福に導く洞察を与えるものとされた。これは哲学が内在的な求めを満足させる方法を教えるか、さもなくば私たちの求めについての新たな捉え方を理性的に形作ることができる、ということを意味した。アリストテレスの発想はこれほど野心的ではない。これが、プラトンやソクラテスに比べたときのアリストテレスにおける心理および社会に関する言及が多いという特徴とともに、アリストテレスの『倫理学』[6]がいまなお倫理学を幸福および生きるに値する生についての考慮に基づくアプローチのパラダイムとして役立たせる理由の一つなのである。アリストテレスにとっては人間は非物質的な魂ではなく、本質的に肉体をもったものであり、本質的に社会生活を生きるものである。アリストテレスは理性の能力について基本的な区別を設ける。倫理的生活にとって中心的な知的能力、すなわち実践理性は、哲学や科学で用いられる理論理性とはその機能や対象が大いに異なるとするのである。確かに、彼は哲学と科学の仕事が人間活動の最高の形態だと考えた。しかし彼はこの形態の実現には個人的そして公共的生活における実践理性の使用が必要であると考えた。これは社会においてこのような活動が必要とされるという（プラトン的）意味でそうであるばかりか、各人がそのような生活を必要としているという意味でもそうなのである。しかし〔この二つの捉え方、すなわち〕賢人がそれを避けては通れない義務としての公共生活というものと、（彼の哲学的人間学のより一貫した、かつ説得力のある帰結であるが）人が自分の能力を完全に表現しようとするならば、各人にとって必要となるものとしての公共生活との間で、いずれを強調するかについてはアリストテレスは大いに揺れる。

実践理性の生活にとって中心的なのは人格に関するある種の卓越性、すなわち徳である。徳というものは行為や欲求や感情に関する内在化された性向である。アリストテレスの徳論のある部分、たとえば勇気や克己心といったものはよく理解できる。他の部分はまったく別世界のものである。道徳哲学にとって重要なのは文化的特殊性を持つ事柄が〔理論の〕主要構造から分離できるかどうかということである。いくつかは確かに分離できる。これらの中には重要なものも含まれている。たとえばアリストテレス的な発想は、アリストテレスの奴隷制や女性の地位についての見方と抜き差しならない形で結びついているものではない。しかし、次の点には疑念が集中してしまう。アリストテレスが現代の倫理的感覚から最も遠いところにあるように思われるのは、尊敬されるべき行為主体が自分のことに、ちょっとびっくりするほどこだわっているのを見出すときである。アリストテレスはよき人は友人を必要とすることを認める。それどころか友情はよき生の一部であることを認める。しかしアリストテレスはさらに、このことをわざわざ議論を通して立証しようとするのである。友情を自給自足の理念と調和させるためである。[7] 正直さについての彼の説明さえ、この徳と対比すべきだと私たちが考える嘘つき（真実性に関する信頼のなさ）ではなく、驕慢やいつわりの謙虚さが対比されているという、奇妙に自分にとらわれた特徴をもっているのである。後にアリストテレスの倫理学の自己中心的な側面がその理論構造そのものから発生するのかどうかを検討せねばなるまい。

　私は、アリストテレスにとっては徳というものは行為、欲求、感情の内在化された性向だと述べた。それは知的な性向である。それは行為主体における判断力の行使を伴うものであり、判断と同質の実践理性の働きを要し、したがってそれは単なる習慣ではない。それはまた他者やその人格や行為に対する好意的および好意的でない反応に関わる。この問題についてのアリストテレス自身の見解は、彼の体系の最も有名なそして最も役に立たない部分と結びついている。それは彼の中庸の理論であり、それによれば人格に関するあらゆる徳は相関関係にある二つの欠点ないし悪徳の間にあり（それは正直であることを例にして説明したところである）、それぞれはその徳が適量を表わしている何かの過剰および不足からなるのである。この理論は無益〔で空虚な〕な分析モデル（アリストテレス自身それを一貫して用いることはない）と、実質的には気が滅入る、何事もほどほどに、と薦めるお説教との間を行きつ戻りつする。中庸の学理はこの際、棚上げにしてしまった方がよい。しかし、それは次の点に関してだけは正しいことを示唆する。つまり、徳のある人々は自分が何をしているかが分かっていることになっているから、彼らは他者の欠点や悪徳をそれとして見抜き、そのような悪徳をもつ人々、少なくともその人々の行為を、たとえば悪いとか不快だとか無益だとか卑劣なものとして看て取ることができる、ということである。

私たちの中には、高徳の人であるとか、人格者が、他者を〔正確に〕評価する性向の持主でもあることを含意する、ということに反発を感じる人もいるかもしれない。その反発の根はいろいろだが、そのいくつかはアリストテレスの考えていたことからはほど遠いものである。一つは無垢の概念であり、それはまったく自己意識がなく、他者についての判断が意味するところの自分との比較という要素がまったくない徳のイメージである。いま一つの根は懐疑主義のそれであり、これは誰も人のことを判断するほど人のことを知ることはありえないとする疑いの念のことである（懐疑主義のより陰険な類型では、自分自身のことについてさえそうだということになる）。さらにいま一つの根として、私たちは実に当たり前のこととして、アリストテレス自身は峻拒した、ある考えを受け容れているという事実がある。つまり、一つの徳をもちながら他の徳をもたないといったことがありうる、ということである。アリストテレスにとっては、ソクラテスにとってそうであったように、実践理性は行為と感情の性向が調和することを要求するのである。ある性向が正しく徳と見なされるためには、それはすべての徳を含む理性的な構造の一部をなさねばならなかった。これは私たちの想定、つまりこれらの性向は、「あの人はこれは得手だけれどもあれは不得手だ」といった具合に説明できる他の心理学的性質と十分に似通った、凹凸のある性向だとする想定とは、はっきり違っている。この想定も他者に対する反応〔つまり評価〕を抑制する何かを持っている。

これらの考慮にもかかわらず、倫理的な性向と他者に対する反応との間には、ある連関があると言わねばならない。これらの反応の厳密な性質とか深さといったもの、またその反応に関する自信の程度といったものは、人によってまた文化的風土によっても異なることだろう。しかしアリストテレスが標榜したように、倫理的性向というものは単に個人的な行動パターンといったものではない。他者にそのパターンがないからといって、それを軽蔑したり残念に思ったりする傾向が偶然にそれに付け加わるといったものではないのである。それはそれ自体で他者に対する反応というものを構造的に作り上げるような性向なのである。私たちは徳の体系の統一性を信じないので、私たちは〔たとえば乱暴者を見て〕世の中にはたまたま一定の倫理的性向を欠いている人もいるのだと割り切ってしまうかもしれない。ともすればあらゆる倫理的性向はこのようなものだと見なされうるかもしれない。つまり、その人となりを現わす小話のネタにならないような倫理的性向はないと思われるかもしれない。しかし、あらゆる倫理的性向（いやむしろこのような概念を自分では使わない人もいるだろうから、そのような名前で指し示される事柄と言った方がよいかもしれない）をこういった小話のネタとみなす人は、倫理的性向になくてはならない根本的な何かを欠いているだろう。（言うまでもないことだが、人がそのような見方をしているかどうかは実際には分かりにくいことだろう。）

私は問題となる事柄をおおむね、倫理的性向を持つことに伴う他者への「反応」と呼んできた。[8] これは中身をはっきりさせずにすむ大まかな表現であるので、この「反応」という項目のもとにおさまるべき肯定的および否定的態度の多様性について述べないですんできた。この点について、少なくとも英語圏の伝統で、道徳哲学がほとんど述べることがなかったことは驚嘆に値する。なぜそうなのかという理由のうち、最も重要なものは、道徳の支配というものである。道徳は問題となりうる——つまり「道徳的（moral）」な——反応を、たとえば、判断、評価や肯定、否定といった項目のもとに分類しがちである。これはいくつかの点で誤解を招きやすい。第一にこれらの概念はすべて少なくとも一時的に優越的地位に立つこと、裁判官の立場に立つことを想定させる。これは地位の優越性を否定するような道徳理論においても起こることである。次に、これらはたとえば有罪無罪といったような二者択一の判断に導きがちである。さらに、それらは自発的な行為のみを対象とすることになっている。すなわち、誰も自分のせいでないことについては道徳判断は行いえないとするのである。このようにして道徳は究極的な正義に執着するので、それは反応の分類学をもたらすだけでは満足しないのである。それはどの反応が道徳的であると呼ばれるべきかといった問題を扱うだけではない。道徳の目標である正義というものは、そのような分類学を超えて、いかなる反応を人は正当に持つことができるかという問題を問わずにはおかない。したがって正義はさしあたり良心に響く声を、次に優越性を、そしてついには遍在を要求するに至るのである。嫌いだという気持ちとか、憤慨、軽蔑といった「非道徳的」反応や、あの人は気味が悪いといった倫理生活における些細な発見などは、きっちりと養成された道徳的良心に追われて後退を余儀なくされ、〔正義のもつ超越的性格を〕模倣し復讐する日を期して臥薪嘗胆するのである。

　道徳的判断体系のこれらの特徴は互いに相補的関係にあり、全体としてみれば、ちょうどペラギウス派[5]の神の大権を模しているのである。たとえば、判断基準の厳密性は、提供されるもの——ただ一つしか存在しない終極正義の終極性——の遠大さ〔とこの人たちが考えるもの〕に対応する。〔遠大に過ぎるとの〕同じ理由で、全体としてみれば、これはすでに述べた懐疑を惹起するのである。〔つまり〕そもそもいかにして人の人格や性向といったものがこのような判断の対象になりうるのか、という問題に直面するのである。人が自分の人格や性向のあらゆる面について責任を持てるとは思えない。また、そういった性向や人格にどこまで責任を持ちうるのか、が分かるといったことはさらに難しいだろう――たとえそれが分かったならば何が分かっていることになるのかということが分かっていたとしても。しかし、だからといって道徳は人の行動をその人格から分離した上で判断することを要求する、とまで言ってしまってよいのだろうか。

　これらの困難はアリストテレスの立場からは問題にならない。アリストテレスは、実際に、人間はある絶対的な意味で自由だと考えていた。人間はその行動を「子供のように」[9]行うと考えていたのである。また、彼は行為に向けられた、そして行為を通じてその行為主体に向けられた賞賛や非難といった反応があると考えた（だからその行動は自発的なものであることが必要となる）。しかし、人の倫理的性向に注目した場合には適切な反応はこれらに限られる、といった考え方は、アリストテレスにとって理解できないものだっただろう。倫理的性向はまた反応する性向でもあるとの考え方を受け容れるとき（受け容れるべきだと私は考えるが）、私たちは反応の種類が道徳の諸概念が想定するものよりもはるかに多様であることを思い起こさねばならない。

　アリストテレスは、少なくとも最も基礎的な側面に関しては、人は自分の人格に責任があると考えてはいなかっただろう。[10]彼は道徳的発達を習慣づけと内面化によって説明し、そのため実践理性に、成人が身につけた目的を根本的に改める可能性をほとんど認めない。

この結論を認めるならば、アリストテレスが自らの探究を提示する仕方に問題があることになる。それどころか、そもそも彼が倫理学をどのようなものとして捉えるかという点ですでに問題が生じている。彼はそれを実践的探究、つまるところソクラテスの問題に答えることに向けられた実践的探究として提示する。彼はまるで人が自分の生涯を振り返ってそれが最も生きがいのある方向に向けられていたかどうかを考えることができるかのように思わせるが、彼の説明によればこれは筋の通った話ではありえない。彼はプラトンと共に、もし徳というものが人間的善の一部であるならば、それは幸福という究極的に望ましい状態にとって外在的ではありえない、とする。幸福という状態は部分的にであれ、高徳の生活によって構成されていなければならないのである。しかしこれは実践的推論において何か根本的影響を与える形で使えるような考慮ではない。彼はそうであるかのように語るが。〔彼の立場によれば〕人の徳が高くなったりそうならなかったりすることは、習慣づけを通してしかありえないのである。アリストテレスによれば、人は中年になるまでは道徳哲学を学ぶべきではない。その理由は——この理由自体がここで直面している難問の表現となっているが——中年になってはじめて人は実践的な熟慮がうまくできるようになるからである。しかし、そのころには人はこの熟慮について、問題なくうまくできるようになっているか、あるいは回復不能な形で不得手になってしまって久しいはずである。（ここで問題になっているのは実践理性の力だけである。他の方法、たとえば回心といったものによって人の人生が根本的に変わるといったことはアリストテレスが語ることとまったく矛盾しない。）

アリストテレスの議論のいくつかは、実際に人が熟慮する際にその効果が現われうるようなものである。〔たとえば〕人生の目的を政治の面での栄誉とする人たちに関して、彼は卓越した議論を行っている。つまり、そのような人たちは自分が優越しようとした人たちの評価に依存するような生き方をすることになるので自家撞着に陥りがちだということである。**コリオラーヌスのパラドックス**とでも呼ぶべきこの発見は、〔その方面での〕経験豊かな人にとって発見、あるいは診断といったものたりうるだろう。しかし概していえば、高徳の生活、およびそれが幸福を構成する際に果たす役割についてのアリストテレスの反省が、特定の人が行うかもしれない一般的な熟慮において人格形成上の役割を果たすということは、ちょっと信じられない相談である。このことに鑑みれば、倫理学の定義そしてその抱負は修正されねばならない。それはもはや一人一人の人間がソクラテスの問題に答えることができるように各人に倫理的考慮を求めることはしない。先に伏線を張っておいた点に戻ることになるが、懐疑主義者に対する答はまずもって懐疑主義者ではない私たちの役に立つのである。アリストテレスは実際のところ、倫理的生活についての懐疑主義に興味はない。これも彼の世界とソクラテスやプラトンの世界との間にある、ことの緊急性をめぐる評価の違いの一つである。彼は単に間違った価値観や悪い人格を持った人間にしか関心がない。しかし問題点は同じである。ソクラテスの問への答は、(当人たちではない者の目から見れば)それを最も必要とする人たちが利用することはありえないのである。

五

それでもこれは、私たちをもう一方の極端な立場に追いやることはしない。その立場とは、ソクラテスの問への答はただそのシステム内にある人々の精神を高揚させ、彼らに一層の洞察を与え、彼らの子弟の養育を助けるためにだけ存在するというものである。その答は確かにそういった機能をもつが、それだけではない。アリストテレスの説明によれば、高徳の人生は確かにそれにふさわしい養育・教育を受けていない人を幸福へと導く力になる。たとえ彼自身はそれが分かっていなかったとしても。彼が治癒不能で診断を正しく理解できないということは、彼が病気ではないことを意味しない。アリストテレスがソクラテスの問に与える答は、上述のように、一人一人の人間に与えることはできないが、その答はそれぞれの人向けのものではある。私たちはその考えをどこに位置づけるべきだろうか。悪人に関して、正確には、いかなることが言われているのだろうか。私たちは、悪人が(たとえ危険なやっかいものと思っていたとしても)そのような人物であると認めると言っているだけではない。また、(彼が事実そうだったとしても)彼が統計的に見て少数派であると言っているわけでもない。私たちが言っているのは、その人は人間として典型的な生を生きるのに必要な、人間に特徴的なある種の性質を欠いている、ということである。しかし、もし私たちがこの点を、アリストテレスの哲学やそれに類したものにとって絶対に挙げなければならないものにしようとするならば、さらに言わねばならないことがある。すなわち、問題となるのはこの人の幸福であり利益であるということである。私たちは、この人が自らの利益を誤って捉えている、と言わねばならない。そしてさらに、彼がそのように誤解していることが、彼のどこが悪いのかということを示す最大の症状だ、と言わねばならないのである。

人々が自分の利益だと思っているものとは別の「真の利益」なるものがあるという考えは、膨大な文献を生みだし、それとほとんど同じくらいに多数の猜疑の念をも生み出した。その文献の大部分は、ヘーゲル主義者そしてヘーゲルに従ったマルクス主義の著作家によるこの概念の利用から発生した。この概念は主に政治の分野で用いられた。このような用い方を見れば、上記の猜疑心は大体において十分な根拠をもつものと思われる。というのは、人々の真の利益への訴えは、しばしば彼らの「表見上の」（つまり知覚された）利益に反する行動を取るように彼らを強制する理由として用いられるからである。しかしながら、このような猜疑心や批判のいくつかは、誤って真の利益という概念そのものに向けられてしまっている。たとえある行動が人の真の利益にかなうものであったとしても、それが彼の知覚した利益ではない以上、彼が説得されないとすれば、彼の真の利益を追求するためには、彼は強制されねばならない。しかしそのような状況においては、私たちが彼の真の利益を追求するためには、さらなる正当化が必要となろう。つまり、飲酒をやめることがロビンソン氏の真の利益にかなったとしても、それは人に彼が酒を飲むのをやめさせる権利を直ちに与えるものではない。(この場合の人とは誰か——君か。それとも医師か、国家か。) 真の利益が、知覚された利益と一致しないという事実だけで、政治的および倫理的な問題が発生するのである。

政治思想における真の利益の問題は、さらに多くの問題を提起する。特に階級的利益の問題があるが、ここではそれには立ち入らない。しかしながら、この問題のおよその構造ははっきりしている。第一に、単に行為主体の他の選好や態度からすれば、その情報があれば自らの欲求を変えるだろうと思われる情報をもっていなかったという場合には、真の利益が特に問題となることはない。たとえば、彼は親切な薬剤師によって調剤された薬だと信じているので、この液体を飲むことが自らの利益にかなうと思っているが、もしそれが実際には青酸カリであったならば、彼はまちがいなく自らの〔真の〕利益に関して誤っているのである。同じようなことが熟慮を行う際の混乱についてもいえる。もっとも、何が熟慮に関する純粋に合理的な制約であるかについては、さまざまな差し迫った問題があるけれども。たとえば哲学者の多くは、[11] より早い充足を後の充足よりも、それがより早いからという理由だけで選好するのは不合理だと考えている。(彼らは現実には〔充足の〕確実性の相違が影響を与えることを認める。)他の者は、ベンサムの表現を用いるならば、充足の「近接性(proximity)」自体が実践的推論の次元の一つをなすことを当然と考える。この点に関する結論は、自己利益の実現を目指す合理性に関して何を誤りと判断すべきか、という問題にとって重要である。

真の利益に関する最も重要な問題は、行為主体の誤りが情報の欠如や単なる合理性(その限界をどう考えるにせよ)の問題を超えて、彼の熟慮のもとにある欲求や動機自体に影響を与えるときに生じる。あるいは、行為主体の誤りが、彼が合理的には信じるべき事柄を信じようとしないという誤りであるときに生じる。その典型例としては自殺を試みる、絶望した思春期の若者の場合が挙げられる。(ここでは〔リストカットなどの〕自殺未遂ではなく、本気で自殺しようとしているものとする。)たとえば今自殺を試みたばかりのスーザンが、これから三カ月たっても事態が好転するようには思えない、あるいは、たとえそう信じたとしてもそれはどっちでもいいことだと思っている――彼女は三カ月後に事態が好転したときに、そこにいたいとは思わないということである――としよう。もし私たちが、三カ月もたてば事態はまったく変わっていると信じているならば、そしてまたスーザンを生かし続けるように手を打ったとすると、私たちは彼女の真の利益に即して行動しているように思われる。ここでの真の利益とは、もし私たちが正しければ、彼女がたとえば六カ月もたてば承認するような利益である。この利益は、前述の場合よりも深い意味で、彼女の現在の動機の中には現われていないのである。スーザンの生き続けようという欲求の欠如、彼女のよりよき未来への不信、これらはそれ自体が三カ月後には治癒する状態である。何が自らの利益にかなうかを看て取ることができない、ということ自体が症状なのである。

だからといって、私たちは、もしある変化の結果、人がそれは自らの利益にかなうと認めるようになる場合には、その変化はその人の真の利益にかなう、とは直ちには言えない。たとえば、もしあなたがある宗教団体によって洗脳されたとすると、あなたは自分の利益をその団体の利益と同一視する傾向がたいへん強くなろう。洗脳された信者として、あなたは自分がいかにものが見えるようなったか、以前はいかに盲目であったかということの理解に関していろいろと言いたいことがあるだろう。――しかしこのことは洗脳が価値あるものだということを証明することにはならない。このような困難は、それ自体が信念を生み出すような傾向をもつ心理過程にはつきものである。これらの困難への一つの対処法は、あきらめて、真の利益という概念を救い難く主観的あるいはイデオロギー的であると見ることである。しかしこれでは真の問題が取り残されたままである。というのは、ある変化の結果、ある人の状態がよくなったと正当に見てよい場合と、単に全体がよりよくなったということとか、私たちの状態がよくなったということとを比べるだけで、話が違うことがわかるからである。たとえば、「彼は死んだほうがましだ」という表現は、さまざまあやしげな理由に基づいて発話される。最もあやしげな理由とは、彼が死んだ方が私たちにとってはよい、というものである。

この観念に、より強固な基礎があるとしたならば（そして最高に懐疑主義的な取扱いでさえ、さらなる条件付けを要求するように思われるが）、それは洗脳のような自己妥当化をもたらす変化を除く方向にあるだろう。一つ誰でも思いつく発想は次のようなものである。ある行為主体が、ある変化が自己の利益にかなうことを今は承認せず、かつ、その後その変化の結果として彼がそれが自己の利益にかなったものであることを承認するに至ったとしても、以下の条件のもとでしか、この変化が真の自己利益にかなっていたとは言えないだろう。その条件とは、第一に、彼のものの見方の変化が、彼のもともとの状態で認められた**一般的な能力の欠如**（*general incapacity*）との関連で説明され、第二に、それがこの変化によって取り除かれるか軽減された、というものである。「一般的な能力の欠如」は曖昧な表現だが、それは二つの押さえておくべき考えを含む。一つは、変化の前における行為主体の、自らの真の利益を看て取る能力の欠如なるものは、単に勧奨された変化の内容にお誂え向きにできていたものではなく、なんらかのより一般的な含意を持っていたということである。これは先に挙げた、宗教団体の長所を看て取る能力の欠如とされたものにはなかったものである。第二に、問題となる事柄がまさに**能力の欠如**だということである。つまり、彼がその変化が起こった後に承認するだろうことを今は認めることができないということだけではなく、このような文化的条件のもとでそのような事柄を承認する能力が、人間としての活動の一部として、人間には期待されている、ということである。この最後の要素、すなわち人間活動(human functioning)という規範的概念こそが先程の自殺未遂の描写において、「治癒」、「症状」といった表現を呼び起こしたのである。

もし早晩このような観念を持ち込むのであるならば、なぜより早い時点でそれをしないのか。なぜある変化がその当人の真の利益にかなうということは、その変化が当人をより通常の人間活動に近いところへともたらす場合である、と言い切ってしまわないのか。答は、ある人の利益にかなうことすべてが当人の人間活動に必要だというわけではない。それどころか彼が**必要とする**ものであるとさえ言えないということである。彼が必要とするものとは各種の能力であり、それは自らの利益にかなった事柄の中のいくつかを追求させる動機の基本的なパターンを含むのである。純粋にイデオロギー的になってしまわないようにしたいのであれば、真の利益という観念は誤謬を説明する理論によって補強されねばならない。どのようにすれば人は自らの真の利益を見誤ってしまいうるかについての実質的な説明が要求されるのである[12]。

アリストテレス自身は非常に強くて一般的な目的論を奉じていた。それによれば、あらゆる種にはそれの理想的な活動状態があり、それは他のすべてのもののそれと調和する。

彼は、人の人格の優れた面はすべて互いに適合しあって調和する自己を形作るものだ、と信じていた。さらに、彼は人間性の最高の発達段階――彼はそれを知的探究と見ていたのであるが――は、より日常的な公民的な徳の生活とうまく適合すると考える立場にコミットしていた。公民的徳の生活は知的探究とはやや異なった能力の開花、すなわち理論理性ではなく実践理性の開花を表わしていたにもかかわらず。このことを証明するという点では彼はかならずしも成功はしなかった。それどころか、彼の哲学全般に見受けられる豊かな目的論的枠組という資源があるにもかかわらず、彼は真の利益という概念が要求する、誤謬をめぐる理論の構築に関しては、あまり貢献しなかったのである。彼は確かにさまざまな種類の悪人を描写する。また、彼の描写は、『国家』におけるプラトンの描写よりは現実的である。プラトンは（いつもそうだというわけではないが、そこでは）悪人を中毒患者、およそ羨ましいとは思えない人間失格者として描くという道徳主義者の誘惑に屈しているのである。アリストテレスは人がそのような人間失格の状態にならずとも、倫理的観点からはかなり問題のある状態にありうるということを看て取っている。特に、そのような人は、自分の利益になると思っていることを追求するために理性を効果的に用いることができる、ということを。アリストテレスはそのような人の状態を、その人がきちんとした躾を受けていないことによって説明する。つまり、その人が誤った種類の快楽を追求する習慣を身につけてしまった、というわけである。しかし、アリストテレスの目的論的宇宙にあっては、あらゆる人間は（少なくとも生来的な奴隷ではない健常男子は）少なくとも公民的な徳の生活へのいわば志のようなものを持っており、しかもアリストテレスはこれがどのようにして躾のなさによって駄目にされるかということについて十分には語らないので、そのように育まれてしまった後でもなお自分が現にある状態とは違った状態になることがなぜ当人の真の利益にかなうか、ということがはっきりしないのである。

あらゆる自然種に属するものがその完成に向けて運動する志向があるという強い想定で考えるアリストテレスでさえ、この結論を確実に導くことができないならば、私たちにそれができるというのはおよそおぼつかないことに思われる。〔それでも、あえて検討してみると、〕進化論的生物学――それはアリストテレスが形而上学的目的論の枠組で表現した事実についての最も分かりやすい説明を与えるものだが――は、倫理的生活が各人にとって幸福の生活であることを証明できるかという点ではましだというわけではない。これは進化論的生物学がすべての個人に同じ一つの答を与えるからというわけではなく、倫理的生活に敵対的な答を与えるからである。たとえば、すべての人間にとって完全に「タカ派的」な戦略が正しいものである、という答がそうである。この答は間違っている。というのは、このような戦略をとることの帰結は、ジョン・メイナード・スミスのいう[13]「進化論的に安定した状態」ではないからである。重要な点は、進化論的生物学は個人の幸福とは直接には何の関係もなく、その適合性（fitness）つまりその個人が子孫を残す蓋然性に関わっているということである。社会生物学が倫理学に貢献することがあるとすれば、それは違った方向にあろう。すなわち、行動に関するある種の制度やパターンが、人間社会にとっては現実的な選択肢ではないことを示唆しうることにあろう。それはそれで重要な成果ではあろうが、その前に社会生物学はまず人間の文化の歴史を現在よりもはるかによく読みとることができるようにならなければなるまい。

もし何らかの科学が、以前私が用いた表現を使えば、各人にとっての答をもたらすとすると、それは心理学のどれかの分野だろう。これまでも、さまざまな理論——特に精神分析的なものがそうだが——があり、それらが人間の幸福に必須の要素として何らかの倫理的なものの見方を支持するのではないかと期待されていた。いくつかの事例では理論がこの注文に応えたようだが、それは、その理論自体がすでに倫理的思考に関わっていたからである。[14] だからといってそのような理論がいけないというわけではなく、個人の救済の手段としてみれば、それはむしろその理論の特長にもなると思われる。が、やはりそれは、幸福について独立した説明を与えるもの、したがって倫理的な生活に基礎を与えるものとしては資格がない、ということになろう。あるいは、このようなことができる心理学理論があるという想定自体が非現実的なものであるのかもしれない。このような理論がありうるかどうかをアプリオリに、しかも数ページの間に決定してしまおうというのはバカげたことである。〔それでもあえて簡単に考察してみると、〕そのような理論は、一方で既存の倫理的価値観や発想から独立していると同時に、倫理的生活に関わる人格の複雑な諸側面に密接に関係し、また、その帰結は確定的であり、さらに、――もちろん――何らかの形での倫理的考慮にとって有利なものでなければならない。最後の条件について「もちろん」と言ったのは、単に倫理的考慮〔の幸福にとっての必然性〕に礎を設けるための条件として必要だというつまらない理由だけからではなく、もしそれが倫理的考慮にとって有利なものでなかったならば、それは人間の実践に対してまったく違った関係をもつことになるからである。私たちは、社会に生きる必要がある――これは単なる技術的な必要ではなく、内的な必要に違いない――、そしてもし私たちが社会に生きるならば、大多数の人々の生活において何らかの倫理的考慮が具現されていなければならない。したがって、倫理的考慮を行う生活は、いかなるものでも幸福ではありえないことを証明する心理学理論は、私たちにいかに生きるべきかを教えることはできない。むしろ、それは私たちが幸せに生きることはできないことを予測するのである。

きちんとした性格心理学ならどのようなものでも、科学的だと認められる何らかの形で、性格のゆがんだ人の多くは不幸であるがゆえにひどい人になったのであり、その逆もまた真である、という真実を告げるだろう。ここでの不幸というのは、倫理的な概念によって定義されたものではなく、単なるふつうの不幸、つまり、惨めさ、怒り、孤独、絶望、といったものである。これはよく知られた、しかも重要な事実である。しかしながら、それは多くの同様に常識的な事実の一つにすぎない。ひどいとは言えない人にも、やさしくあろう、他者の利益に対して寛容であろうと努めている人の中にさえも、惨めな、しかも倫理的な状態からして惨めな者がいる。彼らは、かつては承認されたかもしれないが今や認められはしない、したがって克服や再編などとても望めないような、抑圧された自己主張の犠牲者であるかもしれない。さらに他方では、カリクレスが考えたよりは少ないかもしれないが、現実の人間にはひどい人でありながら、まったく惨めでなく、しかも危険なことであるが、表面的な基準で測るかぎり、繁栄している者もいる。倫理的生活の基礎を精神の健康に求める人にとっては、そのような人間が存在しうる、ということ自体が問題である。それはともかく、このような人たちの存在、それどころか、その存在についての思惟が、どこまで文化的な現象であるか、ということは重要な問題である。悪党は遠くにいる方がかっこよく見える。つまり、その役割は、ルネサンス期のどこかの大公さんの方が、その現代版にあたるだろう、安手のファシストのボスや、ギャングや、大金持ちなどよりもよくつとまるようである。あるいは、私たちは過去を美化してしまっているのかもしれない。あるいは、このような〔一匹狼〕タイプの人間が育ちえないようにしたということを近代世界の功績として捉えるべきかもしれない。というのは、近代世界は、他のものと同様に、悪というものをも集合的な営みにしてしまったからである。それは悪をより強大にすると同時に、より陳腐なものにする過程でもあった。15

さて、最も大切なこと、すなわち他にも善と見るべきものがあるという問題を、ここでの素朴な考察につけ加えねばならない。ある人がひどい人であり、多少とも惨めであるとしよう。しかし、彼は成功しており、ある程度の快楽を享受しているとしよう。その場合、もし彼がそれほどひどい人でなかったならば、あこぎな真似もできず、とても成功しなかったとしよう。仮に彼がもっと善人であったならば、そのおかげで悩みの種が減っていたかというと、そうではない。なぜなら、彼は欲求不満に陥っただろうから……。倫理的性向以外はいかなるものも価値あるものと認めないということ――つまり、精神の健康ということを他の価値を否定する方向に向けるということは、ソクラテス的な禁欲主義に戻ることを意味し、それにふさわしい自己の再形成を必要とするだろう。それはまた、すべての人が自己を放棄するユートピア的な政治を必要とするだろう。さもなければ、心の清らかさとしての徳は、唯一の善ではあるが、ごく少数の人しか獲得しえないものであることを認めることになろう。すると、この徳を、改心しない社会に〔積極的に〕関係づけるために、また別の政治が必要となるだろう。

これらの問題は、「他の善」が創造的で文化的なものであるとき、個人にとっても社会にとっても特に重要な問題となる。アリストテレスの人間本性論はこのような〔創造的、文化的活動とその〕成果が通常の公民的な徳と調和して一体をなすものとするが、私はすでに、それはアリストテレスの人間本性論自体に無理を強いるものであることを指摘した。

この二つのものを調和させるのは不可能かもしれない、という考えは、特に近代的な発想というわけではない。それどころか、プラトンははるかにペシミスティックな見解をとった。そのため、彼は徳の栄える共和国から芸術を追放するか、さもなくば芸術を飼い慣らしてしまうことを望んだ。しかし、芸術や科学についての近代的な考え方、そしてそのような創造行為に関わる心理についての近代的な考え方は、このような倫理的な考え方からすれば、傷と屈服の問題、つまり、創造的活動に伴うかもしれない不幸や失意の問題をより緊張の強いものにせざるをえない。創造行為というものは、しばしばあるバランスの喪失、ある種の力と感受性の肥大を避けられないものとするためである。

それはまた、倫理的な生活と精神の健康とを、統合とか、対立の減殺といった観念で結び付けようとするあらゆるプログラムにとっても問題である。これらの心理的な狙いは、それ自体があらかじめそのように定義されない限り、倫理的な重要性を持たない。というのはたとえば、ある種の人間にはもっと容赦なくなってもらうことが統合の最良の方法だということがある。しかし、こういった考慮を除いて、さらに、対立はどんどん減殺した方が心理的に望ましい、という考えに対して疑念を生じさせるような対立、つまり、創造的な対立といったものについての配慮をも除くならば、ここには違った問題が現われてくる。それは、どこまで、また、どのような状況で対立を取り除くことが倫理的に望ましいか、という問題である。対立、特に倫理的な対立は、ある種の状況に関しては適切な対応となることがある。このような状況を取り除こうとするならば、それは人間の精神を再形成することだけでなく、（むしろ主として）社会変革が問題になるだろう。

六

心理学が倫理学の基礎づけに本当に貢献する時に生じる諸難問を考える際には、心理学なしにどこまで行けるかを考えておくことが重要である。実は結構遠くまで行けるのである。倫理的性向の形成は、人間における自然な過程である。このことは、この過程が自生的で、教育とか躾がいらないということを意味するのではない。この意味では、言語の習得を含めて、人間におけるほとんど何をとっても「自然」なものはない。というのは、言語習得能力それ自体は生得のものであり、おそらくヒトという種に特有のことだろうが[16]、どんな子供も特定の言語に曝されない限り言語を身につけることはない。そしてその言語自体は無論、文化の所産である。自然であるということはまた、倫理的な生活が人間社会の約束ごとに関わらないということを意味するのでもない。むしろ、約束ごとのもとに生きることは人間にとって自然なのである。私が言いたいことは、トラシュマコスと違って、倫理的考慮抜きに生きるということがより自然であるわけではない、ということである。

さらに、私たち（のほとんど）は、何らかの倫理的考慮と自分とを同定し、このような考慮に位置づけを与えるような幸福観をもっている。したがって私たちは、このような倫理的考慮を他の文化的な考えとともに自分たちの子供が共有することを望んで育てるだろうし、このような子育ては単に自分にとってだけよいことだというわけでなく、自分の子供にとってもよいことだと見ている。それには二つの理由がある。一つは、それは私たちの幸福の捉え方の一部であり、第二に、幸福や満足についてのより狭い捉え方においてさえ、子供たちが社会の倫理的な諸制度から排除されたならば、より幸せになるだろうと考える理由が見当たらないからである。さらに、たとえこの最低限の基準によれば、倫理的諸制度の外にいた方が幸せであるという人がいることを知っていたとしても、同時に私たちはそのような人たちがそのような人格になるのは、ほとんどの場合アウトロー――社会から疎外された者――として育てられた結果そうなったわけではないことをも知っている。この結果、私たちは自分たちの子供を私たちが生きている倫理的世界の中で育てることには十分な理由があり、それに反対することにはほとんど理由がないことが分かった。さらに、私たちが成功したならば、私たちの子孫自身が世界をこの同じ観点から見ることだろう。

アリストテレスが認めたこと――ソクラテスの問に答えることによっては自分の人生をたて直せないということ――の暗に意味すること、つまりソクラテスの問の位置づけ直しということを私たちが受け容れたならば、あるレベルでこの問にアリストテレスの答よりも控えめな仕方で答えることができる。このように位置づけ直されると、それは私たちがいかに生きるべきかに関する問題となる。そして、あるレベルでは、私たち自身が生きている倫理的生活を根拠に、私たちはこの問に倫理的な答を与えることができる。このことは、アリストテレスと違って、なぜ倫理的に生きるのがよいかについて、各人にとっての目的論的な答を提供するという企てを捨てることを意味するけれども。このレベルでは、問題は単に社会というのは倫理的側面も再生産されるべきかどうかというものになり、この問に対しては、社会の内部からすれば、答はある。

しかし、これはこのレベルに限ったことである。以上の議論は、何らかの倫理的な生活と、まったく倫理的でない生活との選択しか許さない。しかし、倫理的な生活は何かお定まりの、きまりきったものではない。その中では、教育、社会的決定、そしてともすれば人格のたて直しに関しても、さまざまに異なった可能性がある。私たち自身がそれを生きざるをえない類の倫理生活においては、多様性、矛盾、そして自己批判の装置などがある。私たちの近代社会では、かつて存在したどの社会よりもこのようなものが多くあるように思われる。そしてこのことはきわめて重要な意味を持つ。それは、道徳哲学の役割を古代の思索者の夢想だにしなかったものへと変えるのである。次章で倫理的なるものの基礎づけを、いままでとはまったく違った、より近代的な仕方で行う試みを考察した後に、私はこれらの倫理生活のさまざまな可能性がもたらす諸問題を検討することにしよう。そのいくつかは他の文化の可能性、またいくつかは私たち自身の文化に関わるものである。私たちはそれらを理解するのに道徳哲学がどのように手助けしうるか、また自己批判をどのように基礎づけうるかを見てみることにしよう。

しかしその前に、アリストテレスの思想と現代の私たちが受け容れられそうな倫理思考のスタイルとの間の距離に関して、考えなければならない問題がある。すでに述べたように、多くの実質的な点で現代の議論は古代の思想家のものの見方を共有することはできない。しかし、これは倫理的思考の論理的な構造そのものにどこまで深く関わる事柄なのだろうか。私は、もしソクラテスの要求がそのままの形で応えられ、倫理的な生活は各自に即して正当化されねばならないとすれば、倫理的価値は〔社会制度などではなく〕自己の状態というものに存しなければならない、と述べた。実はアリストテレスの狙いがそうだと言ったのだが、その正当化が各人に向けてのそれでしかありえないとしたとしても同じことになる。しかし、もしこの目的をも放棄するとするならば、倫理的価値はなお人の状態に存すると言えるのだろうか。しばしばギリシャ人の倫理と現代のそれとの違いは、ギリシャ人たちがこのような仕方で倫理的思考に迫ったことに対し、私たちがそうしないということにあるとされてきた。さらにこの考えは、私が述べたより深い批判とも結びつくものである。その批判とは、ギリシャの倫理思想は救い難く利己主義的であるというものである。

この結論を導く議論の一つは次のようなものである。アリストテレスのいう徳を備えた人は、しばしばさまざまの高徳な行いを実行することを欲する。しかし、いかなるものであれ、欲求によって動機づけられたものは快楽へと向けられているのであり、快楽の追求は利己主義的である。これに対立する唯一の動機は、義務感である。倫理的な動機は、利己主義的な動機と対比される性質をもっているので、倫理的な動機は義務に関わらねばならない。つまり、アリストテレスが考えたのとは違って、それは幸せな人生を生きることをめぐる欲求には関わらないものである、と。(このようなものの見方は、とりわけて凝縮され粗野な形で述べた〔本書で言うところの〕道徳の発想である。)

この議論の想定は、ほとんど全部誤っている。すべての欲求が快を目指すと考えるのは誤っている、それどころか矛盾を含む。それは、たとえこの欲求の満足が快をもたらしたとしても、なお誤っている。(この想定もまた誤りである。)さらに、もしあらゆる欲求が快を目指すということが正しかったならば、人は、倫理的な動機と快楽の追求との間に違いがあるという常識的な想定に信頼をおくことができないことになる。倫理的な動機はある種の快を目指すということになってしまうからである。ある種の倫理的動機は確かに快楽をもたらす。ヒュームはこの点でギリシャ思想と同様に考え、高徳な人の特徴は親切で慈悲深い行為をすることに喜びを見出すことにある、との考えに賛同したのである。

私の欲求のすべてが私の快楽を対象とするわけではないことを示す明白な理由の一つは、

私の欲求の中には私自身に関係しない状態を目指すものがあるということである。そのような欲求を満足するものの特徴づけの中では、私という存在はどこにも言及されないのである。[17]さらに、自己超越的な欲求というものがある。それらがすべて博愛的とか慈悲深いとかいうわけではない。それらは悪意に満ちたもの、あるいはくだらないものでもありうる。遺言の中に親族を悔しがらせるための、またはバカげた目的を推進するための条項を作っておくような人には、通常、その顛末を見て楽しもうという意図はない。にもかかわらず、その人はその帰結の到来を望んでいるのであって、今その帰結をあれこれ想像して楽しむことを欲しているわけではない。このような理由で、自己への関心と他者への関心とを分つ線は、欲求と義務とを分つ線と何ら対応するものではない。(実際のところ、道徳主義者の中には、自己に課した務め、つまり自己に関わる義務なるものを作り出すことによって、この点を認めてしまう者がいる。この種の義務は道徳主義者の経済システムでいくつかの機能を発揮する。一つは、消費ではなく長期的な投資の促進であり、いま一つは、欲求という通貨を洗浄するだけのことである。)

欲求と快楽に関するこのような誤った把握を取り除いた後でも、なお利己主義であるとの訴えには根拠があるかもしれない。倫理的性向は、ある種の事柄を欲求する性向であり、他者やその行為に対して一定の仕方で反応しようとする性向であり、義務のような観念を使う性向であり、正しいという理由である種の帰結の実現を促す性向であり、等々。行為主体はおそらく問題となる諸関係に自ら関わることだろうし、無論、行為主体自身がいかなる行為をなすべきかを問い、そして決定するのである。以上挙げた発想（その欲求を含めて）はその内容に行為主体自身というものを望ましくない仕方で含むわけではない。つまり、以上のいずれもそのままでは利己主義とは何ら関わらない。しかしながら、ソクラテスの問はさらに、別の考えを登場させる。それは行為主体がこれらの性向自体について考え、それらを幸福な人生と結び付ける、ということに関わる。たとえこれらの性向がそれ自体は自己に向けられたものではないにしても、ソクラテス的反省を行っている行為主体が考慮しているのはやはり自己自身の幸福なのである。したがって、いま一度利己主義が戻ってきたように思われる。

この問題に対する答は、アリストテレスの説明では実質的な倫理的性向は自己の内実そのものに含まれてしまう、という重要な事実の考察によって明らかになる。つまり、成熟した人間の反省においては、私は育ってきた通りの人間であり、私の反省はたとえそれが私の性向についての反省だとしても、同時にそれはその性向自体の現われでなければならない。私は倫理的な善および他の善について、倫理的な観点から考えているのであり、その観点は私がすでに身につけたものであり、私自身の一部となっているものである。倫理的および他の善について考えるときには、行為主体はそのような諸々の善に位置づけを一般的な仕方で与え、また倫理的な善に特別な意義を与える観点から考えているのである。

外側から見れば、この観点は、自分が身につけた倫理的な性向が、他の欲求や選好よりも深いところにあるような人のものとして見えるのである。

内的な観点、すなわち自己の性向からみた場合と、その性向を外側からみる観点との違いは、「すべての倫理的価値は自己の性向に存する」という主張が最も明らかな意味では誤っていることを明確にするが、同時にある意味ではそれが正しいことをもはっきりさせる。それが誤っていることが分かるのは、倫理的な性向によって形作られた観点――内的な観点――から見た場合であり、ここでは価値あるものは人の性向だけである、とするのは明らかに正しくない。行為主体自身の性向のみが価値あるとするのはなおさら誤っている。他者の福祉、正義の要求、その他諸々の事柄にも価値があるのである。しかし、いま一方の観点からすれば、つまり、人の性向を外側からみれば、私たちは「そのような倫理的な観点が存在するためには、世界にいかなるものが存在せねばならないか」と問うてよい。この場合、答は「人の性向」でしかありえない。ある意味では、人の性向は倫理的価値の究極的な支えである。この点には形而上学的のみならず、実践的な意義がある。すなわち、倫理的価値の保存は、倫理的な性向の再生産にかかっている、ということである。

行為主体の性向についての外的観点は、行為主体自身もとることができる。しかしもし行為主体が、反省の過程でこれらの性向から完全に自らを抽象してしまおうとし、自己と世界のことをあたかも自分がこのような性向をもたないかのようにして考察しようとすれば、彼が自分の性向についての価値判断を含めておよそ何についても価値観をもつことができなかったとしても、驚いてはなるまい。彼が価値判断ができないのは、まさにこれらの性向が現実の自己の内実の一部となっているからである。さらに、もし彼が自己の性向から距離をとるような反省を行うならば、彼が外からものを見たときと内側から見たときとでは対立するものがあるかどうか、ということが重要である。[18] アリストテレスにおいては、高徳の行為主体がそのような対立を見出すことはない。高徳の人は、自分に倫理的世界観を与えた性向は、人間の可能性の正しい完全な発展〔の到達点〕であったということがわかるだろう。これは、**絶対的**な意味でそうである。ここで絶対的というのは、（アリストテレスは明らかにそれ以上のことを意味していたが）人間性および世界内での人間の位置に関する最良の理論がこの結果を導く、ということである。さらに、この完全な実現は調和のうちに展開するものであることが示されよう。つまり、これらの倫理的能力の発展が、他の人間的卓越性とうまく調和するということである。アリストテレスの理論は、行為主体が自らの必要や能力すべてについて反省するとき、たとえ外的な観点からそうしたとしても、彼は自らの倫理的性向に逆らうものを何一つ見出しえない、とするのである。

ここで再びこのような説明を弱める多くの現代的な疑問が登場する。現在の私たちの理解では、倫理的性向が人間的発展に関してこれと同等の地位を標榜する文化的、そして個人的な抱負と完全に調和すると信ずる理由はない。たとえアリストテレス的な方向に向かいうるような心理観を容認したとしても、人間本性論というものが、——それ自体がすでに倫理的理論でないかぎり——多くの倫理的生活の中からうまくただ一つだけを選び出すとは信じ難いのである。アリストテレスは、自然についての絶対的な理解から極めうる、人間の可能性の調和した究極的なあり方として特定の倫理的、文化的、そして政治的な人生を思い描いていた。私たちにはそのようなことを信じる理由はない。しかし、いったんこの信念を失ったならば、行為主体の観点と外側からの観点との間に深い淵が口を開いていく。すなわち、私たちは、そして行為主体自身も、行為主体の観点は人間性と両立するさまざまのものの見方の一つにすぎないものと理解するに至る。しかもこのようなものの見方は、いずれも内的にもさまざまな対立をもち、また、他の文化的理念とも対立しうるものだと理解するに至る。このようにして深淵が広がってしまうと、行為主体の性向は倫理的価値の「究極的な支え」である、という私の主張が疑わしいものに見えてくる。もはや行為主体の性向だけでは十分ではないという気がしてくるのである。

にもかかわらず、私はこの主張は正しいと考えている。そして大筋では、古典時代の思想家から導き出した倫理的自我の描写は正しいものだと信じる。しかし、同時に、私たちはアリストテレス的な想定、つまり、行為主体の観点と外的な観点とを調和させていた想定は崩れてしまっていることを認めなければならない。誰もまだ、このような想定なしにうまくやっていく方法を見出してはいない。本書の諸々の議論はこのような状況を前提にしたものであり、以下さまざまな文脈で私は外的および内的観点の関係について述べることにしよう。が、ここで次に取り上げたいものは、ゼロからスタートする別の方法である。これは、アリストテレス的な想定を用いずにアルキメデスの支点を見出そうとするものである。

第四章　基礎づけの試み――実践理性

一

倫理的生活の基礎を幸福に求めた前章の試みは、人間本性についての実質的な信念から、人生はこうあるべきであるという確定した答を導きだそうとしたものである。すでに見たように、この試みを成功させようとすれば非常に強い仮定を立てねばならないが、私たちは、そういう仮定を容認することはできないのである。

基礎固めから始めるもう一つの試みがある。こちらの方は、もっと少ない前提からもっと少ない結論を引き出す、と主張する。それは、十分に能力が開花した人生を説明する〔アリストテレスの方法の〕代わりに、倫理的諸関係がもっているある種の構造的ないし形式的な特徴を示そうとする。それはまた、人間の本性についての特定の目的論的見解に依存する代わりに、非常に抽象的な、理性的行為主体についての非常に抽象的な解釈から出発する。最小限の答しか出さないが、これもやはりソクラテスの問に答える試みである。それぞれの行為主体は、この問を発することができるというだけで、その答を得ることになる。こうして得られる答は、アリストテレス的方法で得られる答よりも抽象的であり、そのように人間に限定されたものでもない。この種の議論によって生み出されるものがあるとすれば、それは、理性的行為主体どうしのあり方を規制する一般的かつ形式的な原理である。カントが関心をもったのは、このようなことだった。

これを意外に思う人もあるかもしれない。カントの名前は、道徳に対するある特定のアプローチと結びつけられており、そのアプローチにおいては、道徳には基礎などありえないとしばしば考えられているからである。カントは、道徳は「自律的な」ものであり、道徳的であるべき理由などありえないと主張した。なぜカント的な議論の枠組のなかでそうならざるをえないかは、簡単な議論によって示すことができる。道徳的であるべき理由は――それがどんな理由であっても――道徳的なものか非道徳的なものか、そのどちらかである。それが道徳的な理由だとすれば、それは、実際には道徳的であるべき理由にはなりえない。なぜなら、その理由を受け容れるためには、私たちがすでに道徳の内部にいなければならないからである。他方、非道徳的な理由も道徳的であるべき理由とはなりえない。なぜなら、道徳は、動機の純粋さ、つまり基本的な意味で道徳的な志向性（カントが義務として理解したもの）を要求するが、これは、どんな非道徳的な誘因によっても破壊されてしまうからである。したがって、道徳的であるべき理由などあるはずはなく、道徳は他のものに媒介されない要求、つまり定言命法〔無条件の命令〕、として現われるのである。カントが導入するのは、道徳（*morality*）であって、他の何ものでもない。後の第十章では、道徳という観点から倫理的生活をとらえる立場について、一般的な考察をすることになろう。もし道徳的であるべき理由というものが、道徳的であるための動機や誘因を意味するのであれば、道徳的であるべき理由などないという結論は確かにカントの立場から出てくると言えよう。しかし、これは道徳が基礎をもたないということを含意するものではない。実際、カントの考えによれば、なぜ道徳が理性的行為主体に対して定言的要求という形をとるべきであるかは、私たちに理解できる事柄である。道徳が定言的要求という形をとるのは、理性的行為主体〔の概念〕そのものが定言的要求を受け容れることを内包しているからである。カントが道徳を実践理性が自らのために自ら定めた法として記述したのも、そのためである。[1]

カントは『道徳形而上学の基礎づけ』において、これがいかにして可能であるかを説明しようとする。このただならぬ書物は、アリストテレス以降の道徳哲学の著作のなかで最も重要であると同時に、私たちを最も困惑させる著作の一つでもある。しかし、ここでカントの述べていることを直接解説しながら議論を展開するのはよそう。そのような方法をとれば、それ特有の多くの問題が生じてくる。私はカントの立場を通路としてではなく、到達すべき目的地として扱うつもりだが、まず彼の議論よりも単純で具体的な議論を展開することから始めたい。[2]この後者の議論が道徳の基礎づけに失敗すれば、なぜカント的な見解が、それが現にもっているような形而上学的な大胆さをもつ必要があるのかが明らかになるだろう。私は、カントの議論も〔より単純な議論と〕同様に、基礎づけに失敗すると思っている。しかし、なぜこれが失敗するかを解明するためには、長い議論をたどらなくてはならない。

二

理性的行為主体が必然的に欲するようなものが、何かあるだろうか？　つまり、そういう行為主体が、単に行為主体であるための不可欠の条件として、あるいはその前提条件として、欲するようなもの（あるいは、しっかり考えてみれば欲するようなもの）が、何かあるだろうか？

人々は、行為しようとする時には、まずなんらかの結果を必然的に欲する。世界がああではなく、こうあってほしいと思う。あなたは、結果を自ら生み出すことを欲することなく、結果だけを欲することもできる。つまり、結果が生じることだけを望むこともあるかもしれない。実際、自分が結果を直接生み出さないという条件のもとでのみ、自分の欲する結果が意味をもつような場合すらある。（たとえば、彼女が自分に恋してくれるように、と欲する場合がそうである。）しかし、このような可能性とは裏腹に、多くの場合、あなたは結果ばかりではなく、結果を自ら生み出すことを本質的に欲するのである。別の言い方（複雑でありながら、複雑さの一部を依然として隠すような言い方）をするならば、次のようになる。あなたが欲する結果そのものが、あなたの現在の熟慮が後に実際に生み出すような行為を含んでいる。[3]

私たちは、世界がなんらかの事態を内包することを欲しているだけではない。（欲するのはこれだけで十分との思いこみは、帰結主義の根深い誤謬である。）私たちが基本的に欲することとして、なんらかの行為をすることがある。しかし、基本的になんらかの事態を欲し、それが実現すれば幸福になるような場合でも、私たちは、結果を欲すればそれがそのまま実現するような魔法の世界には住んでいない。これは明白である。したがって、私たちは、結果を生み出すように行為しないかぎり結果は生まれないということを知っているので、結果を欲するときには、通常その結果を生み出すことも欲するのである。（これと直接的に類比できるのは、真理を欲する時には真理を知ることを欲するという原理である。）[4] さらに私たちは、結果を自ら生み出したという事態がとにかく出現するのを欲しているわけではなく、生み出したい、との自分の考えによってその結果を生み出すことを欲している。こうして、目的をもつ活動は、複合的な欲求を含んでいることが判明する。最小限に見積もっても、自分が結果を欲し、自分がある信念をもっており、自分がそういう欲求や信念に基づいて行為したから結果が発生する、ということを私たちは欲するのである[5]。同様のことは、保管しておきたい物を保管する場合にも言える。

以上の考察から、次のことが言えよう。私たちはいろいろな場合になんらかの結果を欲し、通常はそれらの結果を生み出すことを欲する。さらに、私たちはそう欲するにあたって、通常はそう欲していることがわかる仕方で結果を生み出したいと思う。このような場合、私たちが、他人によって妨害されることなど欲しないことは言うまでもない。これらの点を考えあわせるならば、私たちは、妨害されたくない（特に他人には）という一般的な欲求を、自分の性向としてもっていることがわかる。要約すれば、私たちは、自由への一般的な欲求をもっているのである。このことは、私たちが時には自由を失うことを欲したり、他人に妨害されることを欲したりし、強制されることさえ欲することがあるのを否定するものではない。が、そういう場合でも、その際に欲しているものを得ることについては、妨害されることを欲してはいまい[6]。

しかし、したい行為をすることが妨げられないからといって、それだけでこの自由が成立するわけではない。私たちがほとんど何も欲しないような場合には、それだけで、欲していることをすべて実現することが可能になるだろう。不自然な形で狭められたり貧弱にされてしまった欲求をもつことがある。こうして、不確定な欲求ではあるが、私たちがもう一つの一般的な欲求をもっていることが判明する。（曖昧な言い方になるが）私たちは、適切な範囲にわたって欲求をもつことを欲する。

　こう言ったからといって、自分の選択が、誰によっても、あるいは何によっても、できるだけ制限されないことを私たちは欲する、という結論が生じるわけではない。私たちは、自由が無制約であることを欲してはいない。ここで無制約の自由が肯定されるように思えるかもしれないが[7]、これを受け容れてしまえば、理性的行為主体であるためのもう一つの重要な条件を除外することになる。ある特定の時点で、行為主体にとって手に入れやすい物もあれば、そうでない物もあることは明白である。しかも、何が手に入れやすく、どれほど容易に手に入るかは、行為主体の内と外の事情によって決まる。彼は、特定の実現可能性をもつ世界で、自分がどこにいて、何者であり、何者になるかという観点から、選択をしたり計画を立てたりする。彼は、このような事情を承知している（つまり、正気である）だけではない。反省をしたうえで、彼は、自分が理性的な行為主体たろうとすれば、そういう制約が必要であることも知っている。さらに、彼が、理想的な世界では自分は理性的行為主体である必要はないと考えるとすれば、これは矛盾である。自分のできることには制約があるという事実こそが、理性的行為主体である必要を生み、そうであることを可能にする。そればかりでなく、この事実は、行為主体がなんらかの個別性をもった人間であるための条件、いやしくも一つの人生と呼べるものを送るための条件でもある。私たちは時として、自分が理性的行為主体であることを余儀なくされていると、鬱々たる気分で思い、もっと幸福な世界ではこんな制約は必要でないはずだ、と思うかもしれない。しかし、これは幻想である（あえて言えば、これこそ幻想の最たるものである。）

同様の条件は、行為主体の知識にもあてはまる。特定の状況で行為する際に、行為主体は、自分の計画が無知や誤謬によって狂ってしまわないことを欲するはずである。しかし、そういう場合でも、すべてを知りたいと思ったり、自分の行為が、意図していない結果をまったく生まないようにと望んだりはしない。ここでも、すべてを知らないことが人生を送るための条件なのである。たとえば、いくつかの未知の事柄があるのは、それらが自分の将来を形づくるものだからである。すべてを知ることを矛盾なく欲することが不可能であれば、一度も誤謬をおかさないことを矛盾なく欲することも不可能である。両者は同じではない（全知は無謬性と同じではない）が、多くの点で関連している。たとえば、カール・ポパーが常に強調したように、現在もっている知識を拡大しようとするのであれば、誤謬を犯してそれを誤謬として認めなければならないのである。

以上最後に考察した点は、理性的行為主体であるための条件として、そのような主体が欲する必要のないもの、さらには、その主体が欲しない必要があるもの、に関わる。そのような考察は、有限で、肉体をもち、歴史的に特定の位置をもった行為主体を前提とする。

私の考えでは、法人やそれに類似する機関のような、周辺的ないし怪しげな例外を除けば、これこそが存在しうる唯一の行為主体である。しかも、（同じものを例外として除外しておくならば）こういう行為主体だけが倫理の対象となりうる。（神を信じる人々は神を行為主体とみなすだろうが、だからと言って、神を倫理の対象だと考えてはなるまい。）このような見解は大方の期待と一致すると思われるが、後に見るように、これはいくつかの重要な結果をもたらす。

このように、私たちは理性的行為主体として、私が総称的に自由と呼んだものを欲することになる。この自由は無制約のものではない。では、この見解をとれば、自由が善であり、自由であることはよいことであるという考え方にコミットすることになるだろうか？ このような見解を引き出す一つの方法は、行為主体がさまざまな特定の結果を欲する場合、彼はそれらの結果をよいものと考えざるをえない、と論じることだろう。そうすれば、結果を手に入れる際に自由は関わってこざるをえないのであるから、行為主体は、自分のもつ自由をよいものであると考えざるをえなくなる。[8]

何かを欲し、それを目的として追求すれば、私たちはそれを入手することをよいこと（good）であると考えている、と言われる。これは真理だろうか？ ここで問題にしているのは、プラトンの『メノン』で提起され、“omne appetitum appetitur sub specie boni”（追求されるものはすべてよいものとして追求される）というスコラ哲学の格言として崇められた、伝統的な教義である。私には、これは真理とは思えない。よい（*good*）ということを普通に理解するかぎり、自分は何かを欲するとか、それを追求する決心をしたというような言明から、それはよいとか、（こちらの方が肝心な点を言い当てているが）それを手に入れるのはよいという言明に移行することは、明らかに、議論の新たなステップを踏むことである。何かがよいものであるという考えは、複数の行為主体がそれをよいと認めるような視点があるという考えを、ごくわずか、かすかであるかもしれないが、含んでいる。行為主体は、ある目的をもっているだけで、その目的をよいと考えることもあるかもしれないが、必ずしもそう考えるとはかぎらない。仮に彼が目的をもつだけでコミットしている立場があるとしても、それは、目的の実現に成功することが自分にとってよいことである、という立場をおそらく超えるものではあるまい。だが、これだけのコミットメントにしても、本当にそこまで言えるだろうか？　この控え目な主張ですら、行為主体の現在直下の欲求の枠をいくらか超えて、自分にとっての、長期的利益や幸福へと向かわせるような視点を含んでいる。こちらの方が「私にとっては」よりよいものだというように、自分の利益という相対的基準によって価値を定めるときですら、価値判断は、ただ単に欲するという行為を必ず超えてしまう。私は自分の人生のあらゆる価値を、一つの欲求の充足におくようになるかもしれない。しかし、そうなったとしても、私がただ一つの欲求しかもっていないという理由でそうなるのではないだろう。ただ単に一つの欲求だけをもつことは、私の人生に、まったく何の価値も見出していないことを意味するかもしれない。一つの欲求にすべての価値を見出すということがあれば、それは、私にとって重要な欲求はこれだけだ、ということなのである。[9]

しかし、上述の伝統的教義を放棄し、私が自分の欲するすべてのものをよいと考える必要がなくなったとしても、私が自分の自由をよいと考えるべきだという主張は、依然として真理であるかもしれない。すでに触れたように、「私にとってよい」という見解は、私の直接的な目的を超えた利益や幸福を示唆するが、自由こそは私の基本的利益の一つである。それゆえ、おそらく私は、私自身の自由をよいものであると考えなくてはならないのだろう。しかし、そうであるなら、私は「私の自由は善の構成要素であり、とにかくそうなのである」というような誤った見解を採ってはならないことになる。こういうことが言えるのは、「私が理性的行為主体であることは善であり、とにかくそうなのである」という場合に限られる。しかし、他人がこれに同意する理由などない。考えてみれば、私がこれに同意しなくてはならないかどうか、これすら明らかではない。ここで議論は、私は自分自身の存在をどう考えるか、という深遠な問題に触れ始めることになる。

理性的行為の基本条件や前提についてこれまで述べてきたことは、すべて正しいように思われる。道徳の基礎を築こうとする議論が示そうとするのは、これらの条件が成立するだけで、それぞれの行為主体は道徳にコミットすることになる、ということである。この議論によれば、それぞれの行為主体は次のように考えるはずである。私は必然的に自分の基本的自由を欲するのだから、その自由を除去するような行為には反対せざるをえない。したがって私は、他の人々が私の基本的自由を除去する権利をもつような、いかなる取り決めにも同意することはできない。そこで、自分がどんな取り決めを基本的に必要としているかを反省してみると、私は、自分の基本的自由への権利を主張しなければならないことに気づく。実際私は、他の人々に対して、彼らが私の自由を尊重すべきであるということを規則として定めなければならない。私は、自分が目的をもった理性的行為主体であるというだけで、この権利を主張するのである。しかし、この事実だけが私の権利主張の根拠であるならば、同じような事実は、平等に、他の人々が行う同じような主張の根拠とならねばならない。もし私が（実際に自分でそう思っているように）他の人々は私の自由を尊重すべきである、と正当かつ適切に考えているのであれば、私は、他の人々が、私が彼らの自由を尊重すべきである、と正当かつ適切に考えていることを認めなくてはならない。私が自由を必要としている事実から「彼らは私に干渉すべきではない」という主張に移行するのであれば、その際には平等に、彼らが自由を必要としている事実から「私は彼らに干渉すべきではない」という主張への移行がなくてはならない。

以上の議論が正しければ、各人は基本的必要や欲求によって、道徳、つまり権利と義務の道徳に足を踏み入れざるをえなくなる。そうして、この一歩を拒む者は、理性的行為主体であるという態度を固めていながらも、これに必然的に伴うさまざまなコミットメントを拒否しようとするのであるから、自分自身と一種の実践的矛盾に陥ることになる。さて、この議論は正しいのだろうか？　議論の一番最後のステップ——もし私の場合に、理性的行為主体であることだけが干渉されない権利の根拠であるならば、他人の場合にも同じことが成立しなければならない、という主張——は、確かに正しいと言える。このステップは、最も弱く、また最も異議を唱えにくいタイプの「普遍化可能性の原理」に依拠している。これは、……の理由で（*because*）とか……によって（*in virtue of*）という言葉だけで作動する原理である。もし特定の考慮が、自分の場合にある結論を確定するのに本当に十分であれば、誰の場合にも同じ結論を確定するのにそれで十分である。十分であるというのが本当に十分なのであれば、そうならざるをえない。道徳を導き入れる結論が出ないのであれば、初めのほうのステップに原因があるはずである。理性的行為主体の欲求や必要についての初めの主張が正しいということは一応認めるのであるから、議論が誤った方向に進むのは、自分には権利があるという主張を最初に行った時であるにちがいない。行為主体が自分の主張をじっくり考えて述べるとすれば、どう述べるだろうか？　これを考えてみるのは有益である。行為主体の主張は、次のように述べることができよう。

私は、いくつかの目的をもっている。

私は、これらの目的や他のどんな目的を追求するのにも、自由を必要とする。
だから、私は自由を必要とする。
私は、次のような指令を出す――他人には、私の自由に干渉させないようにせよ。

こう考える人を行為主体Aと呼んでおこう。ここでは「指令」とは何かが分かっているとひとまず仮定して、このAの指令を指令aと呼んでおく。するとAは、次のことも考えていることになる。

指令aは理にかなっている。

これが意味するのは、指令aと、Aが理性的行為主体であることとの関係が理にかなっている、ということである。無論Aは、別の行為主体、たとえばBが自分と同じような考えをもちうることを認める。たとえば、Aは次のことを知っている。

Bは、次のような指令を出す――Aには、私の自由に干渉させないようにせよ。

Bの指令を指令bと呼ぶならば、普遍化可能性の原理は、Aが次のことに同意するのを要求するだろう。

指令bは理にかなっている。

さてここで、Aは、Bの指令を自分に対して出された要求としてとらえ、それを理にかなったものとして受け容れているかのように見える。道徳に到達するような議論が成立するためには、Aはこのような形で同意する必要がある。ところが、実は、Aはこのような同意を与えてはいない。Aは、指令bが指令aと同じ意味で理にかなっている、ということに同意するだけである。すなわちAは、指令bと、Bが理性的行為主体であることとの関係が理にかなっていること——換言すれば、Aが自分の指令をだすのが理性的であるように、同様にBが自分の指令をだすのも理性的であるということ——を認めているにすぎない。したがって、これは、もしBが指令aを受け容れる際にAの自由に干渉しないという立場にコミットするのであれば、Bが指令aを受け容れるのは理性的な行為である（あるいは逆に、Aが指令bを受け容れるのは理性的な行為である）、ということを意味するものではない。

同じ論点は、次のように言い表わすことができる。理性的行為主体のあり方に固有なべし（*should* や *ought*）、実践的問題のべし、を考察するだけでは、倫理の世界へはいり込むという目標を達成するのは不可能である。Bの行為の理由は、それ自体としては、他人のどんな行為の理由にもならない。他のべしと同様、実践理性のべしは二人称や三人称でも使われるが、そのような形のべしは、私があなたや彼の利益と理性的計算に対してとる視点、「もし私があなただったら」という視点を表わすにすぎない。もしBは何をなすべきかをこのような視点から考えるならば、私が、Bは私の自由に干渉すべきであるという結論を出すこともあろう。

しかし、私はこれをBに対して「指令し、定める（prescribe）」[10]ことができるだろうか？　これは何を意味するのか？　もちろん、私はBが私の自由に干渉することを欲しないのだが、これがそれだけで、義務や権利へつながるような指令を生み出すというのだろうか？　この議論によれば、私が、他人は私の自由に干渉してはならないという指令を出さないかぎり、私は、他人が私の自由に干渉してもよい（*may*）ということを論理的に認めざるをえない。私はこれを認めたくないにもかかわらず、そうなるのである。[11]この議論は、私が、私の自由に干渉する権利を他人に与えるか、あるいはその権利を他人に与えないでおくか、いずれかの行為をしなければならないと主張する。これは事実上、私が首尾一貫した立場をとるのならば、私は他人が私の自由に干渉すべきでないという規則を定めねばならず、この規則以外は用をなさない、と主張するに等しい。しかし、言うまでもないが、その規則はいずれにせよ、一般規則であるというただそれだけの理由で、他人と同じように私に対しても、他人の自由に干渉しないことを要求するだろう。しかし、そもそも、なぜ私は規則なるものを定めねばならないのか？　規則の作成が私の仕事ならば、私は、他人が自分の自由に干渉することを命じる規則や、他人がそうすることを許すような規則を作ることはしない。これは明らかである。ところが、もう一つ可能性がある。私が規則を作ることを自分の仕事と見なさず、以上の二種の規則のどちらも作らない、という場合である。この場合、私は必ずしも許可を与えているわけではない。規則のシステムがあるとしよう。当然のことながら、もしその規則がある事柄について沈黙しているならば（少なくとも、その規則が他の事柄について十分な適用範囲をもっていれば）、この事実は許可を与えているものと解釈されてしまうだろう。国家権力を担う他の機関と同様に、法は沈黙を守ることによって何かを伝えることができる。しかし、法がそもそも存在しないのであれば、沈黙は、意味のある、許可を与える沈黙ではなく、ただの沈黙でしかない。もちろん、許可とは異なる「かもしれない」という意味で"may"という言葉を使うならば、人々は私の自由に干渉する「かもしれない（may）」と言えよう。しかし、これは〔行為を〕止めさせたり、許可したり、命令したりする法がないということを意味するだけである。人々が干渉する「かもしれない（may）」ということが、人々が干渉することが「できる（can）」ことを意味するかどうかは、私に、そして私に何ができるかに、かかっているのである。唯一者主義のマックス・シュティルナーが述べているように、「私に攻撃をしかける虎はしてよいことをしており、これを叩きのめす私もしてよいことをしている。私が虎から守るのは、私の権利ではなく、私自身である」[12]。また、私は次のような疑問を出すこともできる。これだけ規則を定めることができるのならば、なぜもっと大胆に、誰でも、私がたまたまもっている特定の目的には、それが何であれ干渉してはならない、と定めてはいけないのだろうか？　当然のことながら、私は自分自身の企てがうまくゆくことを何にもまして欲しているのであり、他人にはその企てに干渉して欲しくない。実際、私が基本的自由を必要としているということは、まさにこの種の欲求から導きだされたのであった。しかし、明らかに、この議論は、私が私のもっているすべての個別的欲求のために規則を定めることを認めはしないだろう。

この議論は、規則を定めるという仕事についての特定の見解に依拠している。その見解は、カント的な試みの核心をなすものである。もし私が自分の好む規則を作り、抑圧の手段として規則を施行できる立場にあるとすれば、私は、自己の利益を守り競合する他人の利益を破壊するような法を作ることができるだろう。私がこういう法に従うべき理由を与えるのでなければ、誰も、こういう法に従う理由があるとは考えないだろう。ところが、私たちが今この議論で考察している法は、このタイプの法ではない。それは、外部的制裁をもたず、当事者間のどんな不平等にも対応関係をもたないような法である。それは、思弁上の法なのである。したがって、「私はどんな法を作ることができるか？」という問は、思

「私は、他の人々が受け容れることが十分期待されるような、どんな法を作ることができるか?」という問へと変化するのである。この法は権力が問題にならないような国の法であるから、誰もが、権力をもたない平等の立場からこの問を発する。この事実を反省してみると、最初の問は、「私はどんな法を受け容れることができるか?」という問、それゆえ最終的には、「どんな法があるべきか?」という問であってもよいことがわかる。

このような精神で、このような国を考えて出されたのがカントの問であれば、それに対する答が、行為についてのカントの基本原則、つまり道徳の定言命法に沿ったものとなる理由も理解できる。(定言命法の第一式によれば)[13] それは「君の格率が普遍的法則になることを、君が同時に欲しうるような格率に従ってのみ、行為せよ」と命ずる。しかし、たちまち次の問題が生じる。なぜこのような問題の枠組を受け容れるべきなのか? なぜ自分を立法者と見なすべきであって、しかも——区別はないのだから——同時に、思弁上の法によって統治される共和国の市民と見なすべきなのか? すでに倫理的生活の内部にいて、この問題をどう考えたらよいかを思索しているような場合でも、これは依然として私たちを威圧してしまう問題である。しかし、このようなものの見方がいかなる理性的行為主体にも要求されているとなると、この問題は、もう本当に私たちを威圧してしまう。理性的行為主体が、自分自身をいわば抽象的市民として認識するよう要求されるのは、その行為主体のどんな性質によってなのか? 私たちの議論は、これを示さなくてはならないのである。

この問の答は、問そのものから自動的に出てくると思われるかもしれない。なぜなら、単に理性的行為主体であるだけで、それは行為主体以外のものと区別されるし、また行為主体どうしでは何の差異もないからである。しかし、このようにして抽象的市民のモデルに到達したとしても、まったく説得力はないだろう。ここで問題にしているのは、ある人が、たとえどんな力や影響力をもっていようとも、理性的行為主体として何をするのが理にかなっているのか、ということである。これは、その人が理性的行為主体であって、しかもそれでしかないならば、何をするのが理にかなっているのか、という問題とは異なる。理性的行為主体であって、それでしかないなどということはありえないのだから、この等置は実際には無意味である。次のように問えば、もっと意味があろう。人々が、理性的行為主体であるということ以外には、何も自分のことを知らないと仮定すれば、彼らは何をすれば理にかなっていることになるのか? あるいは、人々がもっと多くのことを知ってはいるが、[14] 自分のもっている特定の能力や地位は知らないと仮定すれば、彼らは何をなすべきなのか? こういう問は、いくつかの事柄について、興味深い判定基準となる。特に、それは正義の判定基準になりうるので、正義に関心をもっている人々に対しては、これを判定基準として用いることを提案することもできよう。しかし、あなたがすでに正義に関心をもっているのでなければ、これは、あなたが何をするのが理にかなっているかを判定するための、説得力をもつ基準ではない。あなたが現実に持っている利点を持っていない状況、または何が自分の利点であるかも知らない状況で、どんな規則を作るだろうかと問うことこそ、何をなすべきかを決定する方法である、と今提案してみよう。あなたが不偏不党の観点あるいは道徳的観点をとるという性向をすでにもっていないかぎり、このような提案は、あなたの目には到底理にかなうものには見えないだろう。

三

カント的な試みを成功させたいのであれば、さらに後戻りして出発しなおすしかない。そのような試みは、極めて重要な点において、以上で示した議論よりもカント自身の試みに近づかざるをえない。これまでの議論の出発点は、理性的行為主体が何を必要とするかということであった。しかし、その点について正しい主張がなされたにもかかわらず、私たちは行為主体を道徳に導き入れることはできなかった。カント自身は、まず理性的行為主体が本質的にどのようなものであるかを考えることから出発した。彼は、道徳的な行為主体が、ある意味で、理性的な行為主体でありそれでしかないと考え、そうして道徳の説明に不可欠のものとして、行為主体についての特定の形而上学的見解を提示した。この見解によれば、道徳的主体性を担う自我は、カントの言う「可想界的」な自我(a "noumenal" self) であって、時間と因果律の外に存在する。これは、人が自己認識としてふつう考えるような、経験的に決定された具体的人格とは別個のものである。カントは、私たちが自由の要件に反省を加えれば、自我についてのこのような超越論的な考え方を掘り起こすことになるだろうと信じていた。この自由の要件は、これまでの私たちの探究が明らかにしたどの自由の要件よりも、深いレベルのところに潜むものである。カントは、私たちがこの考え方を完全に理解することができるとは思っていなかったが、それが可能であることを理解したり、これが道徳と理性的行為の両方に関わることを知ることはできる〔と思っていた〕。

カントの説明は、かなりの難点と晦渋さをもっている。まず第一に、彼は、道徳原理に基づく行為以外のすべての行為が、決定論的な仕方ばかりでなく、利己的な快楽主義によって説明されるべきであると信じていた。[15]私たちは、道徳原理に基づいて行為する場合にだけ、動物のように快への欲求によって因果的に決定されずにすむ。カントはこの点を強調するために、時には、原理に基づく行為だけが意志(これは彼の見解では実践理性と同一である)の行使の結果と見なされ、それゆえ、そういう行為だけが真に自由なものである、と述べた。こういう言い方をするのであれば、私たちの他の行為は、単なる因果律の産物ということになる。人々は、この因果律をしばしば「盲目的」な因果律という名で呼ぶが、これは不幸な呼び名である。カントも気づいていたように、行為主体は、そして当然だが動物も、しばしばこのような因果律によって、自分の進む方向を大変うまく見定めることができるからである。

カントの理論をこのような困難から救出することがどの程度可能か、という問題には立ち入らないでおこう。いずれにせよ、基礎を提供しようとするいかなる理論も、当然こういう困難は回避しなければならない。私たちが関心をもつのは、倫理的考慮が理性的自由の前提になっているという見解である。ここで言う自由とは、とりわけ道徳的懐疑主義者がすでにコミットしている自由を意味するものでなければならない。ここでカントやカント的な議論を展開する人が、道徳的懐疑主義者は、個人の自律や理性を欲することによって、道徳律においてはじめて完全に実現されるようなさまざまの〔自由の〕概念にコミットしている、と主張することはできる。ただし、道徳的懐疑主義者が、非道徳的な実践的知性や熟慮にあらわれる自由とはまったく異なる種類の、理性的な自由を望むはずである、と主張するのは無駄だろう。懐疑主義者の自由や理性へのコミットメントは、彼がすでに経験してしまっている事柄――たとえば、明晰な判断に基づいて決定することと、意図せずして結果的にある行為をしてしまうこととの違い――から、そのように分離してしまえるものではない。しかも、ここでの問題は、懐疑主義者の急所をどうしたら押さえることができるか、といった単に論戦的なものではない。理性的自由についてのどの見解をとるのが理にかなっているか、ということが問題なのである。

そこで私たちは、一方で、理性的行為主体にとって最も基本的な利益は、自分を思弁上の共和国の市民的立法者と考えた場合の利益と合致するはずである、という重要な結論をカント哲学から引き出すと同時に、他方で、可想界的自我という途方もない形而上学的な荷物を背負いこまないような議論を探し求めることになる。そういう議論は次のような形をとるかもしれない。私たちは、理性的行為主体が自由であることにコミットしているということにすでに同意し、その自由に何が要求されるかということについても若干の説明を加えた。ただ、その自由がどんなものでなければならないかについては、まだ深い理解に達していないのである。さて、理性的行為主体という考え方は、彼が信念や欲求によって行動が説明されるような生物であるというような、単なる三人称的な考え方ではない。理性的行為主体は、理由に基づいて行為するのである。しかも、このことは、なんらかの規則性や法則（信念や欲求に言及するものまで含めて）に、ただ従って行為することを意味するのではない。理由に基づいて行為するのならば、主体はただ行為の主体であるだけでなく、自分自身を行為の主体として反省的に把握していなければならない。これによって、行為主体は、自分を他の行為主体の中の一人としてとらえることになる。それゆえ彼は、自分自身がもっている欲求や利益から距離をとり、自分の欲求や利益という観点とは別の観点からそれらを眺めるのである。この観点は、誰か他の人の欲求や利益という観点でもない。それは不偏不党性の観点なのである。したがって、すべての理性的行為主体の利益を調和する規則を作成する者として自らをとらえるのは、真に自由で理性的たろうとする行為主体にとって、ふさわしいことである。

この議論を評価するにあたって、それがもちこむ理性的自由は、カントによれば、行為の決定ばかりでなく、理論的な熟慮、つまり真なるものについての思考にも明白にあらわれる、ということを忘れてはならない。不偏不党の立場へ導くのは、行為主体としての自由――（大ざっぱに言って）私の行為は私の決定次第であるという事実――ばかりでなく、思考する者としての反省的自由なのである。このことは、事実についての思考にもあてはまる。[16]どちらの場合も、カントの想定するところでは、自分は単に原因によってある結論に到達するのではない。私が自分の思考や経験から距離をとることができれば、単なる原因でしかなかったものが、**私にとっての考慮**となる。反省によってある信念にたどりつく場合には、一つの証拠や私が証拠と考えるもの、たとえば知覚されたものが、このように変容するだろう。実践的な熟慮の場合には、欲求、つまり何をなすべきかを決定する際に考慮する欲求が変容するだろう。証拠から離れても、私の欲求から離れても、それによってそれらを考慮すべき対象として、ある結論に到達するならば、私はいずれの場合も、理性的自由を行使するのである。実践的熟慮の場合、私の欲求や計画の外にある観点をとることによって、私が初めからもっていた欲求を是認することもあろう。ちょうど、これは事実問題の場合に、私が信念について初めからもっていた性向を是認するのと同じである。

もしこのようなことが起これば、私の初めの欲求が、結果として、私の行為の動機となるかもしれない。(もっとも、このような問題構成をとる人は、自分が最終的に行う行為が、自分が初めに持っていた欲求のいずれによっても動機づけられずに、根源的に反省によってつくりだされる場合もある、と当然主張するだろう。[17])

カントの理性的自由についての説明は、実践的熟慮ばかりでなく事実的熟慮にも適用されるように意図されたものだが、この点を考察すれば、カント的議論のどこがまちがっているのかが明らかになる。この議論が反省について述べていることは、確かに事実的熟慮にあてはまる。しかし、その理由は、事実的熟慮が本質的に一人称的なものでないからである。他方、カントの議論が反省について述べていることは実践的熟慮にはあてはまらず、実践的熟慮に必要な不偏不党性を与えるものではない。というのは、実践的熟慮は一人称的であり、しかも根源的に一人称的であるからである。実践的熟慮における**私**とは、カント的説明が認める以上に親密な、自分の欲求の主体たる**私**なのである。

世界について考え、世界についての真理を決定しようとするとき、私はまさに**世界**について考える。自分についてではなく、世界について語り、問を発するのである。たとえば、私は次のような問を発する。

ストロンチウムは金属であるか?

あるいは、自信をもって自分に語りかける。

　ワーグナーは、ヴェルディに一度も会っていない。

こういう問や発言は、次のような一人称的な影をもっている。

　私は、ストロンチウムが金属なのだろうかと思う。

あるいは、

　私は、ワーグナーがヴェルディに一度も会っていないと信じる。

しかし、これらは、私に言及しない思考に、派生的に、単に反射的に対応しているにすぎない。私が現われるのは、言わば、それがこの思考内容をもつ者の役割を担うかぎりにおいてである。[18]

私が、もっと実質的で個人的な形で、自分自身の思考のなかに登場することがあるのは言うまでもない。私の思考が、私固有の身に関わることがある。たとえば、次のように問うとする。

私は病気なのか？

この種の思考は私自身に関するものであるが、それは、私の他の思考が私についてではなく他人や他の事柄についてのものであるという意味においてである。もっと興味深いのは、私が証拠の担い手として自分の思考に現われるときである。たとえば、次がそうである。

それは、私には青く見える。

このような場合、私は、まさしく私として登場し、私が実際にどんな心理的特性をもっているかが重要になる。（したがって、私の視力の特性のため、その物が私には青く見えることが、それが緑であることの信頼すべき指標となるかもしれない。）さらに、私が次のように問うたとしよう。

さて、私はこの問をどう考えているのだろう？

この問も、ある意味では、一定の心理的特性をもつ私にまさしく言及するものである。他人の信念を探究するように、(それと同一の方法はとらないにしても)自分の信念を探究することを、この問は勧めていると考えられる。しかし、

私は、この問をどう考えるべきか?

と尋ね、しかもこれが、

この問については、何が真理なのか?

と同じ効果をもつ場合には、先にみたように**私**が派生的に使われているのであり、後者の問の方が主要な問なのである。

そのため、この種の**私**は非人称的なものとなる。

私は、この問をどう考えるべきか?

という質問は、次の質問であってもよいのである。

誰であれ、人はこの問をどう考えるべきか？

このような置換は、たとえ前者の質問が、

私がもっている証拠に基づくならば、私はこの問をどう考えるべきか？

という意味であっても、成り立つものである。その際、後者の質問は、

私がもっている証拠に基づくならば、誰であれ、人はこの問をどう考えるべきか？

と尋ねていることになる。同じように、誰かが真に信じていることがあれば、それは、他者が真に信じていることと整合するものでなければならない。真理について熟慮する人は、真理の熟慮というプロセスの性質上、自己の信念と他者の信念とを矛盾なく一つの集合にまとめるという目的にコミットしているのである。[19]

行為のために熟慮する場合は、事情が異なる。実践的熟慮はどんな場合にも一人称的で

あり、この一人称的用法は派生的なものでもなく、また主体を他のどんな人に置き換えてもよいような性質のものでもない。自分がすると決めた行為は、自分のものとなる。（行為の目的についてすでに述べたことに従うならば）行為が自分のものだということは、本人がこの熟慮によってその行為を決定するだろうということを意味するだけでなく、自分が経験的世界における原因となって、またこれらの欲求やこの熟慮それ自体がいく分かは原因となって、世界に変化が生じるだろうということを意味する。確かに、私が自分の欲求から離れそれに反省を加えることは可能であるし、この可能性こそが、理性的行為主体の目指す理性的自由の不可欠の要素だと考えることもできるだろう。このような考え方をすれば、先の議論で自由と志向性について考察したことを、少しは超えることはできる。しかし、これをもってしても、私たちが道徳について必要としている結論を引き出すことはできない。反省的な実践的熟慮を行う私は、他人が正しく熟慮して得た結果を、必ずしも与件とする必要はない。また、すべての人の熟慮と調和させること、すなわち平等という観点から規則を作成することに最初からコミットする必要もない。真理についての反省的熟慮は、確かに不偏不党の観点を導入し調和を求めるのだが、それは反省的熟慮が真理を求めるからであって、それが反省的熟慮であるからではない。だから、行為についての熟慮は、これまた反省的だからと言って、不偏不党性や調和を求めるようになりはしない。私が理性的反省をする際に自分の欲求から距離をとったとしても、その私がそういう欲求をもっており、経験的かつ具体的な仕方で行為しようとすることには変わりない。私は、ただ距離をとって反省するだけで、すべての利益の調和が自分の基本的利益であるというような存在者に変わってしまうわけではない。この手段を用いるだけでは、正義へ向かう動機を得ることはできないのである。

もし反省的自我がどんな特定の欲求にもコミットしていないものであるとすれば、いったいなぜ、この自我は欲求のうちのどれかを満たしたいという関心をもつだろうか？　これを説明することはかなり難しい。理論的ないし事実的な熟慮を行う反省的自我は、反省以前の信念〔をもつ自我〕と利益が一致している。二つの自我はそれぞれのやり方で真理を目指すため、標準的ケースにおいては、反省以前の信念の性向が、いともたやすく反省によって修正されてしまう。しかし、私たちが考察しているモデルでは、反省的で実践的な自我と、自分や他人の特定の欲求〔をもつ自我〕とのあいだには、利益の一致がない。したがって、なぜ反省的自我がこれらの欲求を満たそうとすべきなのかは明らかでない。これはこの議論に見受けられた、反省することと距離をとることを同一視する誤りを別の角度から示すものである。

四

さて、人が正義へ向かう動機を実際にもちあわせていると仮定すれば、不偏不党の観点をとることが何を意味するかということをめぐって、いくつかの深遠な問題が残る。不偏不党の観点をとる私は、自己利益を尊重する人生を歩むために必要とされる自己同一性を、どうやって保持することができるのか？　そもそも道徳が可能であるとすれば、私が個性をもった人間になる余地はあるのか？　こういう問は、道徳と人生の両方に関わる重要な問である。それらの問が道徳と関わるのは、道徳が倫理的なるものについての特定の見解として、そういう問を特に鋭い形で提起するからである。それらの問が人生と関わるのは、倫理的問題の性質をどうとらえようとも、不偏不党性と個人的な満足や目的の関係について、さらに不偏不党性と個人的なコミットメントの関係について、重要な問題が現に存在するからである。このコミットメントは、必ずしも利己的であるわけではないが、権利に対する普遍的な関心や尊重が課すようなコミットメントよりも狭いものである。以上の問題のうちのいくつかは後に登場する。それらは、各人が不偏不党の観点をある程度確立した場合、その影響をうけて個人的な欲求と熟慮はどう変化するのかという問題と関わる。本章では、理性的熟慮だけで不偏不党の立場に到達する方法はないことが示されたはずである。

第五章
倫理学理論のスタイル

一

不偏不党の立場というものは、別の目的のために要求されることがある。それは、裸の実践理性から出発して議論によって人を正義や慈善といった関わりに導いてゆくためではなく、特定の倫理的見解を支持ないし要求し、他の倫理的見解を斥けるために要求されることが多い。そこで次の問題が生じる。人々がなんらかの一般的な仕方で倫理的思考にコミットしているという前提に立つとしても、彼らはどのように思考すべきなのか？ 彼らの倫理的思考は正しいのか？

現存する倫理的態度や倫理的信念に対するあらゆる種類の批判をここで問題にするわけではない。批判には多くのスタイルがある。過去の例が示すように、最も有力な批判は、哲学的議論に訴えるのではなく、人々の倫理的態度が、根拠なき作り話、つまり人間のありようについての誤った理解に基づいていることを暴露する。以下では、哲学に特有と思われる議論を含む批判をも取り上げるが、そのタイプに属するすべての批判を直接に考察の対象とはしない。哲学的な議論のなかには、倫理的立場の帰結を引き出したり、倫理的立場にみられる整合性の欠如を非難して、局所的な貢献をするものもある。こういう議論は、実は倫理的な議論の手段である。本章および次章で考察するのは、もっと手の込んだ、徹底した、大胆な構造をもつものである。それは倫理学理論（*ethical theory*）と呼ばれるべきものである。（倫理的な議論の手段のうちのいくつかは、徹底的に適用されれば、それ自体で倫理学理論を生み出すことができる、という見解もある。これは後に考察する。）

二

それでは倫理学理論とは何か？　この語の一番有益な用法を最もよく把握するには、かなり複雑な定義を与える必要がある。倫理学理論とは、倫理的な思考と実践が何であるかを理論的に説明するものであり、その説明は、基本的な倫理的信念や倫理的原理の正しさを判定する一般的基準を含意するか、あるいは、そのような判定基準がありえないことを含意する。以下で私が扱うのは、第一の意味での倫理学理論、つまり肯定的な倫理学理論である。本章で、肯定的な倫理学理論の二つの代表的なスタイルを解説し、次章では、この種の理論を生み出す根本的な動機が何であり、それらの理論が実践とどう関わるかを考察する。しかし、まず初めに否定的な倫理学理論に少し触れ、なぜ倫理学理論をこのように特異な仕方で定義するかについても一言述べておかねばならない。

「倫理学理論」という言葉が実際にどう使われているかという問題は、自分の用法を明確にしておくかぎり、あまり重要ではない。しかし、右に定義されたような形でこの言葉を使うのには理由があり、そこには重要な哲学的な論点が含まれている。二、三十年前には、「倫理学」理論と「メタ倫理学」理論とを区別するのが習わしであった。前者は、人が何をなすべきであるか、どう生きるべきか、何が価値あるものかなどという問題について、実質的な内容をもつ主張を行うものとされた。後者は、そのような主張の身分に関わるものとされた。つまり、そのような実質的内容をもった主張は知識となりうるかどうか、それはいかにして根拠づけられるか、それは客観的であるか（また、どういう意味で客観的であるか）、というような問題と関わるものと考えられた。ごく自然なことだが、この区別を支えていたのは、両者を分離することは可能であり、メタ倫理学理論はそれ自体では特定の倫理的内容を含意しない、という考え方であった。

ここに提起された区別を、それとしばしば結びつけられる他の二つの見解から切り離しておくことは重要である。一つは、メタ倫理学的研究が、言語に関わるもの、つまり倫理的な議論で使われる用語の研究だという見解である。この見解は、哲学の本性に関する特定の立場——道徳哲学において、これまであまり有益でなかった立場——にも関わる。右の区別は、この見解と分離できるものなのだが、おそらくメタ倫理学的研究を言語の問題として定式化したことが、その区別を立てることを助長したのだろう。なぜなら、ある言語によって与えられる表現手段と、その言語でたまたま語られる特定の事柄とは区別できるはずである、という前提は広く受け容れられるからである。かつて多くの人々がこの前提を立てたため、分析的と総合的というような、これまた今ではあまり好意的に受けとられなくなった区別も生まれることになった。しかし、言語中心の哲学がもつこだわりが、倫理的とメタ倫理的という区別を立てることを促したとしても、この区別自体は、メタ倫理学を言語の問題として定式化することにコミットしているわけではない。

右の〔倫理学とメタ倫理学という〕区別と切り離すことのできる、もう一つの見解がある。実際それは、言語を基準とした区別からも切り離すことができる。それは、哲学がどんな倫理的主張も含むべきではなく、もっぱらメタ倫理的なものに関わるべきだ、という見解である。この方針も、明らかに、哲学の本性についてのいくつかの前提のうえに成り立っているが、それらの前提は普遍的に立てられてきたようなものではない。ムーアの場合を一例として考えてみよう。彼は、『プリンキピア・エチカ』において、善とは何かを述べることが、どんなものが善であるかを述べることとは異なる、という点を強調した。彼は、後に影響力を発揮するこの区別を立てて、前者のみならず後者の問題にも取り組んだ。哲学者に影響を与えたのは、二つの事柄の区別であったが、他の人々に感銘を与えたのは、どんなものが内在的に善であるかの説明の方であった。しかし、ムーアは善および善の知識について実際に一定の見解をもっており、その観点から見れば、どんなものが善であるかを述べることは、哲学にとってある程度ふさわしいことであった。彼の考えでは、善は、ある種の知的な識別力によって発見される。その発見のプロセスの少なくとも一部分（ムーアの不明確な規定のため、これがどれだけの部分に相当するかは定かではない）は知的な分析作業に似ており、そのため、哲学や哲学者の力量がなんらかの形で善の発見に貢献するかもしれないという見解も意味あるものと思えたのである。しかし、哲学の主要任務を分析ととらえ、しかも実質的な倫理判断は知的な分析とまったく異なるものを含むと考える人にとっては、このような判断が哲学の一部をなすという主張など受け容れられるものではない。そういう人は、二、三十年前に実際にいく人かの哲学者がしたように、このような実質的倫理判断を哲学から排除しようとするだろう。

倫理的とメタ倫理的という区別は、今では、それほど説得力や重要性をもつとは思われていない。これにはいくつかの理由があるが、ここで最も関連があるのは、次の点が今や明らか（再び明らか）になったということである。すなわち、人が倫理的思考の対象をどう考えるか、つまり倫理的思考を何に関するものと思うかによって、倫理的思考の受け容れ可能性や整合性を判定する際にどんな基準を用いるのがふさわしいか〔という判断〕が変わらざるをえないということ、さらには、特定の判定基準を用いることによって、実質的内容をもったあらゆる倫理的結果が変わらざるをえないということである。これとは逆に、ある判定基準や議論のパターンの使用が、倫理的思考とは何かについての特定の見解を含意することもありうる。倫理的思考がどんなものであり、どう展開すべきものかという見解と、実際にそうやって思考を展開した結果得られた実質的内容を結合したものが、肯定的な倫理学理論なのである。

しかし、倫理学の内容と本性についての見解のなかには、判定基準など存在しないことを含意するものもある。このうちの最も極端な見解に従えば、倫理的立場をとるとは、ある立場を選択しそれに固執することにほかならない。私は、これも倫理学理論と呼んでいっこうに差し支えないと思う。これは否定的な倫理学理論である。ただし、この理論は、判定基準がありうるかどうかという問に対してあえて確定的な答を出さないでおくような、倫理的思考の本性についての理論とは区別されるべきである。〔後者について言えば〕人は、倫理的なものとは何かを説明することについて、かなり明確な見解をもち確信を深めていながらも、同時に、判定基準が存在するかどうかという可能性については、懐疑的な態度をとり続けるかもしれない。また、ある文化的状況のもとではいくつかの判定基準があるが、他の文化的状況のもとではそれがないというような、より複雑な立場も可能である。

私が本書で提示する説明はこの種のものだが、これを倫理学理論と呼ばないのにはそれなりの理由がある。倫理学理論は哲学的な企ての成果である。それは、哲学こそが——肯定的な形であれ否定的な形であれ——私たちが倫理の問題においてどう考えるべきかを決定することができる、という立場にコミットしているのである。これが否定形をとれば、私たちは本当は倫理においてほとんど思考することはできないという見解になる。過去の哲学者たちが、哲学は私たちが倫理の問題においてどう考えるべきかを決定できないと述べたとき、たいていはこの否定的な答を考えていたのである。

これとは対照的に、私は次のように主張したい。歴史的、文化的状況によってそれが不可能であるような事態がつくりだされないかぎり、私たちは倫理の領域においてさまざまな方法で思考することができるが、いかなる方法で思考したらよいかを決定することについては、哲学はほとんど無力である。「倫理学理論」という言葉を以上のような意味で用いるのは、肯定的な理論と否定的な理論が、哲学について暗黙に立てている主張においては、互いに類似していることを示すためである。この論点は議論のこの段階では微細なものに見えるかもしれないが、最終的にはそうではなくなるようにしたい。私の目的は、いろいろな倫理学理論のどれとも異なる立場に到達することである。この立場は、哲学的倫理学に対する懐疑主義を体現したものである。しかし、この懐疑主義は、倫理よりもむしろ哲学に対して向けられたものである。

三

そこで、肯定的な倫理学理論に目を向けねばならない。数種類の倫理学理論があり、数種類の分類方法があるため、種類をさらに種類に分けたものがいろいろ生まれることになる。どの分類方法をとっても理解を助けるのに特別の威力を発揮するわけではないが、理論を契約論的なものと功利主義的なものという二つの基本的なスタイルに分類するのは有益である。契約論の核となっている概念をT・M・スキャンロンは、道徳的な不正を説明する際に、次のように定式化している。「ある行為が不正であるのは、当面の状況のもとでその行為を遂行することが、行為を一般的に規制するどんな規則のシステムによっても許されないような場合である。ここで言う規則のシステムとは、十分な情報に基づいた、強制のない一般的同意の基礎としてそれが採用される場合、誰ひとり理にかなった形で受け容れを拒否することができないようなもののことである。」[1]（スキャンロンや私が後に取りあげる論者たちは、倫理という言葉を用いずに、道徳について語ることが多い。以下では、私もときおりこの用法に従う。）不正に関するこの説明は、道徳的思考が何に関わるか、あるいはどんな究極的な道徳的事実があるか、を説明する特定の理論とうまく調和する。この理論によれば、道徳的思考は、人々が、無知であったり強制されたりすることのない恵まれた状況のもとで、どんな合意に達することができるかに関わる。さらに、この理論は道徳的動機も説明する。基本的な道徳的動機とは、「他人が理にかなった形では拒否できないような根拠に基づいて、自分の行為を他人に対して正当化できるようになりたいという欲求」である。[2]この観念の複合体が形作る発想が前章で論じたカント的見解にどれだけ近いかは、明白だろう。しかし、ここでの問題は、あらゆる理性的行為主体が思弁上の共和国の市民的立法者でなければならないことを示すことではない。ここでは、合意に到達することにすでに関心をもっていると想定される人々にとって、どんな規則が受け容れられるかということが問題なのである。

これとは対照的に、功利主義は、個人の福利についての事実を倫理的思考の基本的な対象とする。功利主義の種類は数多い。福利をどう算定すべきかという問題やその他の問題について、功利主義者は意見が分かれるのである。たとえば、福利の最大化によって正当化されるのは個々の行為なのか、それとも規則や慣行や制度なのかといった問題について、意見の不一致が見られる。(これが直接的功利主義と間接的功利主義の違いを作り出す。)[3]しかし、あらゆる種類の功利主義は、福利の総量を算出するという点で、つまり関与するあらゆる個人の福利をなんらかの方法で足しあわせるという点で一致している。(この定式化は多くの困難をもたらす。「関与する」という表現ひとつをとっても、そうである。)

これら二つのスタイルの倫理学理論をもっと詳しく見ることにしよう。以上の序論的スケッチだけでも、これらの倫理学理論がどのようにして違った結果を生みだすか、見当がつくだろう。一つの違いは、それらの理論が最も本来的な姿で規定するところの道徳の構成メンバーにあらわれる。つまり、道徳制度がまず第一に関わる人々〔の違い〕にあらわれるのである。契約論の本来の構成メンバーは、自分が行為を正当化しようとする際に、相手方になる可能性のある人である。最も単純な解釈をすれば、これは他の道徳的行為主体のことである。契約論を拡張することは可能である。正当化をしたりされたりすることができない人々、たとえば幼児や知的障害を抱えている人々の、利害に対する関心を契約論のなかに取りこむことはできる。そういう場合には、法制度で行うように、これらの人々の利益を保護する受託者を考えるのが自然であろう。契約論をもっと拡張すれば、動物も考慮にいれることもできるかもしれない。しかし人間と比べれば、動物は、主要な構成メンバー集団からさらに遠ざかったところにいる。契約論は、人々の間の道徳的関係を説明する場合とは異なる仕方で、動物への関心を説明するだろう。このように最小限で図式的な形であっても、契約という考え方の第一の対象は、常に、道徳的思考の主体であると同時に客体であるような行為主体のあいだの平等な関係なのである。

功利主義はこれとは別の方向に向かう。最も自然な（しかも歴史的に最も早い）解釈の一つによれば、功利主義の対象である福利とは、快であり苦痛の欠如である。そして快苦を感じる能力をもつあらゆる生物が、その本来の構成メンバーである。最近の研究は、この基本的立場を精緻なものにした。おそらく今日では、構成メンバーかどうかは、選好や欲求をもっており、そういう欲求が満たされないために苦しむことがあるような生物かどうか、という基準によって決まるだろう。この立場にもいろいろな種類があるが、たいてい動物を主要な構成メンバーのなかに入れている。事実、ある種の人間（たとえば、死に瀕している人間）よりも、ある種の動物をより本来的な構成メンバーとして扱うのである。このような立場は一つの道徳的動機、慈善（benevolence）という動機、に訴えかけてくる。しかし同時に、これは道徳的行為主体と道徳の受益者の間に不均衡をもちこむ。道徳の受益者の方が道徳的行為主体よりも最初から数が多いからである。功利主義のこの特徴は、その福利主義に由来するものである。

　功利主義には、もう一つの重要な特徴がある。その特徴は、功利主義が一種の帰結主義であり、行為を結果によって判断するということから生じる。[4]どんな種類の帰結主義も、究極的には、倫理的価値をある事態のなかに位置づける。（功利主義は福利帰結主義であり、[5]この場合倫理的価値は、事態のなかに位置づけられた福利の相違に見出される。）その結果、功利主義においては、行為の主体性は副次的なものとしてしか登場しない。この場合、望ましい（あるいは、望ましくない）事態を引き起こすような原因であるということが、私たちが行為主体として世界と結ぶ基本的な倫理的関係なのである。私たちの基本的な倫理的関心は、できるだけ世界の福利や功利を増やすことである。最も単純な功利主義の場合には、私たちはそれをもたらすために、とにかく最も効率的な仕方で行為すべきであるとされる。これは、因果関係を動かすために、その時点でどんな引き金を引けるかという問題である。結果を左右するような因果関係が他人の行為のなかにはいり込むこともあるが、[6]これはたいした問題ではない。とにかく、問題は、どのような変化が最大の福利を生み出すかということなのである。すると、ある事態が、非功利主義的な前提のもとでは他人の関心事であるのに、私が福利に関してその事態に影響を与えることができるがゆえに、その事態は私の関心事になってしまうのである。さらに、受益者のグループが行為主体のグループよりも大きいために、非功利主義的前提のもとでは誰の関心事でもないような事態が、功利主義においては誰かの関心事になってしまうこともある。

このような考察から、功利主義と契約論のもう一つの違いが明らかになる。ここでも、二つの理論を最も直接的に、かつ本来的な姿で解釈したうえで議論を進めるが、福利の最大化という功利主義の要求は無制限なものなのである。特定の人間が世界を改良するために行う行為は、時間と人間の強さ以外、何の制約も受けない。さらに、発生しうる事態と特定の人間の行為との関係は不確定であるから、功利主義の要求は、自分に対する要求と他人に対する要求を区別する明確な境界線をしばしば引くことができないという別の意味でも、制約されていないと言える。〔だが〕功利主義の理論家たちは、特定の個人に要求されるかもしれない行為に、制約をもう一度加えて、（熱心に、あるいはあまり熱心にならずに）[7]主張する。たとえば、〔他人の子供ではなく〕自分の子供の世話をした方が、あるいは、一生懸命働いてばかりいないで時には休憩したりする方が、通常はもっと効率的である、と。これに対して、契約論者や、どちらの部類にも属さない他の多くの論者は、これが逆立ちした論理であるという不満を述べる。すなわち、私の子供や私の時間に対して私がもっている権利は、もともと彼らのものではなく、彼らに返してもらう筋合のものではない、と言うのである。

四

ジョン・ロールズによれば、「コミットメントの重圧」(6)には制約が加えられるべきである。この見解は、彼の正義論——これは、倫理についてこれまで提起された契約論的説明のうちで、最も豊かで複雑な説明である——を構築するうえで役に立っている。[8]この正義論は、個人の行為ではなく政治・社会生活を律する原理を見出そうとする。しかし、その出発点は道徳であり、それは純粋に道徳的な思考にも重要な帰結をもたらす。ロールズの理論は、公正な制度とは、当事者が、そこからどのような個人的利益を得るかを知らずに同意することのできるような制度である、という単純な見解を精緻な形に仕上げたものである。その見解は、原初状態という虚構のなかで活かされている。そこでは、自分の将来の社会的地位や、さらに個人的な好みや利害までも覆い隠してしまう「無知のヴェール」があり、人々はそのヴェールで目かくしされた状態で社会の原理を選ぶことになる。このヴェールは、社会科学の成果のような一般的命題を覆い隠すものではないから、当事者が使えるような情報がまったくないわけではない。ただ、自分に好都合かどうかを判定することを可能にするような情報がないのである。私は前章で、人々が理性的行為主体として、「しかもそれでしかない」ものとして選択をする、というカント的見解に触れた。ロールズにおける無知は、これほど徹底したものではない。ロールズのモデルを採用すれば、驚くべき結果が生じる。歴史の知識が社会科学的な認識にとって不可欠ではない、という疑わしい前提を受け容れざるをえなくなるのである。もっとも、歴史過程における自分の位置を知らずして歴史過程そのものを知ることなどできないはずだが、それができる、という一層疑わしい前提を受け容れれば別だが。ロールズの理論は、類似する他の理論と同じように、徹底して非歴史的であるが、これは、彼の理論についての一つの重要な事実である。）以上のような状況で、当事者たちは自己利益に基づいて社会構成のあり方を選択しなくてはならない。彼らは自分を知らないのだから、うまく選択を行う立場には置かれていない。しかし、彼らが選択の基礎に慈善や利他的な原理を取り入れない、ということだけは確かである。〔かといって、〕ロールズが個々の人間の自己利益から出発して社会正義に到達しようとしている、と解釈するのは間違いである。留意すべき点は、自分が何者であるかを知らずに行う自己利益的な選択が、重要な点で、知識を普通にもっている状態のもとで行う非自己利益的な選択ないし道徳的な選択のモデルとなる、との想定である。

原初状態での熟慮の結果、当事者は、次の二つの正義の基本原理を受け容れることになる。

(1) 各人は、他人の同様な自由と両立するような最も広範な自由に対して、平等な権利をもつべきである。

(2) 社会的経済的不平等は、(a) 最も不利な状況に置かれている人々の利益を最大化するように、かつ (b) 公正な機会均等という条件のもとで、すべての人に対して開かれた職務や地位に伴うように、調整されるべきである。[9(7)]

第二の原理は、当事者は熟慮に際して「マクシミン」ルールを使うという見解に基づいている。このルールは、いろいろな選択肢をそれらがもたらしうる最悪の結果に基づき〔よりましなものから順に〕ランクづけするものである。これはロールズの理論を特徴づけるものである。原初状態において第二の原理が選択されるのは、当事者が特殊保守的に偏向しているからではなく(当事者は、保守的であれ他の何であれ、特別の好みを考慮にいれることはできない)、選択自体が次のような特異な性格をもっているからである。すなわち、当事者は熟慮の際に〔最底辺にいる確率を含め、〕確率が分からず、最小限を超える利益についてはあまりこだわりがないのである。さらに、最悪の結果は、とうてい受け容れることのできない「重大なリスク」を伴うのである。

ここには、基本的な善についてのいくつかの重要な見解が表明されている。たとえば、どのような利益をもたらそうとも、奴隷制はとにかく是認できるものではないという見解は、その一つである。あらゆる確率計算を排していることからも明らかなように、ロールズは、ごく少数の奴隷のいる社会であっても是認することはできないという結論にコミットしている。これは正義の道徳理論にとっては歓迎すべき結果かもしれないが、無知の状態での合理的選択というモデルから生じる当然の帰結ではない。もし自己利益に基づく合理的選択が問題なのであれば、確率計算の問題をまったく避けてしまうことがどうしてできようか? あるいはまた、結果として自分が奴隷になる確率が十分に低く、生じてくる他の利益が十分に大きいものであれば、奴隷制を含むようなシステムを選択することがどうして合理的でないのか? これらの点は理解しがたい。このような理由で、ロールズ理論の社会的決定理論ないし合理的選択の要素は、大いに批判されてきたのである。

もう一つの重要な問題は、当事者が合理的選択を行う際の基準となる善が、どんなものかということである。合理的選択理論は、効用や個人的福利を基礎として通常は機能するが、効用や個人的福利は行為主体の選好や嗜好の関数である。(ただし後に見るように、福利は、功利主義者の手によって、もはやこのような単純な問題ではなくなってしまった。) しかし、契約当事者たちは個人的な選好や嗜好について何も知らないのであるから、このような形で理論を使うことはできない。そこでロールズは、当事者が「基本善 (primary goods)」のリストを参考にして選択するように仕向ける。「基本善」のなかにはいるのは、自由、機会、所得、富、および自尊心〔を確保するのに必要な諸々〕の基盤である。このリストは、ロールズの「善についての薄い理論 (thin theory)」によって作り出されたものである。何かを欲する場合に、必ず誰もが欲することになるような善、これが基本善とされる。しかし、問題は実はもっと複雑である。基本善のリストは、どんなものを求める場合にも特に必要とされるもの、ということだけを考慮して作られたとは思えない。それだけを考慮するのならば、おそらく自由だけをリストに入れることになるだろう。また当事者は、これらの基本善のなかのいくつか――特に、金銭――の重要性が、社会によって異なるという考察をどうして避けることができるのか、これも理解しがたい。(当事者は一般的な社会的事実の知識をもっているのだから、このような考察をすることは可能である。)

そもそもなぜ基本善を理論に取り入れるのだろうか? 自分がどんな選好をもっているかを知らない当事者が、ある社会状態よりも別の社会状態を選ぶということは、技術的には不可能ではない。当事者たちが（つまり、結果的にどんな人物にもなるかもしれないような当事者が）ある状況を選んだとしよう。それを選んだ理由が、その状況で自分が好むものを獲得する方が、他の状況で自分が好むものを獲得する場合よりも、好きなものがたくさん手にはいるからだ、という場合は想像できる。後に見るように、R・M・ヘアーは、功利主義的な理論を構築する際にこう考えたのである。このような比較が空想的だと言われれば、確かにそうかもしれない。しかし、ロールズが原初状態でのそういう比較に反対するのは、別の理由があるからである。ロールズによれば、当事者は、いろいろな社会状況のもとで自分が何を好むかという基準だけで物事を判断してはならない。彼の描く当事者は、もし自分がその状況にいたら是認するだろう、という理由だけで状況を是認してしまうことに対して、抵抗を感じる。実際、私たちもこのような是認の仕方には抵抗をおぼえる。（私たちのもつ抵抗感については、先に「真の利益」との関連で見ておいた。）したがって、仮に社会科学が、ほとんどの奴隷は自由のない状態に満足していることを示したとしても（もっとも、実際には社会科学はこのようなことを示すことはまずないだろうが）、これは当事者が奴隷制を選ぶ理由にはならないのである。政治制度を自由に選ぶ自由な人々という立場に立つからには、これは選択肢のうちには含まれない。ロールズはこのような信条を倫理学理論に取り込む権利をもつし、また彼がそうすることは実際正しいことでもある。しかし、理論的に好都合な無知の状態のもとでの合理的選択という理論装置が、そういう信条を表明するのに最適であるとは言い難い。おそらく、基本善は、人格という基本的な倫理的概念によってよりよく把握されるだろうし、ロールズ自身もすでにその方向に議論を展開しはじめている。[10]

形式的には、功利主義それ自体が、契約論の設定のもとでの一つの選択肢となる。個々の原理や実践についてではなく、ロールズがするように原理の集合の全体について契約論的な問を発するのであれば、当事者は答としてなんらかの功利主義的制度を選ぶことができるはずである。すでに確認したように、二つの思考様式の典型的な結果に違いがあることを考えるならば、このような選択はなされにくいかもしれない。しかし、この選択は契約論の理論装置によって排除されるものではない。一連の原理を選択するよう求められた人々のことを考えてみよう。その人々は（基本善のリストではなく）さまざまな効用で武装している。自分の選ぶ原理が支配する世界において、自分がどんな人物になるかを知らないという一面的無知の制約を除けば、他には選択を制約するものは何もない。こうして、ある幾つかの原理が不偏不党の立場から是認されるという考えは、最終的にどんな人物にもなりうるという機会を平等にもっていると信じる人間が、それらの原理を選ぶ、ということと同一視されることになる。（これから分かることだが、選択する人間はただ一人いればよいのである。）ジョン・ハーサニはこのようなアプローチをとる。彼は、影響をうける人々の平均的効用を最大化するような一群の原理が選択される、と主張する。これは契約論的な議論に類似しながらも、功利主義的な帰結を導くものである。[11]

しかし、功利主義は、福利もしくは人々の利益という考え方から出発するのが最も一般的である。功利主義の試みは、(最も単純な場合) さまざまな結果が生じる場合を想定して、そのもとでのすべての人の福利を考慮し加えあわせる。これは深刻な概念上の問題ばかりでなく、技術的な困難をはらむものである。後者の困難の一つは、最も単純な場合を除いて、いろいろな結果の影響をうけるのは同じ人々ではない、ということである。ある結果を想定した場合に考慮されねばならないような人々が、別の結果を想定した場合には存在しないようなこともあるのである。[12]しかし、ここでは技術的困難についてこれ以上論じないでおこう。

先に私は、功利主義にとって特徴的な道徳的動機は、慈善だと述べておいた。この言葉は曖昧であると同時に、誤解を招く可能性もある。特に、それが個人的な愛着の情や、ある特定の人々に対して自然に強く抱くような感情を指すものとされるならば、誤解を招く。功利主義的な慈善は、なんら特別の愛着の情を含むものではなく、逆二乗法則の影響を受けるものではない。慈善という言葉は、他人の欲求や満足に対する肯定的な関係を指し、慈善心をもった人とは、それが他人の欲求や満足であるというだけでそのような関係を結ぶ人を指すだけのことである。この見解が倫理学理論でなんらかの役割を果たすためには、その荒削りなところを加工して精緻なものにしておく必要がある。これはいろいろな理論家によっていろいろな仕方でなされている。功利主義が欲求の満足に対して不偏不党の態度をとっているという重要な問題を考察するために、次に、R・M・ヘアーが展開した興味深い功利主義を論じることにしよう。ヘアーは、行為主体が他人の欲求に対してもつ関係（私が「慈善」という曖昧な呼び方をしたもの）を、想像力に富んだ同一化という観点から扱っている。

ヘアーの理論は、[13]道徳的判断の性質に関するいくつかの主張から出発する。道徳的判断は指令的であり、かつ普遍的である。「指令的」は、言語に関わる言葉である。（この言葉の可能な用法については第四章で手短かに触れておいたが、第七章でもさらに述べることになろう。）指令的発言は「これこれこういうことが、なされるようにせよ」というタイプのものである。ヘアーは、このような発言が誠実であれば、それは欲求または選好を表わすと解釈する。さらに、すべての選好は指令の形で表現できるのだから、選好をもっている行為主体は指令を出せる立場にあることになる。しかし、この段階では行為主体はまだ**普遍的**指令を出すことにコミットしてはいない。この種の指令は、道徳言語、特にべしという語の道徳的用法、と共に登場するのである。このようにヘアーは、どんな実践的推論の命題も普遍的な指令を含むものである、とは主張しない。ここまでは、私もヘアーと同じ意見である。つまり、道徳的推論がもたらすコミットメントは、道徳的推論を行わないことによって避けることができる、と考えるのである。

私は何かをなすべきである、という判断を下す際に、普遍的指令を出すとしよう。そうすれば、その効果として、他の誰であろうと同様の状況では同様に行為すべきである、ということを承認することになる。特に、私が行為の恩恵を受ける側にいる場合には、当然そうあるべきだと私は考える。したがって、私が何をなすべきかを考える場合、行為の影響を受ける他人の立場とはどんなものだろうか、と私は考えねばならない。こうして「役割交換の実験」を行い、自分が他人の立場に立てばどんなことを欲したり好んだりするかを考えるのである。理想状態を考えるというのであれば、この思考実験は、同様の状況にいるすべての人に対して、いや感覚をもつすべての生物に対してなされるべきものである。

役割交換の思考実験は、功利主義に特有なものではない。これはなんらかの形で倫理的思考の基本要素となっており、その一つの型はカントの定言命法に見られる。しかし、ヘアーの理論は、自分を他人の立場に移しかえるということの意味を特殊な形で徹底的に解釈するので、そこから功利主義に特有の結果が生じることになる。ヘアーの解釈では、その行為主体が、他人の立場に立ったならば何を好むようになるかを理解できるのは、その行為主体が、仮想の状況に対応して、現実にそのような好みをもった場合に限られる。ヘアーがなぜこのような解釈をとったかということ、またそれに対する批判については、後に述べることにしよう。ここでは、まず第一に、私たちは、この解釈が功利主義に移行する際に決定的な役割を果たすことを理解すべきである。こういう条件を満たすような、理想的で完全な思考実験を誰かが行えば、その人は、その状況によって影響される人がもつすべての選好に対応した選好を、実際にもつようになるだろう。したがって、あらゆる選好が一人の個人に集積されることになる。この選好の集積があるとして、行為主体はどうやって決定を下すことができるか？　これらの選好はすでに自分の選好であり、さらに行為主体は、どんな一人称的熟慮にもあてはまると思われる合理的要件をこれに適用することができる。しかし、他人との同一化によって得た選好を、倫理的根拠に基づいて低く評価したり低級なものとしたりすることはできない。このことは、初めからもっていた選好についても言えることである。というのは、理想レベルでなされるこの反省は、あらゆる倫理的根拠を批判するはずであり、そういう根拠のどれかを当然のものとして受け容れることはできないからである。倫理レベルにおいては、この理想的な形の反省的な行為主体に与えられているのは、累積的な同一化のプロセス、ただそれだけである。したがって、すべての選好が、一人称的熟慮にもあてはまるような合理的基準によっていったん修正されたならば、あとは選好の強さを比較し、その比較に基づいていろいろな結果のなかから選択することと以外、なすべきことはないのである。その結果、功利主義が導きだされることになる。

以上の理論は、これまで理想的観察者の理論と呼ばれていたものの一種と同じ構造をもつ。理想的観察者の理論は、全知の、不偏不党の、慈善心に満ちた一人の観察者——世界的行為主体とでも呼ぼう――を設定する。この観察者は、すべての人の選好を自分のものにし、それらをひとまとめにしてしまう。何がなされるべきか（あるいは、この理論の応用版によれば、どんな慣行や制度が取り入れられるべきか）は、この観察者が何を選択するかによって決められることになるのである。ヘアーも言うように、彼自身のモデルはこれに等しい。理想的観察者の理論には別の種類のものもある。それは慈善という条件を除外し、観察者がすべての人の選好を実際に自分のものにするとは想像しない。この理論に関する有名な解説のなかで、ロードリック・ファースが（おそらく、少々洒脱な形で）述べたように、観察者は「万事を知り尽くし、無欲で、感情に左右されないが、その他の点ではふつう」なのである。このタイプの理論は、世界的行為主体に、いろいろな選好をすべてまとめさせるのではなく、それらの選好を冷静に外側から観察させるだけである。それは、必ずしも功利主義を導き出すものではないはずである。功利主義は、この理論のテストによって選ばれる、一つの候補にすぎない。しかし、この種の理想的観察者の理論は、次のような反論にぶつかることになる。観察者が、不偏不党であることのほかに何も動機をもっていなければ、そもそもこの観察者が何かを選ばなくてはいけないという理由などない。しかも、もしその動機が慈善心に満ちたものでなければ、あるいは、観察者が知っている選好に対して好意的な態度をとらなければ、観察者みずからができるだけ多くの選好を潰してしまうようなことも考えられる。[14]

ヘアーは、初期の著作では、仮説的同一化をこれほど完全なものにはしなかった。その結果、彼にとっては、未解決の問題が残ることになった。その問題は、ある理念に凝り固まっているために、役割交換の議論がもたらす仮説上の不愉快な結果を受け容れてしまう「狂信者」の可能性に関わるものであった。たとえば、確信しきったナチスの党員は、「私がユダヤ人だったら、私を殺せ」という指令を受け容れるかもしれない、というのである。現在のヘアーは、彼を功利主義へと導いた先ほどの思考のプロセスが、この問題を克服したと考えている。問題のナチス党員が理想的な思考プロセスにはいるならば、彼はユダヤ人と同一化することによって、そういう仮説的状況に対応して自分の反ユダヤ主義的な選好をなくし、それぞれのユダヤ人に対応して、反ユダヤ主義と対立する選好を実際に身につけることになるのである。このような思考プロセスそのものが、(総計が正しく出されることを前提とすれば)反ユダヤ主義に対する功利主義的批判となるだろう。もちろん、現実の人種差別主義者は、この思考プロセスに加わろうとしないかもしれない。しかし、これによって議論が崩れるわけではない。

ヘアーは、倫理において理性的議論がいかに力をもっているかを弁護するが、その際の彼の主張の強さには驚かされる。そもそも、なぜ狂信者が問題とされたのか？　ヘアーは言う。「[狂信者が]すべての議論を聞いて理解し、さらに功利主義者が例証としてあげたすべての事実を認め、それでもなお自分の意見を固持したとすれば、これは功利主義を擁護する議論に欠陥があることを暴露することになるだろう。」[15] これは一見したところ、敵を殲滅してはじめて自分は十分に防御される、という超大国防衛論のようである。しかし、これと対照的に、次のような別の立場も成り立つはずである。すなわち、自分は理性的な、あるいは理にかなった、一連の倫理的信念をもっているが、他の人々は別の倫理的信念をもっており、自分はこれを嘆かわしいと思ってはいるが、それがもつ矛盾や事実認識の誤りを証明することができない、という立場である。(実はヘアー自身も、最初の著作『道徳の言語』では、この立場を信じていたのである。) あるいは、次の立場はもっと興味深いものかもしれない。自分とは異なる立場のうちのいくつかは、不合理としか言いようがなく、人種差別主義はそういう立場の一つであると考える。だが、それらの立場の不合理性は、必ずしも常に同一の議論によって示すことができるものではなく、また、自分の倫理的信念を固めるうえで核となるようなタイプの議論によって示すこともできない。人種差別主義には、それ特有の不合理があるのかもしれない [と考えるのである]。

防御と攻撃を等置するヘアーの姿勢は、二つの源泉に発するものである。一つの源泉は、彼の立場に特有と言ってよいものであり、もう一つは、多くの倫理学理論に共通するものである。後者の共通点から触れておこう。このスタイルの倫理学理論は、偏見に向けられた攻撃用の武器としてどうしても捉えられがちである。したがって、もしそのスタイルの諸理論に対して免疫をもつような型の重要な偏見があれば、それらの理論は役目を果たすのにふさわしくないということになる。そうして、別の偏見で対抗するのでなければ、もっと破壊力の強い倫理学理論が、それにとって代わることになろう。攻撃的意図の強弱という差はあるにしても、これは、ある程度、このスタイルの倫理学理論に共通して言えることである。

次に、防御と攻撃を等置するヘアー特有の理由を見てみよう。彼は、自分の功利主義擁護論が、道徳用語の意味の厳密な帰結として導きだされるものと信じている。したがって、もし誰かが道徳言語を正しく使いながらも一貫して功利主義的な理論を斥けたとすれば、それこそこの主張の防御に切れ目が生じることになる。その場合、この主張は防御されていないだけでなく、打ち砕かれてしまう。しかし、そもそもこの主張は理にかなったものではない。功利主義以外の理論が道徳言語を誤まって使用したり解釈していることを示すのは、まず無理である。たとえ「道徳言語」自体が一つの基本的特徴をもち、それが指令性と普遍性に根ざすものであったとしても、功利主義が必然的に導き出されることにはならないだろう。指令を受け容れるとはどんなことか、また普遍化可能性とはどのようなものかについては、功利主義とは異なる理論を導き出す別の解釈もある。ジョン・マッキーが論じたように、普遍化可能性にはさまざまな程度がある。それらは、行為主体のあらゆる好みや理想を同一化の思考実験のなかに沈めてしまうヘアー理論の最終段階のものほど極端ではない。マッキーの言葉を使うならば、「道徳言語の意味に組み込まれているのは、せいぜい〔普遍化可能性の〕第二段階、つまり純粋な数的差異を道徳とは無関係のものとして排除する段階、なのである」[16]。

五

役割交換の議論を日常生活で用いる場合、その議論によってあらゆる道徳的考慮を基礎づけようとする道徳理論と比べると、その野心は控え目である。その場合、個人的な好みは想像的同一化のなかに含めておき、理想や倫理的信念はそこに含めないでおくのが概して自然である。このように二つのものを区別しておけば、功利主義的思考に特徴的な還元という方法を、容易に受け容れることができなくなる。この〔還元という〕方法は、「あらゆる利益、見解、願望、欲求を同じレベルにあると見なし、さらに、これらすべてを、強さにおいてはおそらく異なるが、他の点では等しく扱えるような選好によって代表させることができると見なす工夫[17]」である、と定義される。功利主義者は、まず初めに、すべての人の利益が平等に考慮されるべきだと訴える。次に、考慮の対象を（言わば）上の方に拡張して理想を取り入れ、下の方にも拡張して単なる好みを取り入れる。このような同化の方法は、事柄を過大もしくは過小に評価してしまう。一方では、これは理想や倫理的見解の重要性を過小評価する。もし種類に関係なく集められた十分な量の選好が、行為主体のもっている行動原理や確固たる信念と対立するような行為を支持するのならば、彼はその原理や信念を放棄することを要求される。同化の方法は、私たち自身がもつ確信が、私たちが行う計算においては重要であるという点を十分に評価できないのである。しかし、他方では、他人のもつ確信が過大評価されるということにもなりうる。ヘアーの思考実験は、狂信的な人種差別主義者に対する反論を提供するが、正しいタイプの議論を提供するものではない。

まず第一に、合計が正しく算出されねばならないという点が問題である。結論は計算次第であるという見解をとるのは、功利主義の本来的な特徴である。しかし、この文脈においては、この見解はとりわけて望ましくない。人種差別的偏見から十分な満足を得る多数派が、その偏見を少数派に対して向けたと仮定しよう。この場合、人種差別主義は正当化されないとの〔当然の〕判断が成立するかどうか予断を許さない事態になりうる。ここで重要なのは、このような事態がどの程度、どんな状況で発生するかということではない。重要なのは、何人の人種差別主義者が関与しているかというようなことは、人種差別主義が是認されるものかどうかを問題にする際には、そもそも是認の根拠として取り上げられることすらないということである。（奴隷制問題へのロールズの対処法と比較されたい。）ところが、功利主義的議論においては、人種差別主義者がユダヤ人の苦しみによってなんらかの満足を得るというようなことが、考慮されるべき事柄の一つとして登場する（もっとも、合計がきちんと出されるならば、これは決定的あるいは勝敗を分かつ理由ではないだろうが)。しかし、このようなことは、まったく考慮されるべきではない。これは、人種差別主義者の経験する苦しみがまったく考慮されなくてよい、ということではない。彼ら人種差別主義者が、自らがもっている人種差別的見解ゆえに味わう苦しみだけが考慮されなくてよい、ということなのである。ハーサニは、「反社会的」な選好という項目を計算からかなり威勢よく排除してしまう。これによって、この種の問題に対処できる仕組を彼の体系のなかで整えるのである。しかし、「反社会的」な選好をどう定義すべきかは説明されておらず、仕組を設けた彼の理由を見ると、これはどうやら反功利主義的な選好のことのようである。[18]

すでに触れたように、ヘアーの理論は、あらゆる選好が一人の行為主体によってまとめられ、それがさらに一人称的な合理性の基準によって修正されることを要求する。最終的に考慮されるのは、必ずしも行為主体の現実の選好(これは現実の仮説的選好、つまり仮説的状況で実際にもつような選好を含む)ではない。むしろ、行為主体の「完全に処世配慮的な〔=完全に先を見通した〕選好(perfectly prudent preferences)」、つまり十分な情報をもっており思考が混乱していない場合の選好が、最終的に考慮されるのである。ハーサニも、同様の但し書きを付け加えている。道徳的思考は、(以上の二つの理論において、異なる仕方で)単一の個人による処世配慮的な思考と近似するものと見なされるのである。

ところが普通の行為主体は、思考を混乱させていたり誤った情報をもっていたりする。そのため、処世的配慮という観点からみて彼自身にとって合理的なことであっても、必ずしもそれが彼の現実の選好と一致することにはならないのである。自分の将来の選好についての知識もまた、これに影響を与える。私たちは、「将来に対する現在の選好」（という便利な用語でヘアーが呼ぶもの）のなかに、私たちが予測する「将来の時点での選好」も含めるべきだろう。ヘアーによれば、ちょうど反省的な行為主体が他人の選好を身につけるように、私たちが現実の「将来に対する現在の選好」を代用品として身につければ、これは実現できるのである。[19] 実はこれは多くの複雑な問題をはらむものである。しかし、ここでは、ヘアーのモデルが集積された選好にどう対処しているかということだけを明らかにしておきたい。

選好を訂正するこのようなプロセス（選好の**理想化**とでも呼ぼう）は、あらゆる選好が一人の人間の選好になることを想像するようなモデルに適している。理想的観察者を世界的行為主体として解釈したモデルは、その一つの例である。しかし、選好理想化のプロセスがこのモデルに適しているのは、このモデルが文字通りに理解された場合だけである。ところが、このモデルが文字通りに理解され始めると、それがどれほど奇妙なものであるかはたちまち明らかになってしまう。世界的行為主体のように、対立しあい、競合する、多種多様な計画を一人で担っている行為主体がいるとしよう。こういう行為主体は、（控え目に表現するとしても）ひどい状態にあることになる。ずらりと並んだ自分の選好に優先順位をつけるのには、一連の価値や二階の欲求が必要となるだろう。しかし、世界的行為主体がこれらの価値や欲求のうちのどれかをもっており、それを選好の集積のなかで依然として判別することができるのならば、彼はまたもや、あまりにも多くのものをもっている状態にいることになる。要するに、この選好の集積は、選好が異なる人々のものであると理解されない限りまったく意味不明なものとなってしまうのである。これが本当のところなのである。世界的行為主体という理論装置は、私たちがこの事実を忘れ、倫理的世界を一つの大きな選好の海と見なすよう要求する。程度の差こそあれ、あらゆる種類の功利主義が同じことを要求する。この見解は、その倫理的帰結が〔おかしいと〕しばしば批判される。しかし、この見解が世界の解釈として意味をなさないことこそが、それに対する根本的な反論である。それが世界の解釈として意味をなさないから、それは倫理上も意味をなさないのである。ジョン・フィンドレイが述べたように、「人格の個別性」は「道徳にとって根本的事実」なのである。[20]

功利主義が、世界的行為主体モデルのような極端な形で解釈されないのであれば、選好の理想化はますます不適切なものになる。言うまでもないが、行為主体の選好が誤った情報に基づいているという理由だけでは、選好の理想化は決して適切なものにならない。選好の理想化が適切とされるのは、行為主体と他の人々が、特定の〔誤った情報に基づいた〕

選好に従って行為し、その結果修正された選好に基づいて行為するときよりも少ない効用しか手に入れない場合である。政治に例をとろう。もしある功利主義政権が、人々が好んでいることではなく、人々がもっと情報に通じた場合に好みそうなことに基づいて政策を実施すれば、どうなるだろうか？　政策の対象となる人々は、現実に政府がすることには常に不満をもつ可能性がある。なぜなら、人々が誤謬と縁を切ることなどないかもしれないし、そうだとすれば、政策が充足しようとする理想化された選好を人々が現実に身につけることなど、起こりはしないからである。

理想化が功利主義の理論で果たす疑わしい役割は、すでに触れた還元のプロセスと関連している。このプロセスは、利益を選好に近似したものとしてとらえる。理想化ないし修正という考え方は、人々の利益について考える際には適したものである。それは、人々が自己利益について誤謬を犯すことがあるということが、人々の利益に関する基本的事実の一つだからである。ここで問題にすべきは、他人の利益について考えるときに他人の選好を修正するのが適切かどうかということではなく、当事者が修正に気づかない場合に、自分がどの程度、その修正に基づいて行為する権利をもつかということである。しかし、もし自分が世界内の選好の充足度だけに関心を寄せるのであれば、問題はまったく別のものになろう。すなわち、ある特定の場合の理想化が長期的には効用を増進するかどうかという問題に。これら二つの異なる問題が、当然、政治についての二つの異なる見解のなかにそれぞれその姿を現わすが、どうしてそうなるかは容易に見てとれよう。

理想化は、役割交換の実験そのものと曖昧な形で結びついている。すでに見たように、役割交換実験が世界的行為主体の熟慮にふさわしい形で適用できるのは、すべての選好がその主体のものになってしまった後である。しかし、このような結果は、他人と同一化する思考実験をすべきだという主張をそもそも支えていた精神と対立する。もとの問は、「私があの人の立場にいたら、それは私にとってどんなものだろうか？」というものであった。ヘアーは、この問を「その立場は、〔私ではなく〕あの人にとってどんなものだろうか？」と同じものと解釈した。すると、この役割交換において、もともとの私は少しも残っていない。（ここでは仮説的な立場は次の仕方で解釈されている。この解釈は、「僕がルーズベルトだったら、スターリンに対してこれだけ譲歩はしなかっただろう」という言明に対する有名な返答――「ばかなこと言うんじゃない。君がルーズベルトだったら、ルーズベルトがしたことを全部しただろう」――において採用された解釈と同じである。）しかし、もしここで（全面的という）同一化の程度が問題なのだとすれば、他人の選好が誤っていれば、私がもっと想像する選好も同じように誤っていることになる。さらに、きちっと同一化することが肝要なのであれば、選好は誤ったままであればよいということになる。ところが、結果としては、私が他人との完全な共感的同一化を達成すれば、私がその人の選好を改善するという事態が生まれる。慈善は共感から信任状を受け取り、それをパターナリズムに引き渡す、というあらゆる功利主義的政治についての真理が、ここに簡潔な形で示されるのである。

六

ここでふり返って、なぜヘアーが理想的な反省的個人を一種の世界的行為主体に変えてしまう解釈をとったか、という問題を考えてみるべきである。このような解釈をとった根本的な理由は、ヘアーが、表面上は大きく異なる次の二つの命題の間に、どんな関係を設定したかを見れば分かる。(1) いま私は、Sという強さで、私がその状況にいたらXが起こらないよりも起こる、ということを好む。(2) 私がその状況にいたら、私は、Xが起こらないよりも起こる、ということをSという強さで好むだろう。ヘアーは言う。「私が主張するのは、これらの命題が同一であるということではなく、(1) が真でなければ、(2) を知ることや、それがどのような感じがするかを知ることもできない、ということである。[21]」つまりヘアーは、知識について次のような主張をしているのである。私はXが起こることをある状況においてある強さで好むだろう、ということを私がいま知ることができるのは、同じ状況でXが起こることを、同じ強さで私がいま好む場合に限られる。保険に加入したり、処世的配慮に基づく他の類似した決定を行う場合のように、仮説的状況の私が今の私であるとしても、この主張は受け容れがたいだろう。たとえば私は、私の家が火事になったら、私と私の家族が家から避難することをどんなことよりも強く好む、ということを確かに知っている。私は多少とも理性的な行為主体のつもりであるから、そういう状況になったら私たちが避難できるように、今なんらかの行動をとっておくし、言うまでもなく、その行動は私が現在もっている選好に由来する。しかし、現在の処世的配慮に基づく選好が、家が実際に燃えている場合（他に考慮すべきことなど、ほとんど完全に忘れさせてしまうような場合）の選好と同じ強さであるというのは、まったくのナンセンスである。だから、両者が同じ強さであるべしとするのに合理性はない。一つには、選好の強さが、想像された状況の発生する確率によって部分的には決定されるということもある。

徹底型の役割交換テストに伴う思考実験の場合、想像された状況の発生する確率は他人になる確率であり、常にゼロである、と言ってもよさそうである。だが、このような形で述べるのは不偏不党ではない。この実験は一般的な言葉で記述された状況と関連づけられており、それゆえ、とにもかくにも別人になるという話ではなく、なんらかの一般的な記述を満足させることこそが問題だからである。にもかかわらず、多くの場合、確率は依然としてゼロだろう。いずれにせよ、これは確率の話ではなかったはずである。であれば、状況の予想から引き出される選好が、状況が実際に発生したときに生まれる選好と同じ強さであるという見解は、ますます疑わしくなる。それどころか、それが同じ強さであるとか、そうでないということの意味すら明らかではない。一般に、状況の予想から引き出される選好がどれくらい強いかを測るための、独立した判定基準などありはしないからである。

そうかといって、他人との共感的同一化に基づく、さまざまの強さの選好が存在しないと言っているわけではない。もちろん、それは存在するし、それは倫理的体験にとって基本的意義をもつ。肝心なのは、理解や同一化や選好が、世界的行為主体モデルが示すような形で、相互に関連してはいないという点である。緊急事態に置かれた人に直面すれば、私は、できるならその人を助けたい、という何ものにも優先する選好をもつだろう。私が人間らしさをもっていればのことだが。この判断は、その事態がその人にとってどんなものであるか、ということを考慮して下すものである。その考慮においては、その事態やそれと似た事態が私にとってどんなものだろうか、という私のさまざまな考えが、何らかの役割を果たす。人が何を欲しているか、ということについての私の知識（たとえば、彼は私に火事から救ってもらいたいのだ、という知識）は、私に人間的な性向があることを前提すれば、その人を火事から救い出す欲求を私の中に生み出す。この状況では、私についての四つのことが言える。第一に、私は、その事態が彼にとってどんなものかを知っており、彼が救助してもらいたいと思っていることを知っている。第二に、私は、もし自分がその状況に置かれたら、救助してもらいたいと思うだろう、ということを知っている。第三に、いまの私には、そのような状況では救助してもらいたいという選好がある。第四に、私は人間的な性向をもっているので、彼を救助したい。〔さて、〕ヘアーのモデルでは、状況に置かれることが状況への全面的没入であると解釈されているため、以上の第一と第二の命題が等しいものと考えられている。（彼の解釈がいかに徹底したものであるかは、これで明らかになる。ふだんの生活では両者は等しいとは考えられないし、両者が混同されるところに、かなり多くの喜劇的要素が潜んでいる。）さらに、ヘアーのモデルでは、第三の命題が真でなければ、私は第二の命題を知ることはできない。最後に、このモデルでは、「人間的な性向をもっている」とは、（自分自身の都合に反してでもというような条件をすべて考慮にいれたとしても）例の役割交換後の選好が正当に評価できるような、合理的な一人称的計算をする性向をもっている、ということを意味する。

ここで示された〔諸命題の〕結合関係が、すべて正しいはずはない。共感的理解、あるいは今日しばしば「感情移入」と呼ばれるものの働きについては、道徳哲学の歴史を通じて、かなり多くの議論がなされいろいろな説明が加えられてきた。しかし、間違いなく真理であることが一つある。共感する人は他人の感情を直観的に理解するが、加虐的な人や残酷な人もそれをほとんど同じような形で理解する、ということである。この点で、残酷な人間は、獣性をもった人間や無関心な人間から区別される。だが、残酷な人間は、助けたいという選好をもたない人間なのである。（彼は、助ける選好をもつが、苦痛を楽しむ選好ももち、こちらが優勢になった人間とは別人である。）それでいて、この残酷な人間は〔助けてもらいたいと思っていることなどを〕よく知っているのである。ヘアーは、自分のつくった結合関係が、「道徳的思考が要求する「知る」という言葉の意味における、概念上の真理である」[22]と述べている。ところが道徳的思考は、知識という〔普通の〕意味以外には、「知る」という言葉のどんな〔特殊な〕意味も要求しないのである。道徳的思考が使うことのできるどんな知識も、それに刃向かう武器となりうる。これこそ、概念上の真理でなかったとしても、真理なのである。

このような問題を追究したのは、共感および役割交換の実験（これらは必ずしも同一ではない）がどういう働きをするかが、倫理的思考にとって重要だからである。より直接的には、世界的行為主体による功利主義解釈という影響力をもつ解釈において、それらが使われているからである。これだけが功利主義のモデルではないし、以上の個別的な批判のうちのいくつかは、他の種類の功利主義にはあてはまらないだろう。しかし、世界の欲求や苦しみを自分の中に取り込み、しかも世界のあらゆる快苦を——少なくとも理想的なレベルでは——自分のものと同じように感じるという考え方は、功利主義を突き動かす根源的な力である。この点では契約論との対比は鮮やかであり、世界的行為主体モデルを事実上使っているヘアーの功利主義理論は、功利主義の内容を比類なき明白さで示していると言えよう。

功利主義は、現存する倫理学理論のなかで最も野心的なものである。最も明確な結果を生み出すことを目的とし、その結果を断固主張して日常の倫理的信念に挑戦するからである。私たちは、次に、功利主義や他の倫理学理論が日々の営為実践(practice)とどう関係しているかを考察しなければならない。そもそも、なぜ、それらの倫理学理論に権威が認められるべきなのだろうか?

第六章　理論と偏見

一

倫理学理論は、どこかを起点としなければならない。先に私は、倫理学とまったく縁のない外部の地点から出発するさまざまな方法を考察した。また、倫理学の内部から出発する見解――もっとも、これは道徳言語の意味から出発するにすぎないものだったが――にも触れた。程度の差こそあれ、これらはいずれも説得力に欠けるものであった。そのうちのいくつかは、受け容れることができないものとして完全に否定された。倫理学理論を構築しようとする人を含めて、多くの人たちは、こういう結論に賛成してくれるだろう。しかし、この人たちも、やはりどこかに起点を求めねばならない。起点として残っているのは、倫理的体験そのものしかない。

「倫理的体験」は、多くの事柄をカバーする。私たちがどのような形で倫理的生活を体験するかということを出発点として、道徳哲学の仕事を行うことは可能だろう。そのような哲学は、私たちが信じ、感じ、当然と見なしていることを反省する。それは、私たちがどのような形で義務に直面し責任を認めるか、そして罪悪感や羞恥心という感情はどんなものか、ということを反省する。この哲学は、倫理的生活の現象学を含むだろう。これは立派な哲学になるかもしれない。しかし、これが倫理学理論を生み出すことはないと思われる。倫理学理論は判定基準に関心をもっており、〔従って判定の対象たる〕倫理的体験の一局面にすぎない信念というものから出発する傾向があるからである。倫理学理論を普通に理解するならば、これは、一つの構造をもった命題の集合として考えられるだろう。この理論は、科学理論のように、私たちの信念に枠組を与えると同時に、私たちの信念を批判したり修正したりする。倫理学理論は、やはり私たちの信念から出発するのである、それにとって代わるかもしれないが。

　出発点となる倫理的信念は、現在の哲学ではしばしば直観（*intuitions*）と呼ばれている。この言葉はすでに、かつての意味をずいぶん失ってしまっている。直観は、かつては抽象的な真理に到達する知的能力[1]（intellectual power）と考えられていた。こういう考え方を倫理学に応用すると、倫理的な真理はそのような能力によってアプリオリに把握される、ということになる。この直観モデルを使った哲学者たちは、さまざまな問題について意見を異にした。直観によって与えられる真理には、どのような概念が登場するのか（たとえば、それは善なのか義務なのか）とか、そのような真理は極めて個別的なのか、それとも極めて一般的なのか、というような問題について、彼らはさまざまな見解をもっていた。しかし、直観という考え方を使う場合に、彼らが共通に考えていたことがある。倫理的な真理を把握する方法が、重要な点で数学的真理や他の必然的な真理を把握する方法に似ている、と考えていたのである。なるほど、倫理学理論というようなものが存在するのならば、直観によって把握された真理が、その理論の起点となることができるだろう。しかし実際には、直観を信じていた人がみな、倫理学理論を欲したわけではない。なぜなら、直観それ自体が判定基準になる、いやむしろ、判定基準を不必要にする、と考えられていたからである。

倫理学におけるこの直観モデルは、次々と登場した批判者によって粉砕されてしまった。[2]廃墟と化したモデルは廃墟としても魅力に乏しく、そのためその〔不幸の〕歴史についても人々の関心は薄い。何と断罪されたか。簡潔に言えば、このモデルはどうやって永遠の真理が実践的な考慮をもたらすことができるかを説明しないし、倫理的な真理を必然的真理と同様に扱うという誤りを犯してもいる、とされたのである。数学的真理のような必然的真理を、異文化の情報提供者が否定したと思われるような場合には、私たちは当然にまず、もっとまともな通訳を捜そうとするだろう。しかし、倫理的信念の場合には、事情はまったく別である。とりわけ〔違うのは〕、直観という能力に訴えても、これは何も説明しなかった〔という点である〕。この立場によると、直観によってあたかも真理が知られているかの様子であったが、そんなでたらめなどありえない。「直観でわかる」との言い草は必然的な真理についても説明らしい説明にならないが、倫理的信念の場合には、事態はさらにひどい。ここでもまた、文化による見解の相違が問題になるからである。なるほど、私たちは、文化的相違についてそれほど多くを知らないかもしれない。しかし、私たちは、さまざまな倫理的信念やそれらが文化によって異なり、説明を要することについては、十分に知っているのであり、そのような説明など考えられない、とする直観モデルを受け容れるほど無知なわけではない。

こうして倫理学においては、能力としての直観なるものは、もはや存在しない。ところが、これとは区別された〔個々の〕直観（*intuitions*）——直観の能力が存在すると考えられていた頃に、その能力によって与えられると思われた個々の信念——がある。これは、依然として倫理学のテーマとなっている。この意味での直観とは、自然発生的な確信であり、やや内省的ではあるが、まだ理論化されていないものである。それは、なんらかの倫理的な問——一般的な言葉で言い表わされるような、仮定的な問であることが多い——に対する答についての確信である。倫理的な問は、何をなすべきか、という問であることが多い。「あなたが転轍機を切り替えて、暴走するトロッコを、ある路線から別の路線へ転換することができるとしよう。最初の路線のままでは三人の老人をひき殺すことになり、転換した路線では一人の子供と一人の才能に恵まれたバイオリニストをひき殺すことになるとしたら、あなたはどうすべきだろうか?」〔私たちの直観をよっぽど試したいのか〕これまでに出された他のいくつかの例と比べて、これは特に奇抜な例ではない[3]。しかし、直観は、何をなすべきかという問に対する答においてのみ表明されるものではない。第一章で述べたような、徳や行為の類型を選びだす実質的な倫理的概念のどれかを選んで、想像上の状況に適用しようとするような場合にも、私たちの直観が表明されることがある。

　こういう方面で「直観」という言葉が復活するのに、あるアナロジーが手を貸した。言語学や言語哲学において、「直観」という言葉が使用されたのである。話し手は、自分の言語で言える表現と言えないものや、特定の状況のもとでどんな表現を使うのが正しいかということを、考えなくても分かる。「直観」は、これを指すものとして使われたのである。英語が使える人ならば、次の文章（かつて私は、亡命してきた言語哲学者がこれを口にしたのを聞いた）は、正しくない、つまり英語になっていない、と直観する。"In English we are not using the present continuous to signify a custom or practice."（「英語では、習慣や慣行を表わすのに、現在進行形を使いツツナイ。」）このような直観は自然言語の理論の素材となる。話し手が、今までに聞いたことのない文を、自分の言語において正しいもの、あるいは正しくないものと躊躇せずに認知できるという点だけをとってみても、話し手に内面化されている規則を説明するような、自然言語の理論を形成することは可能だと信じる十分な理由になる。ノーム・チョムスキーが強調したように、私たちは、いつもこのような正誤の認知をしている。さらに、特にチョムスキーをはじめとするいく人かの理論家によれば、人間が子供のときにどんな人間の言語でも学ぶことができる以上、あらゆる自然言語の根底にある規則に関する理論――つまり、普遍文法――が存在すると考えてもよいのである。

この言語学的な直観という概念は、倫理学にどう適用されるのだろうか？　倫理学と関連する直観の中には、この言語学的モデルにぴったりあてはまるものが一種ある。それは言語学的な直観をそのまま単純に適用したものである。徳や行為の種類を表わす名詞の場合、その名詞がどんな状況に適用されるかについて、言語学的な直観が働く余地がある。それは単に、その名詞が、複雑な適用条件をもった言語における一般名辞だからである。(このような名辞を使う人々の能力が文化によって異なる以上、そのような人々の能力から、いったいどんな倫理的帰結が生じるのだろうか？　これは、第八章と第九章で考察しよう。）この種の名辞の適用範囲については、境界領域で論争の生じる余地があるだろう。これは、重大な実践的帰結をもたらすかもしれない。このような論争は、法の領域でよく見られる種類のものである。法においては、所与の行為が、たとえば窃盗を構成するかどうか、ということが問題になる。法理論家は、その種の論争の厳密な性格について、またそれをどう決定するのが適切かについて、意見を異にする。いわゆる法リアリストは、ハード・ケース〔＝難事案〕の決定において、政策的考慮がより大きな、あからさまな役割を果たすことを容認する。しかし、ハード・ケースについての論争を可能にするような中核的ないし中心的なケースについて、共通の理解がなければならない、という点ではすべての理論家の意見は一致している。上に述べたような名辞を使う倫理的議論は、これほど形式的な枠組のなかでなされるものではないが、ある程度まで同じことがおこるはずである。

いくつかの伝統においては、倫理的思考に見られるこのような法学的傾向が重視される。この傾向は、倫理学についての客観主義的見解を促進しがちである。なぜなら、倫理的な名辞を理解する際の中核的ケースがまず提起され、さらに、名辞のハード・ケースへの適用――これは異論を生み、倫理的に困難をはらむ問題ではあるが――については、中核的ケースと十分に類似しているか、していないか、を判別する合理的基準が、それを規制するからである。名辞を特定の仕方で拡大適用した場合、それが名辞の中核的ケースへの適用の精神や根本原理を正しく保持しているかどうかについて、合理的な議論をすることができるのである。カトリックの伝統では、このような形式の議論は決疑論として知られている。（「決疑論」という言葉は悪口として使われることがあるが、このような反発があるのは、決疑論の技術がよからぬ仕方で乱用されたことに対する当然の報いである。）決疑論を倫理的思考の根幹をなす思考プロセスとしてとらえようとするのならば、その難点は、それが乱用されることにあるのではない。むしろ、倫理的概念のストックが文化によって違っており、時代によって変化し、批判にさらされるという明白な事実こそが、決疑論に困難をもたらす。もしある一定の地域の概念に適用された場合に、決疑論は倫理的思考の中核をなす思考プロセスとなる、というのであれば、もっと多くの説明を加える必要があろう。〔特に、〕特定地域に限定されないような、特別の倫理的範疇が存在する、ということを主張しなければならない。それらの範疇は人間本性についての理論から生じると言う人もあろう。が、このような形の説明は、私たちを第三章の問題に連れ戻すことになる。あるいはまた、それらの範疇は、神の命令ないし啓示によって与えられた、と言う人もいるかもしれない。この種の説明は、それが同時に人間本性に基礎づけられなければ、まさにスピノザのいう「無知の避難所」へと、私たちを連れて行くことになるだろう。〔あるいは、〕決疑論的な方法の支持者は、私たちが特別視する範疇は伝統的に受け継がれたものである、という見解に〔ひらき直って〕すんなりと頼るかもしれない。この見解は、ある重要な真理を直視しているという点では優れている。しかし、特別の範疇がどのような形で批判されうるのかをもっと説明しないかぎり、その真理を真に直視することはできないだろう。

ここで倫理的名辞の用法から目を転じて、ある状況において何が倫理的に正しい行為かという問に対して人々はどう答えるか、といった〔もともとの〕もっと簡単な話に戻ることにしよう。この場合、この問に対して「直観的な」答（あえて引き出したのではない、確信に満ちた答）を出す能力と、言語能力との間には、はるかにアナロジーが成り立ちにくくなる。倫理的な答を与える能力の方は、やはりなんらかの形での説明が求められるのである。というのも、提示されたケースは、以前のケースとまったく同一というわけではない。しかも、新ケースに対処する人は、自分が新たなケースに対処することを可能にするような何かを、内面化してしまっているはずである。ところが、この内面化されたものが何であるか、これが明らかでないのである。特にそれが、ある原理（a principle）でなくてはならない、と断定することはできない。ここで言う原理とは、程度をあらわす曖昧な表現（「はなはだしい」「均衡がとれる」「十分な注意を払っていない」）に過度に依存せず、推論形式のように述べることのできる、要約的記述のことである。事実、言語哲学においては、言語能力そのものが――特に意味論的側面において――どの程度まで、記述可能な規則の集合として把握できるか、という論争がなされている。倫理の場合、人々が新しいケースに判断を下す能力をどのように表象するかの説明を当面の課題として理解する限り、私たちは、人々の能力の根底に明確な推論の規則があると想定する必要はない。〔というのも、あの〕アリストテレスが、そのような規則は存在しないと考えたのである。彼によれば、本質的に、ある種の無自覚な判断がなされているのである。同じように育った人々は、あるケースを別のケースと類似していると看て取ることに関して能力を共有しており、これを行使しているのである。

〔さらに、〕ウィトゲンシュタインを信奉する人たちは、あらゆる人間の学習がこのようなものだと信じ込む傾向がある。彼らの見解が、あるレベルでは正しいことは間違いない。要約的な推論の規則を理解することそれ自体、すでに人々が共通に類似性を看て取っていることを前提している。しかし、倫理については、共通の判断に達する能力という考え方は、これにとどまらない（他の種類の実践的判断についても、同じことが言えるだろう）。ここでは、言語を使う能力があるならば、類似性を看て取る力が共有されていなければならない、ということだけではなく、倫理的な類似性を看て取る力が、言語で適切に表現できるどんなものをも超えてしまう、という点に注目すべきである。この指摘はもっともであり、ここまでは、ウィトゲンシュタインの信奉者があらかじめ言いそうなことである。しかし、（ウィトゲンシュタインの信奉者自身、必ずしもはっきりと自覚してはいないようであるが）このことは、人間のこの性向についてはおよそ説明がつかない、ということを意味しない。それが意味するのは、ケースに対処する人が内面化し無意識に従っているような、記述可能な規則があると仮定したところで、それは見当ちがいで、説明にはならない、ということでしかない。新しいケースに対処する能力について説明しようとしている限り、私たちはその能力の根底にある規則を抽出しようとする必要はないのである。

直観どうしが対立した場合に目を移せば、倫理的な直観と言語的な直観のアナロジーがとても弱いものであることがはっきりしてくる。言語的な直観の場合には、次のようになる。二人の人間の直観が対立するときには、私たちは、二つの違った方言があることを認める。（ささいな違いしかなかったとしても、同一視を避けて、二つの方言の存在を認める用意がある。）また、同一人物が対立する二つの直観をもつときには、特定の状況で何と言うべきかという問への答が、言語によって十分に決定されないために、あるいは、その話し手が二つの方言を学んできたために、不確実性が生じたのだと見なされる。どちらの場合も、その言語についての理論が言語的直観どうしの対立を解消する必要はない。もちろん、言語理論がそれ固有の目的のために、なんらかの対立を解消することはあるだろう。事実、言語理論は、理想化された直観概念に到達するような場合にも、いくつかの対立を解消してしまうのである。人々が実際にどういう話し方をするか、つまり発話遂行の様子を観察すると、発話の条件によって生じる多くの不整合が明らかになる。直観を言語についての問に対する反省された答としてとらえることによって、このような不整合が解消されてしまうのである。（もっとも、言語学の理論家は、どの程度までこの手続きが正当であるかについて意見を異にする。）さらに、いくつかの直観を頼りにして原理を形成した理論が、他の対立する直観を過小評価することはまったく問題ないことである。それらの直観を過小評価することとは、たとえば、それらを言いまちがいなどの異例なできごとと見なすことを意味する。あるいはまた、それらの表現を、どんな一般原理とも関連しない特例として、言語についての一事実を生み出すにすぎないものとして処理することを意味する。このような処理法自体がこの種の対立を処理する理論装置なのである。

倫理的直観については、このようなことはない。どんな立場をとるかということが決定をかなり左右する。倫理の世界では超少数説でも、それが重要な事柄や他の人々の利害に関わる限り、放置されっぱなしになることはまずない。この場合、対立を理解することは理論の唯一の目的ではないし、その主要な目的ですらない。対立の理解のためには、別の歴史的、社会学的な方法がある。理論の目的は、むしろこの対立を解消することにある。ここで言う解消とは、理論が、他の直観ではなくこの直観を受け容れるようにさせる強い理由を提供する、という根本的な意味での解消である。そこで、私たちは次のような問を考察しなければならないことになる。倫理学理論は一体どうやって、そのようなことをする権威をもちうるのか?

二

この問に対する一つの答がある。これは、非常に強い前提のもとではじめて意味をもつものである。次のような前提を立ててみよう。まず、倫理的に重要な問題について、合意に達することを決意した人々がいるとする。この人々は、世界についていろいろ違った倫理的な考え方を表現することよりも、合意に達することに、強くコミットしているのである。互いに親密に一つの社会で生活してゆくことに、不退転の決意でコミットしているのである。[4]次に、彼らは、合意に達することを決意しているのであって、ある一群の信念が単に結果的に支配的になることに満足するのではない。さらに、彼らは、合意に達するという課題を、公共的に記述できる諸原理に到達することを要求するものとして捉える。最後に、彼らは、諸原理に合意した後で生じる問題（各種の紛争）を議論する場合にも、原理に至るこのプロセスが議論を支配することを望む。〔さて〕このような状況においては、これらの人々がなんらかの倫理学理論を目指すのは、十分理にかなっている。また、彼らが、自分たちの直観のできるだけ多くを保全する方法を用いることも、十分理にかなっている。なお、この方法は同時に、合理的構造をもった諸原理の集合を生み出し、それによって、どの直観が捨てられたり修正されたりすべきかを明らかにするものである。これを実現するには、理論と直観が大体合致するまで、それらを相互に修正すればよい。言うまでもないが、以上述べたような目標は、ロールズらの契約論の目標であり、この方法は、ロールズが提案しているもの、すなわち、理論と直観の間の**反省的均衡**（*reflective equilibrium*）に到達しようとする方法である。[5]

この方法は、以上のような前提のもとでは、倫理学理論を構成するのに適したものだろう。しかし、これらの前提が大変強いものであることは見逃せない。これらの前提には、人々がどんな存在であり、社会はどのように機能しうるか、ということについての信念が含まれている。ここで、社会が実際に機能することではなく、機能しうることが問題となっているのは重要である。どんな社会も、おそらく今までにこの理論が要求するような形で機能したことはないかもしれない。しかし、社会がそういう機能を果たすことが少なくとも可能であることが、理論化の試みにとって不可欠の要素なのである。これらの前提には、ある理想も含まれている。これに対応して、このタイプの理論は二重の意味で倫理的世界の内部から出発することになる。こういう理論は、当事者たちがなんらかの倫理的世界に属することを望む、という前提から出発するだけではない。それは、当事者たちが、いくつかの倫理的世界のうちのどれか特定の種類の世界に属することを望むことを、自らの課題として引き受けるのである。(私たちは、この点を第五章で確認した。ロールズの契約当事者たちは、暗黙のうちに、奴隷制に対して特定の態度をとっていたのである。)

これらの前提においては、事実的なものと理想的なものが、興味深い形で結びついている。一方では、どんな社会にもあてはまる前提があり、他方では、よりよい社会やより合理的な社会を目指す理想がある。ところが、この両極の間に、はっきりとは規定されていないにせよ、重要な中間領域がある。この領域には、ある種の社会——簡単に言えば近代社会、ただし、これは単なる歴史的な概念ではない、ある程度倫理的な概念として用いている——にあてはまる諸条件がある。

ロールズの議論の第一の前提は、どんな社会にもあてはまらねばならない要素を含む。その要素とは、社会には、ある程度まで考え方の一致があり、暴力ではなく権威によって紛争を解決する方法が存在する、という条件のことである。しかし、ロールズのそれは、権威による紛争解決という最低条件をはるかに超え出る大部分の紛争を解決しようとする方法を合意（consensus）に求める社会を目指すのである。このような紛争解決方法は、社会にとって必然的なことではない。したがって、ここで問うべきは、現実の社会がそうなっているかどうかではなく、そのような社会がそもそもありうるかどうか、ということである。これらの点で、ロールズのモデルはリベラルである。さらに、記述可能な一連の原理によって社会が自らの価値を表現することを要請する点で、このモデルは合理主義的である。ここでも、社会が自らの価値をそのように表現することは、社会にとって必然的ではなく、社会がそれをなしうるかどうかが問題である。このような合理性をもった社会を目指すことは、リベラリズムの最低限の前提を一歩超え出ることを意味する。それは、単にコンセンサスに従う議論を目指すことばかりでなく、その議論がどんなものであるかについて合理主義的な捉え方をすることを要求するからである。この捉え方は、近代社会に特徴的、あるいは少なくとも、近代社会を哲学的かつ社会学的に表象したものに特徴的である。

社会の諸原理の対立が、これと同じ種類の手続きによって解決されるべきだという主張をするならば、議論はさらに一歩踏み出して、説明的合理主義（*expository* rationalism）とでも呼ぶべき枠組を超えて展開してゆくことになる。人は、合理主義的な手続きの第一段階を踏むにとどめ、きちんとした推論に従って述べられていれば、体系的に整理されていないような諸原理でもよしとするかもしれない。しかし、次の段階として、合理主義的な決定手続き、つまり、きちんと論理的に書き出すことができる紛争解決方法があるべきである、と要求することもできる。この要求こそ、完全な意味における倫理学理論を生み出すものである。この要求は、従来「直観主義（intuitionism）」と呼ばれてきた方法を否定する。この直観主義は、すでに考察されたものとは異なる。これは一連の原理や倫理的な考慮を生み出しはするが、少なくともある点を超えれば、それらの対立はその時々の個別的判断によってしか調停できないということを認める。多くの倫理学理論の専門家は、理性自体が右の要求を出して、〔この意味での〕直観主義を超えて、十分に明確な形をもった倫理学理論へ進むように仕向ける、と信じている。彼らは、私が合理主義と呼んだ立場が、理性的であることからそのまま生じる帰結だと考えるのである。

このような合理主義の試みや、合理主義的動機によって作られた倫理学理論において、一つの重要な要素がある。それは、社会が透明（*transparent*）であるべきだという願望である。すなわち、社会の倫理的制度の働きは、その共同体のメンバーにおけるその働きについての誤解によって成り立つものであってはならない、ということである。[6] この要求は、ロールズが明示的に取り入れているものだが、リベラルな契約論には自然となじむものである。しかし、これはもっと広範な人々が出す要求でもある。これはリベラルと非リベラルを分かつというよりも、啓蒙から生まれた急進的な希望をもっている者と、それをもっていない者とを区別するのである。マルクス主義理論の多くは、虚偽意識のない社会を目指すという点で、透明な社会という理想の一種を体現している。こういった考え方は、急進的な批判をさらに鋭くするのに役立つ。たとえば、社会が受け容れている男女間の関係が、どれくらい強制された無知と誤解に依存しているか、と問うてみればよい。急進的な批判者たちは、ときには憤慨をたかぶらせるばかりの循環のなかで告発を続けることになる。つまり、自分たちのイデオロギーを受け容れない（ということが判明した）ことを根拠にして、虚偽意識の存在を告発するのである。この種の批判がもっとお粗末でない仕方で行われるときには、無知が強制されているという主張を裏づける別の理由が出されるだろう。〔その場合〕ある見解が無知であるという主張、それが強制されているという主張はそれぞれ、批判者のイデオロギーを受け容れることから、ある程度独立したものとなるだろう。興味を惹くような多くのケースにおいて、このような条件を満たすことは難しい。しかし、どんな精緻な議論も必要でないようなケースもある。すなわち、悪しき社会制度の虚偽が、ただ単に虚偽——嘘、詐欺、汚らしい言論——であるにすぎないような場合がそうである。これは、ちょうどその制度の残酷さや獣性が、しばしば単なる残酷さや獣性でしかないのと同じである。

透明さへの願望はさまざまな形をとるから、野心的なものも、そうでないものもある。しかし、これが提起する問題については、ここでは論じない。[7] ただ、透明さはリベラリズムと自然に結びつくが合理主義を含意するものではない、という点は重要である。社会的、倫理的な関係は、本来それについての無知や誤解に依存すべきではない。この願望は、その関係に含まれるあらゆる信念や原理が明示的に述べられるべきだ、という願望とはまったく別のものである。このことは、個人間の関係について考えれば明らかだろう。すなわち、個人間の関係が詐欺や誤りに基づかないことを期待することはまともであるが、その関係の基礎が完全に明示されねばならないと考えるのはあまりにも愚かである。

このような精神や前提のもとで議論が進むならば、契約論者の試みは一貫したものとなり、反省的均衡に達する際の直観の使い方も、一貫したものとなるだろう。ところが、これでも、大きな問題は未解決のまま残される。このような前提は、どう現実と結びつくのか？ この程度の倫理的自覚で、どうやって社会がまとまっていけるのだろうか？ 現実のどのような社会が、このような願望を実現できる見込みがありそうなのか？ （これらが部分的にせよ社会科学にとっての問題であったらよい、と私は思う。しかし、社会科学がこの種の問題に解答を与えるのに力を貸したという話はあまり聞かない。）

反省的均衡という方法に対して、次のような反論が時折なされる。理論と適合している直観は、単に地域的に限局された私たちの信念を表わすだけであって、正しいものではないかもしれない、というのである。反省的均衡を私が述べたように理解するならば、これは的を射た反論とは言えない。求められている理論は、私たちにとっての倫理的生活についての理論なのだから、直観が私たちの倫理的信念を表わすのは当然である。しかも肝心なのは、直観がなんらかの究極的な意味で正しくなければならない、ということではなく、直観が私たちの直観でなくてはならない、ということなのである。さらに、理論を形成したり理論によって形成されたりする直観だけが、私たちに特有のものであるわけではない。最初にそのような理論を作る動機として働いた願望も、私たちに特有のものなのである。

しかし、以上の前提を認めるとしても、反省的均衡という方法には問題が残る。その方法が承認する直観が「実際に正しい」かどうかを疑問にする人は、私たちとは誰のことか、ということを問題にするかもしれない。この理論を説明するにあたって私は「社会」に言及したが、そもそも社会正義についての理論である契約論を考える場合、この「社会」が何を意味するかは、かなり明白である。しかし、ロールズ自身も当然承知していることだが、倫理的関心はそのような境界線を超えてしまう。しかも、私たちの関心が、存在しうる政治的秩序を超えてゆくとき、社会についての具体的な概念はいずれも崩壊してしまう。これ理論は、私が「本来の構成メンバー」と呼んだものにまで及ぶことになるのである。これは、倫理的合意に従うと思われるすべての人々、その理論の世界の言葉で言えば、あらゆる道徳的行為主体をいう。こうして私たちは、この種の理論が最初からもっている、カント的な、普遍主義的な関心事に連れ戻されるのである。

このような関心事は、ある点では、契約論の基本精神や以上で述べた前提と、うまく適合するものである。そのリベラルで合理主義的な願望は、境界線を外側に押し広げ、私たちが実際に同意しなくてはならない人々ばかりでなく、次のような人々をも取り込もうとする。すなわち、同意に達することが倫理的に望ましいような人々や、究極的には、存在するかもしれず、同意するかもしれないと考えられるあらゆる人々——理性的行為主体、ないし思弁上の共和国の市民たち——を取り込むのである。しかし、このように範囲を広げるプロセスにおいて、二つの関連した問題が生じる。まず、地域的に限局された**私たち**に特有な直観に頼るのは、ますます、ふさわしいことではなくなる。なぜなら、いまやこの理論は、地域的に限局された私たちの習俗から遠く離れたところにいる行為主体を含むような、そういう**私たち**にとっての理論だからである。同じ理由によって、倫理学理論の内実を考えようとすれば、私たちが頼ることのできるものはますます少なくなる。第五章で引用したスキャンロンの定式を使えば、行為主体がどんな規則を「理にかなった形で拒否する」か、ということを決定するための根拠が、ますます薄弱になるのである。結局、またもや、理性的な行為主体であるだけで拒否せざるをえないものは何か、と考える以外には、この問題に答える方法はなくなるのである。だが、これに対する答はきわめて不確定である。私たちは、体格や感情、さらに一般にウィトゲンシュタインが「生活形式」と呼んだもののなかに、非常に多くの違いを見出すことができるだろう。そういう前提のもとで、第四章の「自由」は、具体的に何を生み出すのだろうか？　この問は私たちを困惑させる。

この問があまりに私たちを困惑させるため、私たちは、これが正しい問題設定か、と惑わずにいられない。仮に私たちが、自分と非常に違った生物と共存することをモデルとするのならば、なぜ、普遍的な共和国を想像して、同盟や——あるいは、そこまで至らない、最もふさわしいものとして——単なる不可侵条約を想像しないのだろうか？　生きるための必要条件を共有するだけで、生活を共にする必要のない当事者たちにとっては、干渉や相互破壊を禁止するような、非常に大ざっぱな規約があれば十分かもしれない。この規約が、共同生活の実質的倫理の全部を与えるものと解釈されるならば、これはあまりにも貧弱である。共同生活は、単なる防御的な個人主義以上のものを必要とするからである。さて、このように逆に読み込んでゆくのは、不適切なことだろう。しかし、そうであれば、普遍的な視点は、ある特定の集団にとって倫理学理論の内容がどんなものかを決定することはないという結論が出せる。これは、違った集団には違った倫理的内容がふさわしいのではないのか、という問題意識につながるばかりではない。契約論者のリベラルで合理主義的な前提そのものが、それぞれの集団にとっての倫理的生活の内容を決定するのに、どれほどふさわしい道具であるか、ということも問題となるのである。

これは、もともとヘーゲルの問題であった。ヘーゲルは「抽象的な」カントの道徳をみごとに批判し、それを「人倫（Sittlichkeit）」と対比した。この人倫とは、地域的な習俗に表わされた、具体的に決定された倫理的な実在であって、そこに住む人々にとって特別な意味をもつ生活形式である。このような考え方は、その習俗のもつ見解がどれほど本来の地域性を保つことができるのか、また、その習俗を批判したり、ランク付けしたり、超越したりすることはできないのか、といった疑問を必然的に引き起こす。これらの問題に対するヘーゲルの答は、自己意識の展開という歴史の目的論的把握に訴えるものであった。今では、この唯物論版を信じているひどく楽観的なマルクス主義者を除けば、こういう見解を信じている人はほとんどいまい。しかし、ヘーゲル的な問題設定は、少なくとも次の点までは正しい。すなわち、この問題は、具体的に経験された生活形式をどれほど拡張することができるかと問うのであって、普遍的なプログラムをどうやって適用すべきかを考察するのではないという点である。さらに加えて、自己意識についてのさまざまな把握は、依然として、この問題と重要な関連がある。[8]

契約論的な倫理学理論は、倫理を理解する基本的な方法を提供できない。なぜなら、その倫理学理論自体が自己理解を必要としているからである。その理論をあまりに広く適用すると、何の結果も生まないか、不十分な結果を生むだけである。これをあまりに狭く適用すると、それを適切なものにするための特別な条件は何かという問題がしつこく発生する。なるほど、状況によっては、契約論的立場から倫理的生活を考える試みこそが、よりよい世界への願望を最も効果的に表明する方法であるかもしれない。しかし、たとえそうであったとしても、契約論の一般的な捉え方だけでは、その状況がどのようなものであるかが分からないのである。

三

契約論の複雑さから目を転じて別の方向を見ると、功利主義がある。これは一見したところ非常に単純なため、比較してみると、魅力的に見えるかもしれない。功利主義の場合、習俗からどのくらい離れるのかという問題はない。なぜなら、これは最初から、習俗とは完全に離れてしまっているからである。そのように離れてしまっている以上、何を考慮すべきかということも問題とならない。功利主義は、すでに唯一の解が何であるかを明示しているからである。（もっとも、細かい話になると、思ったより多くの但し書きがあるが。）さらに功利主義は、少なくともその壮大かつ単純なレベルにおいては、反省して直観に合わせるという悩みをもつことがない。それは直観を斥けてしまうからである。

ところが、功利主義が、このレベルでは私たちのより個別的な直観と無駄な関わりをもたないからといって、それが倫理的直観にまったく依存しないと考えるのは誤りである。それは二つの直観に依存している。ヘンリー・シジウィックは、綿密な議論を展開した彼の著書『倫理学の方法』のなかで、それら二つの直観の一つをうまく言い表わしている。それは、功利主義は少なくとも一つの直観を必要とする、という彼の論点の中に現われる。

私は、次の自明の原理を得る。すなわち、(もしこのような言い方が許されるならば)宇宙的観点から見て、どんな個人の善も、他のどんな個人の善よりも重要であることはない……さらに、理性的存在者として、私が——私の努力によって達成できるかぎりにおいて——一般的な善を目指さねばならず、ただ善の特殊な部分だけを目指してはならないということは、私には明白なことである。[9]

シジウィックの自明の原理は、実践的合理性の原理として提起されている。ヘアーは、これと似た原理を言語論的な形で表明している。しかし、問題となっているのが倫理的な原理であることは明らかであり、従って(これを純粋な利己主義の立場から否定しないかぎり)この原理についての見解の相違もまた倫理的な相違なのである。しかし、功利主義には、これに加えて、この最初の原理以外に問題になるような倫理的考慮は存在しない、というもう一つの原理を必要とする。これもやはり、倫理的な直観によって得られたものである。この第二の原理は多くの人の反対にあうのが目に見えるが、ここでも意見の相違は倫理的なものである。

この第二の原理は倫理上の前提ではなく、理論的合理性の要請として理解することもできよう。つまり、この原理を、前提はできるだけ切りつめるべし、という単純性の原理として解釈するのである。しかし、このような理解は、そもそも単純性の原理自体を誤解している。最も簡素な説明を与える最小限の前提を立てるのは、よい方策である。しかし、これは必ずしも最小限のことを前提することではない。最も効果的な一連の前提は、必ずしも最も短いわけではない。この種の誤りは、経験論の歴史に見受けられる。経験論は、何も経験していない心は空白である、という前提から出発した。これは最小限の心的内容を前提としたものだが、説明されるべき事柄との関連で見るならば、これは最小限の前提ではない。それどころか、進化とヒトの学習についての手がこんではいるがありそうにもない説明を必要とする。同様に、功利主義がほとんど荷物をもたずに出発するという事実は、それが大いに期待できると信じる根拠にはまったくならない。逆に、功利主義が、そんなに軽装で大丈夫か、旅程に十分な荷物をもっているかどうか、それが心配の種になるのである。

いずれにせよ、この旅について、依然として答えねばならない根本的な問題がある。なぜ理論的単純さとその判定基準が、それにふさわしいものだと言えるのか？　もちろん、これがふさわしいものかどうかは、倫理学理論が何を目的とするかにかかっている。たとえば、シジウィックなどは、「常識の道徳を科学的な形に」整えることを、その目的として掲げているだけのように思えることがある。次のような彼の問いかけは、彼の立場をはっきりと示している。「もし私たちが、普遍的な幸福を人間の活動の共通目的として考え、それによって人間の活動を体系化するというのでなければ、いったいいかなる原理でそれを体系化するつもりなのか？」[10]シジウィック以後の理論家たちのいく人かもまた、倫理体系が科学理論と同じ長所をもつように努力すべきだという見解を、何の疑問も抱かずに前提として取り入れている。

この問題は後ほど改めて取りあげる。その前に、理論、特に功利主義の理論が、「常識の道徳」にどう関係づけられるかを、もっと詳しく考察しなければならない。功利主義の理論家にとっては、日常的な態度や性向を体系化することは、それらを他のもので置き換えることを必ずしも意味しない。この点は重要である。理論は、場合によっては、日常的な態度を正当化するかもしれない。しかも、その態度がそれ自体としては功利主義的な精神に適っていないような場合でも正当化するかもしれない。シジウィックの考えでは、どんな動機が善の最大化につながるかという問、特に、最大の善のことを考えるという営みが善の最大化につながる傾向をもつかという問は、経験的な問に違いなかった。功利主義を推進しようとする気構えは、それ自体、功利主義の考察の対象になる。この点についてシジウィックは、生活の多くの部門においてこの気構えは余り奨励されるべきではない、という結論に達した。彼は、功利主義を古くからの批判から救出することを望んでいた。功利主義は、あらゆる自然の感情を否定し、普遍的な善を志向する計算づくの精神のために、〔自然な道徳的〕衝動や自発性〔の発露〕を抑圧してしまう——これが、この古くからの批判である。（このような批判を招いたのは、他の誰よりも、まずゴドウィンである。彼は、普通の人間ならば抗い難いと見なす考慮を、峻烈な理性的立場から否定した。）シジウィックは、内在的あるいは非功利主義的な価値をもつと通常考えられている多くの性向を、功利主義的に説明した。正義、真実を語ること、自然発生的な優しい感情、友への忠実、自分の子供への特別な配慮、といった価値は、徹底した功利主義者は是認しようとしない価値であるかのように見えるかもしれない。しかし、シジウィックの力説するところでは、私たちは、これらの価値の功利主義的価値を考えねばならない。その功利主義的価値とは、人々が前者の価値をもっているような事態を考えた場合の、その事態の価値のことである。そうすれば、功利主義的な正当化は、以前考えられたよりも遥かに広い範囲に及ぶだろう、というのである。

ヘアーの功利主義も同じように間接的である。彼にとっては、拡大的、共感的な同一化のプロセスは、あらゆる道徳的思考の特徴ではなく、彼が「批判的」思考と呼ぶものの特徴であるにすぎない。私たちは、たいてい、これとは違った「直観的」レベルで考えている。このレベルでは、行為の複雑な結果を計算することなく、ただ子供の頃に学んだ図式的で単純な原理を頼るのである。これらの原理は、個々の場合に適用しないのが適切と判断される場面では、採用しなくてもよいような、大ざっぱな日常的ルールではない。これらは強力に内面化されたものである。本人がこれらから離れようとすると、「最大の嫌悪感」を覚え、他人がそうすると、「最大の憤激」[11]を引き起こす。道徳的思考のこの第二のレベルが存在するのは、基本的には、私たちが日常的な状況で、きめの細かい批判的思考の計算をすることができないからである。また、仮にそのような計算をしようとしても、特に自分に都合のよいような歪んだ判断をしてしまうため、計算を誤ってしまうことが多いからである。これらの事実、ならびにその結果明確化する直観的思考の価値は、批判的思考の観点から認識することができる。批判的思考は――それ自体が功利主義的であるが――シジウィックと同じ次の結論に達することができる。すなわち、ほとんどいつも功利主義者として思考することが、効用の最大化をもたらすわけではないのである。

こういうスタイルの間接的功利主義は、日常的ないし直観的レベルにおいて作用する性向について特殊な見解をとるため、そこから深刻な問題が生じてくる。この種の理論を、矛盾のない形で、あるいは容認する形で受け容れることのできる場所、そのような居場所がはたして私たちの心や社会のどこかにあるのだろうか？　この理論は日常的な性向に価値を見出す。しかし、その価値は、依然として手段的な価値である。性向は、行為を生み出す仕組として考えられており、この行為は、最大の福利をもたらすような事態が出現するための手段なのである。外部、つまり功利主義的意識という観点から見れば、性向はこういう姿で現われる。しかし、内部から見るとそうではない。実は功利主義的な議論は、性向を内部から見るときは、外部から見る場合と同じように見えてはならない、ということを含意している。性向は、その性向をもつ行為主体の人格を形成するのに役立つ。しかも性向が、功利主義の理論によって割り当てられた役割を果たすのは、行為主体が自分の人格を純粋に手段的なものとは見なさずに、世界を自分の人格という観点から見る場合だけである。さらに、性向は、行為主体が他のものをも非手段的なものと見なすことを要求する。すなわち、行為の性向ばかりでなく、感情や判断の性向を。これが現われるのは、まさに私たちが、非手段的ではなく、内在的な価値を、真実を語ることや忠実などに付与する場合である。

この種の理論には、私たちを不安に陥れずにはおかない深淵ないし断層がある。それは理論それ自体がもつ精神と、理論が正当化するはずの精神の間に、横たわっているのである。この深淵を埋める、いやむしろ、それを私たちに受け容れさせると思われている、一つの区別がある。それは理論と実践の区別である。しかし、誰の理論が、また誰の実践が問題なのかと問えば、この区別はほとんど威力をもたないことが判明する。過去の多くの人々と同様、シジウィックにとって、この区別は二つの階級を分かつものだった。一つは理論家の階級である。この階級は、非功利主義的な性向の功利主義的正当化という任務を、責任をもって果たせる人々からなる。もう一つは、無反省にその性向を使用する人々からなる階級である。このような階級観は、功利主義が植民地主義と重要な関係をもっていたことと、うまく一致する。そこで、この立場を「総督邸の功利主義（Government House utilitarianism）」と呼ぶのもよいだろう。これは目をみはるような帰結をもたらすが、シジウィックはそれをマゾヒスティックなまでに徹底して追究している。たとえば、どのくらい〔この階級的〕秘密を公表すべきか、という問題がある。啓蒙された功利主義者であれば、日常的な実践に例外を認める「洗練された複雑な」規則によって、生活することができるかもしれない。しかし、他の人々にはそれはできない。しかも、そういった規則を導入しようという試みは、「一般に通用している道徳の質を改善して利益をもたらすよりも、その道徳を弱めて害をもたらすことの方が多い」かもしれない。そこで功利主義者は、どの程度まで「教示や模範例」を公表すべきか、という問題を真剣に考えなくてはならないことになる。

こういうわけで、功利主義の原理に立つならば、おおっぴらに主張するのが正しくないようなことであっても、ある状況では、それを実行して私的に奨励するのは正しいこともあろう。ある人々に教えてはならないようなことでも、それを別の人々には堂々と教えるのが正しいこともあろう。白昼公然と行えないようなことでも、それを比較的秘密裡に行うことができるならば、その行為の遂行は正しいことになることもあろう。

シジウィックは、これらの帰結がショッキングなものと見なされるだろうということを承知している。しかし、そうだとしても、大部分の人がそれをショッキングだと考え続けるのが、一番よいことなのである。シジウィックは、一種淡々とした調子で半ば楽しみながら結論を述べる。「功利主義の帰結は、次のようなものであると思われる。明るみに出れば正しくないような行為であっても、それを秘密にすれば正しい行為になる、という意見そのものを、比較的秘密にしておくべきである。同様に、秘教的道徳は便宜なものであるというこの教義そのものも、秘教的なままにしておくことが、便宜なことだと思われる。[12]」

総督邸の功利主義は、契約論を論じたときに述べた社会的透明性という価値にまったく無関心である。この立場は、今日では、公然たる理論においてよりも実践においてその力をよく発揮すると思われる。(おそらく、この立場にとっては、これを悔やむ理由にはならないはずである。)ヘアーの理論のような現代型の間接的功利主義は、社会学的ではなく心理学的観点から、理論と実践の区別を認めるのが普通である。それは理論化する時と実践の時を区別し、バトラー主教の「冷静なひととき」という概念を使う。この時間帯には、哲学的な性向を持った道徳家が、自分自身の〔行動や評価の〕原理や実践について反省するのである。[13]この現代型の間接的功利主義にも、同じように大きな困難がある。友情やその他の価値への徹底的なコミットメントと、それとはまったく異質な一連の反省が、活動と平静さの時間割を定めた予定表に従って単純に交互に実行しうる、と想定するのはいかがなものか。さらに、反省は、実践にとってこれを危殆に陥れうるような他者であるから、〔その悪しき影響を排除する〕意図的な忘却が必要である。これが必要なのは、コミットしようとする性向が、プレッシャーを受けた際に、手段的な反省によって狼狽させられることがないようにしておくためである。これは、シジウィックがあてにした階級間の壁の心理的な代用品である。

総督邸の功利主義は、理論を現実の社会に位置づけようとした限りにおいて、少なくとも一種の現実主義としての利点をもっていた。それは、ある特定の集団、功利主義的エリートを理論の担い手とした。（もっとも、これが現実にどういう人々であるかについては、それは思い違いをしていた。）それに比べて、間接的功利主義の中には、理論にいかなる場も与えないものがある。それらは理論を、生活を超越するものと見なす。理論は、それが規制したり正当化したりするはずの実践の、まったく外側にあるのである。心理学型の間接的功利主義においては、理論をこのように扱う傾向は、理論化の時間帯という見解のなかに見られる。これは、行為主体が自分自身から幽体離脱し、自分自身の性向を含むあらゆるものを、宇宙の観点から眺める時間帯である。その時間帯が過ぎ去れば、彼は自分の中に戻り、実践の生活を続けるのである。ところが、この種の理論化がなされる実際のプロセスは、どんな場合でも必ず生活の一部をなすものである。そして、この生活自体が、ある種の実践なのである。無理にまやかしの手口でも使わないかぎり、自分の中の理論家を、理論化の対象となっている性向をもつ自己から分離することはできない。間接的功利主義の場合、この分離は、ある特定の困難をごまかすのに役立つ。その困難とは、理論家が自分の性向についてもつ見解と、理論家が自分の性向に基づいて世界についてもつ見解が、対立するということである。

倫理における哲学的反省を、正当化を求めての普遍的な観点へと跳躍し、後にその観点を再び日常的な実践へと連れ戻す営為とみなす試みからは、別の困難も発生する。この類の困難は、正当化の行為と正当化されるものが根本の精神において一貫性をもつことを要求する場合も生じる。間接的功利主義はそれを要求せず、契約論は通常、要求する。ここで問題にしているような試みは、必ずある程度はプラトン的想定を行う。つまり、理論家としての反省的行為主体は、自分自身を、自分が吟味している生活や性格から独立した存在たりうる、と想定するのである。自分の性向を外側から、宇宙という観点から、批判的に見つめることができるという信念は、さらに次の見解を前提としている。外部ないし宇宙の観点から得られるどの世界像よりも、もっと自分になじみのあるローカルな世界像があるが、自分はこれを暗黙の前提として用いなくても、自分自身や他の人々の性向をこの外在的観点から理解することができる、との見解である。しかし、倫理的反省のあり様を心理的に見ても歴史的に考察しても、日常的な性向のなかに与えられている、世界の道徳的な相貌を感じとることなしに、冷静なひとときでの理論的推論を行えるとは、とても思えないのである。

このような立場の魅力とは何だろうか？　どういう力の作用によって、そのような理論構造ができあがるのだろうか？　非常に形而上学的で一般的な動機も働いているだろう。そういう動機は、たとえば、世界を外側から、永遠の相のもとで（sub specie aeternitatis）眺めるときに初めて、私たちは世界をあるがままに考察することになるという考えに潜んでいるかもしれない。倫理的世界をこういう立場から眺めようとすることには、理性的な威厳が与えられている。それは、ある程度までは、客観性についての似たような考え方に由来するものと思われる。哲学界では、このような世界観が科学にとってさえ可能であるのかどうかが争われ、意見の対立がある。世界についての「絶対的な捉え方」と私が別の箇所で呼んだものを得るために、私たちは、究極的ないし非常に根本的な意味において、世界についての私たちのさまざまな視点から離脱することができるのか、というのが争点である。[14] しかし、たとえそのような概念を得ようと努めることが科学にふさわしい野心であるとしても（後に、私は、その通りだという議論をする）、それによって、これが私たちの倫理意識を支える魅力的な、あるいは適切な捉え方になるわけではない。

その理由の一つは、実践理性と理論理性が異なるということである。もう一つの理由は、世界についての科学的理解は、私たちが世界でなんら特別な位置を占めていないという認識と完全に両立するばかりか、今やその認識を科学的理解の内部に取り入れているということである。[15]しかし、倫理的思考の目的は、今後とも私たちの世界であるような世界——私たちが、社会的、文化的、個人的な生活を送る世界——を建設するのを助けることである。これは、自然的世界が私たちの住居として設計されてはいないことを忘れてよい、ということを意味しない。たとえばスピノザが描いた〔人類の有無にかかわらず〕永劫に続く宇宙という冷たい無機質の世界は、このことの真理と意義を私たちに叩き込むという正しい目的のために捧げられたものである。しかし、だからといって、これが倫理的思考そのものにふさわしい視点だということにはならない。仮にそうだとしたら、私たちは、その視点だけから、しかもその視点のもとで用いることのできる概念だけを用いて、倫理的生活について考えることに厳格にコミットすべきだということになろう。もちろん、これは不可能である。そのような概念は、大ざっぱにいえば、物理学の概念である。しかも、心理学のボキャブラリーですら、そのうちのどれくらいがそういう絶対的性格をもつことができるかは、未解決の問題である。

こういった形而上学的イメージは、なんらかの倫理学理論を生み出すのに力を貸すかもしれない。しかし、理論へ向かわせる力は、倫理的思考それ自体のなかに潜んでいる。多くの人々にとっては、理性それ自体が、倫理的思考を理論や体系化の方向に引っ張っているかのように見えるものである。だが理論がどうして倫理を捉えて離さないかを理解するためには、なぜ倫理的思考が理論へ向かうのかを理解しなければならない。この点で重要な問題は、なぜ反省が、理論を要求するものとして理解されるべきか、ということである。「なぜ反省なのか?」というさらに前提となっている問を提起することは、もうこの段階では遅すぎて不可能である。第一章のソクラテスにこの問を最初に与えてしまった(あるいは、少なくともそれを貸してしまった)のだから、本書の探究の順序からして、これは今さら出せる問ではない。また、「なぜ反省なのか?」という問そのものに即してみれば、これは常に、既に提起できない性格の問である。というのは、これに偏見を交えずに答えるには、この問を考慮しないでおくしかないからである。しかし、倫理学理論に代わる唯一の選択肢は、反省を拒否し無反省な偏見にとどまることである、と考えるのは大きな誤りである。理論と偏見だけが、理性的な行為主体や哲学にとっての可能性なのではない。

倫理的生活についてのどんな種類の反省が、その性質上、理論を要求するのか? すべての種類の反省が、そういう性質をもつわけではない。私たちの動機の理解を求め、私たちの倫理的実践についての心理学的ないし社会学的洞察を求める反省がある。このような反省は、ある種の理論を求めるかもしれないが、倫理学理論を求めはしない。それは、倫理学理論を求める反省が批判的なものであるのに対して、動機を理解しようとする反省が説明的である、という理由に基づくだけではない。多くの説明的反省は、ある実践や感情の正体が、ふつう理解されているものとは違うということを明示するだけで批判的性格をおびる。これは、批判的反省のうちで最も効果的な種類のものであると言ってよい。しかし、倫理学理論を生み出すのは別の種類の批判的反省である。それは、**正当化の理由**(*justificatory reasons*)を求めるものである。「人が正当に理由を求めることが許されないような道徳規則は、一つたりとも提案できない」とロックは言った。[16]この原則は、一定の仕方で理解されるかぎり、理論へとつながる性質をもっている。

多くの人々は、初期の胎児を殺すことと、新生児を殺すことを区別する。ただし、すべての人がこの区別をするわけではない。かなりの人々、特にカトリックの人たちは、中絶と嬰児殺しとを同一視し、どちらも悪と見なす。そして、ほんのわずかの人が、中絶と嬰児殺しとを同一視して、どちらも許されることと見なす。この立場をとるのは、現代世界では、倫理学理論に熱狂した人々や、[17]人口過密の国々の、何人かの強硬派の役人たちくらいだろう。必要に迫られて自分の赤ん坊を殺す親は、だからといって、中絶と嬰児殺しを同じことと考えているのではない。中絶の議論においてしばしば無視されているが、これと密接に関連する次のような事実がある。ほとんどの女性は、自然流産や初期の流産を、死産をしたり生まれた直後に子供を死なせてしまうことと、同一視しないのである。こうして、多くの人々にとって、胎児と嬰児の区別は、殺すことに関して是非の理由となるくらい重要なものである。さらに、ほとんどすべての人々にとって、この区別は、死という問題について違った態度をとらせる理由になるくらい重要である。これは、どんな区別が多くの人々にとって〔正当化の〕理由となるのかを示す例である。しかし、もう一つの問題が残っている。まだ何の理由も提出されていないが、ロックの原則のある解釈に従えば、理由を出すよう人々に求めることが正当であるような、ある対象が残っている。その対象とは、例の〔胎児と新生児という〕区別を〔正当化の〕理由として用いるという、人々の実践である。どうやって人々は、この実践を正当化するだろうか？

ある特定の理由づけの実践の理由が求められる段階では、可能な答の範囲はずっと狭くなる。答をもたらしうるような考慮はほとんどなく、これらの考慮は、倫理学理論で前面に登場する類のもの〔福利や、契約による同意の合理性など〕との類似を示しはじめる。もしこのレベルの理由が、倫理学理論で登場するようなものとは違った種類のものであれば、次のレベルの理由がそれと類似するだろう。それは、このプロセスが次へ次へと続くものだからである。この理由の探求を直線型に続けてゆけば、最終的には、どんな理由も与えられず、自分で自分自身を支えるような理由づけの実践が、少なくとも一つはなくてはならないだろう。[18] ある見方によれば、この結果は、先に述べた単純化の原理を推奨するものと考えられるかもしれない。合理化されていない原理を立てることが不合理であるならば、できるかぎり不合理がないようにするのがよい、と主張できるからである。しかし、別の気質をもった人たちは、次のように言うだろう。私たちの探求が、正当化されない、なんらかの理由づけの実践で終わることになるのなら、どうして複数の実践に行き着いてはいけないのか、と。すべてを合理化することが不可能であることをいったん理解してしまえば、私たちは、できるかぎり合理化する計画が次善の策である、と思い込みがちだが、そう考える必要もない。むしろ、そういう思考は発想が間違っているという結論を出した方がよいのかもしれない。

しかし、線型モデルが出す結果に対してどういう態度を取るべきかを云々するのはあまり意味がない。なぜなら、このモデル自体が誤ったものだからである。科学や他の分野におけるどんな理由づけのプロセスも、このモデルに合うようなものではない。理論的に言えば、特別扱いされる言明の集合を基礎にして知識の構造を支えようとする基礎づけ主義者の試みは、今では概して全体論的なタイプのモデルにとって代わられている。全体論的モデルにおいては、いくつかの信念を変えずに保持しておくかぎり、他の信念を疑問視したり、正当化したり、調整したりすることはできる。しかし、あらゆる信念を同時に疑問視することができるようなプロセスや、それを（ほとんど）何も用いずに正当化できるようなプロセスは存在しない。フォン・ノイラートの有名な比喩を使えば、私たちは大海にいながらにして船を修理するのである。

線型モデルを放棄したとしても、あらゆる実践にはそれぞれなんらかの理由が存在する、という可能性は依然として残る。そのモデルの放棄によって私たちが失ったのは、あらゆることには、それが何であれ、一つの理由が存在するという可能性である。しかし、倫理学の場合には、それぞれの実践にはなんらかの理由があるべきだ、という比較的弱い要請さえも、それが満たされることを期待するならば、本当に弱い要請として解釈することが必要だろう。なるほど、私たちは、ある実践が他の実践とどう結びついて社会的にも心理的にも意味をもつようになっているのかを示すことはできるかもしれない。しかし、それらの実践の外部にいる人が求めるような正当化を満足させるものが、見つかるとはかぎらない。私たちは、本当の意味では、自分自身に対してさえも、実践を正当化することなどできないのかもしれない。実践は、私たちの経験に直接的に結びついており、そのために、それ自体が出す理由は、その実践を支えるために出されるどんな理由よりも強いと見なされても不思議ではない。

このことが示されるのは、私たちに理由を与えるような範疇を、より体系性を備えているとされる別の範疇で取り替えようとした理論家たちの試みにおいてである。そういう試みの一つを見てみよう。マイケル・トゥーリー――彼は、嬰児殺しという考えに私たちを馴染ませようとした理論家である――は、この種の問題で機能を果たすものとして「人格

(person)」という範疇があると主張した。彼によると、ある義務は人格だけに負わされる。一方の極で、嬰児が人格という特別の集合には含まれず、他方の極では、老人がこの集合に含まれない。この提案は私たちの注意をひくが、これは実は、欺瞞的な概念への投資を意味する。ある種の道徳哲学では人格という範疇を使って多くのことが論じられてきたが、この範疇は、倫理的思考にとっては貧弱な基礎なのである。なぜなら、それは分類し区分けする概念のように見えながらも、実際には、責任、自己意識、反省能力など、ほとんどすべてのものが程度問題であることを許すような特性をもつ概念だからである。したがって、私たちはあたかも生物の集合やタイプを扱っているかのように見えるが、実際には、物差しの上になんらかの印をつけて、その基準に合格する人間を曖昧な形で考察しているのである。[19] さらに悪いことには、ある目的のための基準は、別の目的にはふさわしくない。もし人格が「十分な道徳的責任」と呼ばれるものを含意するのならば、人格の集合に加わる最低の年齢は、伝統的に考えられてきた基準では、七歳である。しかし、六歳、あるいは二歳の子供と生活したことのある人ならば、そういう子供を、人格をもつ人間だと考えるはっきりした理由をもつものである。トゥーリーでさえも、そのような人間を、殺されても仕方がない前人格的人間とは見なしてはいない。

理論的範疇としての「人格」の欠陥は、この提案の一つの誤りを表わしているが、理論化の企てにおける一般的な誤りをも示している。理論的概念の弱さを看て取ろうと思えば、それがとって代わったり正当化したりするはずの日常的な区別と関連づける以外に、そして、それが力を貸してくれるはずの人生がどんなものかを感じとる以外に、方法があろうか？　理論的概念は、ある理論に属しているからといって特別な権威をもつものではない。それどころか、こういう概念は、果たすべき役割という点に関しては、それがとって代わるはずの日常的区別よりも恣意的になりがちである。

理論が理性そのものの所産であることが判明したとしよう。私はこの主張を検討しているところであるが、〔これまでの議論で明らかにしたように〕あらゆる理由がなんらかの理由を要求するということが、その根拠ではない。では、何か別の仕方で、理論が合理性の要求の所産となることがあるだろうか？　〔このように理性の役割に疑問を呈したからと言って〕これまで述べてきたことのどれも、伝統的区別は批判を免れるという見解につながることはない。たとえば、偏見のパラダイムを提供しうる無反省な伝統に満足するのでないかぎり、異なる人間集団の間に区別を立てるような実践は、もちろん正当化を必要とする。こういう伝統的偏見は、とにかく不合理であると思われる。合理性はその偏見が批判されることを要求し、それが正当化されないのならば、偏見が取り除かれることを要求する。そのような批判は、伝統的区別の理由を述べることを要求する。こういう批判を十分に展開するとしたら、結局、倫理学理論を避けることはできないのではないか？

最初に問題にすべきことは、そのような実践における間違いが、どのくらい不合理ゆえの間違いであるのか、という点である。黒人や女性に対して、白人や男性に対するときよりも好意を欠いた仕方で接することは、不正であるがゆえに間違っている。こういう実践が強制されるとき、これはしばしば残酷でもある。こういう実践は一貫していないから不合理である、と言う人もいるかもしれない。理由が平等に適用されておらず、これが普遍化可能性という形式的原理を侵害するのである、と。しかし、この侵害が間違いの理由であることはまずない。この場合何か不合理なことがあるとしても、このことが不合理なのではない。普遍化可能性という形式的で争われていない原理は、私が先に「それで十分」とした原理である。この原理は、ある考慮が、一つのケースにおいて、ある行為の真に十分な理由であるならば、同じことが別のケースにもあてはまる、というものである。ところが、差別と偏見は、この基礎のうえで成立しうる。女性であることそれ自体が差別的な扱いの理由となると考える人は、単にそういう扱いをするだけで「それで十分」原理を侵害するわけではない。ある人が、男性を雇用する際に十分だと思われる根拠として知性と信頼性を考え、女性の雇用を考慮する際に、それを十分な根拠と見なすのを拒否したとしよう。この場合、その人はこの原理を侵害することになり、一貫性に欠け、不合理だということになる。しかし、最初のケースの十分な根拠というのは、実は知的で、信頼できて、男であるということだった、ということをその人が明らかにしておけば、少なくともこのような非難は受けないだろう。もちろん、このように率直な形で理由を述べたとしても、一貫性は保っていることになる。男性であることを理由に労働市場で有能な働き手を雇うことが不合理であるかもしれない。しかし、その人は以前と同様に不正なのである。

もう一つ別の点で、この人は本当に不合理であるかもしれない。男性であることを理由と見なすことは、この人の行為の文脈——この場合は、労働市場で有能な働き手を雇うこと——においては、意味をなさないかもしれないのである。あるいは、もし彼の行為を非常に狭く解釈すればこのことが意味をなすというのであれば、彼がその解釈の範囲を超えて、自分自身の偏見と大してかわらない他人の偏見〔に言及し、そ〕の助けを借りることが役に立つかどうかを考えるとき、これは意味を失うだろう。〔他人の偏見にあえて異を唱えない、あるいは異を唱えることができない、と彼は言うかもしれない。しかし、そのとき彼の理由は違ったものとなっている。〕この種の不合理を、倫理学理論によって暴き出したり、治療したりすることはできない。それをするには、その人に自分がしていることを反省させることである。前と同じく、このような反省は、おそらく別の種類の理論的考察を必要とするだろう。また、これは別の価値に関わるだろう。

差別をしている人が本当は何をしているのかを考察することは、次のようなケースにおいては、一層迫力があり、倫理学理論から一層かけ離れたものとなる。差別をしている人が、「彼は黒人だから」とか「あの人は女だから」という理由によって自分が差別しているのを認めない場合である。この場合、〔つじつま合わせである〕合理化が公然たる差別の代わりをするようになる。その人は、その行為に一応関連するかもしれないが、ためにする議論として都合がよいというだけで信じられるような理由を選ぶだろう。これもまた不合理である。しかも根深い不合理なのである。しかし、それは倫理学理論の力に抵抗する不合理というよりは、むしろ信念や自己欺瞞や社会的虚偽の不合理である。社会的実践における不合理の研究がなされるべきなのは、そのような領域においてである。このような研究には、哲学的理論の図式的考察よりも詳細な、実質的内容のある探究が必要とされる。

以上の考察から、倫理的な議論にとっては、次のような結論が主要なものとして出されることになる。反省的な批判は、基本的に倫理学理論が推奨するのとは反対の方向に進むべきである。理論の特徴とは、非常に一般的で、できるかぎり独自な内容をもたないような考慮を求めることである。なぜなら、理論は体系化しようとし、できるかぎり多くの理由を、他の理由を適用したものとして表わそうとするからである。しかし、批判的反省は、どんな問題についても可能なかぎり広く共有される理解を求めるべきである。しかも、それは反省的議論の文脈で、多少とも意味をなし、多少ともそれに忠実でいられるような、あらゆる倫理的材料を用いるべきである。もちろん、批判的反省はいろいろな事柄を無批判に受け容れるが、真剣な反省であるから、そのことは自覚していなければならない。人生で大切な営為を一つだけ挙げるならば、それは〔よく〕生きることであり、それは反省を経た生である。さらに(理論と実践の区別がこれを忘れさせようとするが)、私たちは反省している間も、同時並行して生きなければならない。理論は典型的には、私たちのもっている倫理的な観念はおそらく多すぎて、そのいくつかは偏見にすぎないことが明らかになるだろう、という前提を用いる。しかし、実際には、私たちの主要な問題は、倫理的な観念が多すぎるのではなく、少なすぎるということである。そして、できるだけ多くの倫理的観念を大切に培わねばならない。

「偏見」(8)とは、力強く多義的な言葉であり、それと理論との関係も同様に多義的である。これはデカルト的伝統においては大きな役割を果たしたが、そこでは、まだ基礎を与えられていないどのような信念も偏見と見なされた。この意味では、確かにそれは理論と対比される。しかし、すでに述べたように、この意味では倫理学と同様に科学においても、あらゆるものが偏見なのである。別のより狭い意味では、それに反省を加えていないという

だけの理由で、人がもっているあらゆる信念が偏見となる。この意味では、私たちが偏見をもつことは避けられないかもしれない。だが、そうだとしても、この場合に要求される反省は、反省後もいくつかの信念が生き残るようなものであり、倫理学理論の反省である必要はない。さらに、人種差別主義者や性差別主義者のもつような偏見は、反省に対して防御を固めた信念である。そのように防御が固められるのは、その信念をもつことがその人の利害関心に適うからである。私は、この種の信念に含まれる何種類かの不合理や、その信念に関係すると思われる何種類かの反省について述べてきた。私の概略的な説明は、たとえば、関連する社会的役割についての理解のように、社会にいる誰かが反省の材料と

してもちこむことができるものが身近にあるような状況にあてはまる。一つの社会が別の視点から考察されるときには、別の問題が生じる。この場合偏見は、社会内部からは崩れないような、集団的なものと見なされる。これは、別の種類の反省を必要とするにちがいない。第九章で相対主義のいくつかの問題を考察するときに、この問題に触れることにしよう。

しかし、一つの社会の内部でのこういう反省や、他の社会についての反省は、どれも人間の経験に依拠し、人間の利害関心に関係するものである。ある人々は、そこで終わってしまうのならば、その反省は単に別の偏見を表わすものでしかないだろう、と主張する。究極的には、同じような考慮が、人間を超えて、考慮されうるすべてのものに拡張されるべきである、と主張する。ここにおいて、功利主義は最も野心的な倫理学理論であるにとどまらず、理論を使って偏見を打ち破るという野心についても最先端に位置する。この野心は、理想的な観察者の立場、および功利主義が必要とする道具だての少なさとうまく適合する。それが利用できるものは福利という観念に限られ、これは、考慮されるどんな事柄にも適用できるとされている。しかし、すでに私たちは、この立場が生み出す結果があまりに少ないということを見た。しかも、そこから逆戻りして、私たちのローカルに営まれる倫理的生活——つまり、私たちの生活——の関心事を復活させることは、矛盾を犯さないかぎり不可能なのである。

「種差別主義（speciesism）」[20]という言葉は、人類を偏愛する態度を指すのに使われてきた。これは、ある人々によれば、私たちの究極的な偏見である。「ヒューマニズム（humanism）」という名称の方がその性格をはっきりと示すが、これは偏見ではない。[21]世界を人間の観点から見るということは、人間にとって〔まっとうなことであり〕馬鹿げてはいない。そのような見解は、私たちが人間を宇宙で最も重要な、あるいは最も価値ある生物と見なすことを含意する、と言われることもある。人間をそのように位置づけるのなら馬鹿げているが、「ヒューマニズム」はこれを含意しない。含意すると考えることは、宇宙の観点と人間の観点を同一視するという誤りを犯すことである。誰も、宇宙にとって人間が重要であるというような主張はすべきではない。私たちの問題は、人間にとって人間が重要である、ということなのである。

人間以外の動物に対する関心は、確かに、人間の生活のなかで一定の位置を占めるべきである。しかし、私たちは、ただ私たち自身の自己理解によってのみ、その関心を獲得し、育て、他の人々に教えることができる。人間は理解すると同時に、理解される対象でもある。この点で、人間相互の倫理的関係は、常に人間と他の動物との関係とは異ならざるをえない。これは、両者の違いが現われる基本的な点の一つである。動物をどう扱うべきかという問を発する前に、この問――動物をどう扱うべきかという問――しかありえないというのが、根本的に重要である。この場合の選択肢は、動物が私たちの実践から利益を受けるか、あるいは害を受けるか、のどちらかでしかない。それゆえ、種差別主義が人種差別主義や性差別主義をモデルとするのは誤りである。後者二つは、本物の偏見なのである。世界の理解の仕方として、取り除くことのできない白人的理解や男性的理解があると想定しよう。さらに、その場合の唯一の選択肢が、黒人や女性が「私たち」(白人、男性)の実践から利益をうけるか、あるいは害をうけるか、のどちらかでしかない、と考えよう。こう考えれば、これはもう偏見に侵されているのである。しかし、人間の動物に対する関係の場合は、これと同じように考えることが、まさに正しいのである。

私たちの議論は、まったく誰のものでもないような観点からは導きだせない。それは、人間の観点に基礎づけられねばならない。最も強い形の倫理学理論が主張するように、私たちが理性の力に引きずられて人間性を超えてしまう、ということではない。これまでも常にそうであったように、人間性が最も緊急に要求するのは、人間性を尊重するのに役立つようなあらゆる材料を集めるべし、ということなのである。

第七章　言語論的転回

一

先に私は倫理的思考に基礎を与えようとするいくつかの企てを考察した。そのどれも「倫理上の結論が演繹できるようにする」と主張するものではなかった。たとえば、価値から事実を論理的に導くとか、単なる記述から実践的な勧告を、あるいはである（*is*）からべし（*ought*）を論理的に導く、などとは主張しなかったのである。カント的な方法は、理性的な行為主体であるための前提条件を探究するというものであり、それらの条件が倫理的に考慮すべき事柄を導く、とされた。〔この立場によれば、〕これらの事柄を考慮しない人は、世界との実践的関係が混乱してしまうだろう。また、論理的な対立が含まれていた場合には、その対立はであるとべしとの間のものではなくて、当人がいずれについてもその正しさを認めざるをえない、さまざまなべしの間の対立である。アリストテレスの関心もまた基本的には、私たちが求めるべきもので最も追求する理由があるものは何か、を明確にすることであった。これについてのアリストテレス自身の説明は、今日の私たちが受け容れることのできない、自然についての目的論的説明にあやかるものであった。しかしそれもやはり、何か価値でないものから価値を論理的に演繹しようとするものではない。

道徳哲学には、これまで扱ってきた諸問題ほど直接には倫理的判断を実践理性と結びつけない問題がある。たとえば、倫理的知識は存在しうるのか、とか、倫理知なるものがあったとすれば、それは科学知と比べてどうか、といった問題である。このような問題を考察するときでも、事実から価値への論理的演繹ということにはそれほど関わらないでおく。しかし次章では、事実と価値の間に区別があるのかどうか、また、その区別はどこにあるのか、といった問題を議論する。けれども区別があったとしても、それは基本的には論理的なものだとは言えないもの、ましてや言葉の用法の問題だとはなおさら言えないものであることが明らかになろう。

以上のような議論の進め方やこれらの結論は、ごく最近までは意外なものであったかもしれない。事実からの価値の演繹についての議論や、これに関連する、倫理的な言葉の非倫理的な用語による定義といった問題は、今世紀〔二〇世紀〕の道徳哲学において主要なものであったし、ときにはそれ以外の問題などないとされてきたのであるから。こういった議論の背後には、確かに、価値、世界認識、そして自由の間の関係についてのある壮大な考え方、より正確には、複数の考え方があ〔り、それが問題にされるならばこれらの問題は確かに十分な検討に値す〕る。が、最近の哲学はしばしばこれらの問題を言葉の定義の問題として扱い、問題の性格を誤って捉えた。その点についてはすでに一、二度触れた。この章では言語論的な方法によって惹き起こされた問題について、より一般的に議論したい。その議論は、道徳哲学のどんな解説においても未だに省略するわけにはいかない、ある観念から始めねばならない。それは「自然主義的誤謬」という観念である。

二

倫理学が定義というものに特別注意すべきだという考えは、ムーアのお陰で大きな影響をもった。ムーアは『プリンキピア・エチカ』（一九〇三年）で善についての一連の考えを主張した。すなわち、善とは非自然的で、単純な性質であり、定義できない、と。[1] 善を定義しようとする者は、自然主義的誤謬を犯している、とされた。哲学の歴史において広く使われたものの中で、これほどずば抜けて誤った言い回しは他に考え難い。まず第一に、そのように批判された人々がなぜ誤謬（「誤謬」とは推論における誤りをいう）を犯したとされるのかが明らかではない。言われているのは、（ムーアの見方によれば）誤りを犯した、ということか、あるいは、単に言葉を再定義しようとした、ということだけである。より重要なのは、「自然主義」という有用な言葉を、この誤った言い回しが誤った使い方をしたことによって、誤解を招かずに用いることを極めて困難にしてしまったことである。かつては倫理学における自然主義は、超自然主義的なものの見方と対比されていた。この意味での自然主義とは、倫理を、神やその他の超越的な権威に頼ることなく、世俗的に理解しうる、とする立場をいうものであった。それは、人間を自然の一部であると見る一般的なものの見方から生じる倫理的な発想を意味した。アリストテレスの発想は、この意味で自然主義的であり、ミルの功利主義もそうである。それどころか、本書を含めて、現代の倫理的著作はたいていがこの意味で自然主義的である。この広い、有用な意味での自然主義的なものの見方は、必ずしも「自然主義的誤謬」を犯すものではない。アリストテレスは犯さなかったし、ミル（この人に対してムーアは特に攻撃的だったのだが）がこの誤謬を犯したとする理由もないと思う。さらにより大きな混乱を引き起こすのは、ムーアがこの誤謬を犯したと難ずる者すべてが、この広い、有用な意味での自然主義者であるわけではない、ということである。世間によく名を知られた人で、この誤謬を犯したとされる者には、広い、有用な意味では反自然主義者と呼ぶべき人が少なくなかった。たとえば、善を神によって命じられたもの、あるいは意志されたものとして定義した人たちがそうである。

この最後の点、つまり自然主義的誤謬を犯した反自然主義者の例を見ると、ムーアの見解には言葉の問題を超えた問題があるということがわかる。それは、ムーアによる「自然主義的誤謬」という言い回しの導入後、この誤謬をめぐる議論から徐々に現われてきた重要な理論的問題である。もしこの誤謬を犯すことが重大な誤りを犯すことであるとしたら、この誤謬を犯さないようにするにはいったい、どういうことを避ければよいのであろうか。(広い有用な意味で)自然主義的に善を定義することを止めればよい、というものではない。今見たように、非自然主義的な定義も駄目だとされていたのであるから。すると、善の定義はいかなるものも許されない、ということになるのだろうか。ムーア自身の立場は、そうだった。しかし、第一章で述べたように、彼は**正義**を**善**によって定義しようとした。これを受けて、自然主義的誤謬を犯すべからず、とするムーアの指令に従いながら、ムーア自身がとった道とは別のやり方であるものを別のものに還元する余地ができたのである。〔つまり、還元可能な価値を定義不可能、したがって還元不可能な価値(ムーアの場合は、善)で定義することはできる。〕このことから〔つまり、定義不可能な何かによって、還元可能なものはどのようなものかが問題になり、〕急速に、自然主義的誤謬の教説は、善の定義を禁ずることに留まらなくなった。むしろ、その教説は、〔定義不可能なものと、可能なものとの〕二つの表現の集合を作り出すものとされた。その一つは、善、正義その他の言葉を含んだものので、たとえば「評価的(evaluative)」用語と名づけられた。他方は非評価的なもので、雑多な表現を含む。それは事実の言明や、数学的真理、そして実に神についての言明のようなものをも含んでいた（「神は善である」という言明がそうであったように、別の理由で評価的であるとされなければ）。そして自然主義的誤謬は、〔定義不可能な評価語を定義可能であると錯覚し、しかもこれを非評価語だけで定義しようとすること、つまり〕第一の集合に属する語を第二の集合に属する語だけで定義しようとする試みである、ということになった。

これは定義だけの問題ではない。完全に非評価的な前提から、評価的な結論を演繹しようとするあらゆる試みが禁じられたのである。（定義の禁止は、その一例である。というのは、定義とはある種の論理的等置あるいは相互包含〔関係を表す定式化〕だからである。）このより一般的な禁止は、善を定義しようとする試みを排除するだけではない。ヒュームが疑わしいと気づいたこと、すなわちであるからべしを導こうとする試みをも排除する。であるを含む命題から、べしを含むものへの転換について、ヒュームは次のように述べた。

〔そのような転換は〕極めて重要である。というのもこのべしあるいはべからずは、ある新しい関係ないし肯定を表現しているのであり、それゆえ、この新しい関係ないし肯定は観察され説明されねばならないからである。また同時に、このまったく考えられそうもないこと、つまり、いかにしてこの新しい関係が、これとはまったく異なった、他のものからの帰結（a deduction）でありうるかということについて、理由が示されねばならないからである。[2]

この一節でヒューム自身の言わんとしたことが、後の解釈〔であるからべしは導きえない〕の通りかどうかについてはすでに合理的な疑いが差し挟まれた。[3] 確かに、彼は次のことを考えていたし、明言もした。すなわち、ここで述べたことに注意すれば、「美徳と悪徳の区別が単なる対象間の関係に基づくものではなく、また理性によっても知られないことに私たちは気づく」と。しかしこの種の結論と、定義や論理的演繹の問題とは直接には繋がらない。

「自然主義的誤謬」という言い回しは、今やしばしばであるからべしを導くことを禁じた規則の違反をいうのに用いられる。同時にそれは、善や他の評価的表現に関しては、本来の意味合いも保持している。べしに関わる禁則が、なぜ同時に善に関わる禁則をもたらすかということを説明するためには、さらに別の理論が必要になる。その理論は、還元主義的な方法を適用する。すなわち、善がべしで定義できるとする。これは還元主義的方法を採るようにさせる、より深い動機の一つである。つまり、もしもあらゆる表現が、価値に関わるものと、事実に関わるものとの二つの基本的な集合のどちらかに分類できると確信しているならば、次のように考えることは自然だろう。価値の集合の中の一つの元が基礎的なものであり、この集合の他の元はそれによって定義されるべきである、と。

非評価的なものから評価的なものがなぜ演繹できないのかを説明しようとして、現代の論者たちが用いるある方法を念頭におくと、このような発想はなお一層自然であるように思える。ムーア自身は、善性は単純な非自然的性質であるから定義できないのだ、と単純に考えた。彼はまたこの性質の存在は直観によって見つけられると考えた。この直観とは、ある種の「直観主義」の基礎として前章で議論した、あの知的な能力である。この意味でのこの直観主義はほとんど何も説明せず、また、なぜ価値が事実から演繹されえないのかということについても、大した説明はしない。

比較的最近の著作は、こういったことについてよりよい説明を与えようと試みてきた。それはであるからべしを導くことはできないとする禁止を中心的なものと見なす。その代表的な試みは、ヘアーによって展開された**指令主義**（*prescriptivism*）である。それはべしという言葉の機能が、ある行為を指令する、つまり、何々せよと命令することにある、とする。べしとは命法のようなものだと見るのである。厳密にいえば、通常の指令的な方法でべしを使っている言明は、あらゆる類似の状況でのあらゆる行為主体に適用される命法を帰結する、普遍的な表現である。（「世界的行為主体」の功利主義というヘアーの理論の展開においてこの考え方が用いられているのをすでに見た。）この解釈においては、今まで評価的（*evaluative*）と呼んできたものが、より分かりやすく指令的（*prescriptive*）と呼ばれる。そして言明の他の集合——指令的と対比して記述的（*descriptive*）と適切に名づけられた——から、妥当な形で演繹されえないのは、この指令的なものだとされるのである。〔この解釈が、あのであるからべしを導くことの〕禁止をどのように説明するかは、今やかなりはっきりしてきた。指令表現は何かをする、つまり、人にこれこれせよと命令するのに対し、記述表現は、それ自体ではこのような機能を果たしえない。このことは、記述的なものから指令的なものを導き出すことを禁止することについて、明白な根拠を与える。しかし、もしこの禁止が最初に意図されたように一般的であって、事実と価値の間の基礎的な関係をも説明すべきであるのなら、（すでに述べたように）この説明は、善とこれに関連した自然主義的誤謬に対する当初の議論にまで拡張して適用されねばならない。そのためにはまず、評価的なるもの一般は、（すでに説明されたものである）指令的なるものに還元されねばならないだろう。次に、この結果として生じる理論は、ムーアの教説がそうしたように、倫理的なるものと同様に非倫理的なるものをも説明できねばならないだろう。すると、示されるべきこととは、次のことである。すなわち、なにかが善いもしくは悪い、賞賛されるべきあるいは低劣である、その種のものとして傑出しているまたは劣っている、と言うとき、私たちは、他者あるいは私たち自身に対してなにかをするように命じている——典型的な説明としては、なにかを選ぶように命じている、ということである。あらゆる評価は行動に結びつけられねばならないのである。

この帰結はまったく信じ難い。たとえば、それは審美的評価を行うときの通常の気構えを捉えているようには思えない。指令主義に従えば、私たちが一枚の絵の価値を見るとき、絵の収集家のつもりになって見ていなければならないようなことになろう。〔しかしそれは明らかに誤りである。〕倫理的なものの領域においてさえ、善人と認められる人とは、私たちがその人のことを真似るように命じられるような人である、とする解釈は、明らかに人間の立派さというものについてのあまりにも狭い見方であろう。ヘアーは、評価ということがもつ指令する力を説明するために、次のように述べる。

もし私たちが〔あるホテルについて――引用者による注〕それが道の向こう側のものよりもよいホテルであると言うならば、「よりもよい」には次のような意味（指令的意味）がある。すなわち、私たちの判断に同意すると言った人が、いざ二つのホテルのどちらを選ぶかという選択の問題に直面したとき、（値段その他の条件は等しいとして）そう言ったにもかかわらず、道の向こう側のホテルを選んだならば、その人は考えていたこととは違うことを言ったに違いない。[4]

指令的な意味で何かをよりよいと考えることは、それを選好することなのである、とヘアーは続けて説明する。しかしこれは、ヘアー自身の例が示すように、選好する人が実際に考えていることではない。たとえば、指令的な意味でよいと考えることは、値段を理由にしてホテルを選好することではない。それはホテルとしての長所を理由にして、選好することであるに違いない。しかし、いったんホテル（でも何でもよいのだが）としての長所という考え方を持ち込むならば、〔よりよい、という判断と〕選好との論理的な連関なるものは見当違いに思える。実際のところ、「よりよい」に指令的意味なるものが存在すると考える理由がわからない。少なくとも〔「よりよい」ということで〕問題となるのが、この場合のホテル〔という種〕のような、一定の種に属する特定物の長所であるときは、このような考えは理解に苦しむ。というのは、確かに何がホテルの長所かなどということははっきりしておらず、個人的趣味の入る余地が大きい。しかし、このような場合でも、また、ホテルというものは（基本的には）客に楽しんでもらうためにあるもの〔なので、客の好みに応じていいホテルの基準もいろいろ考えられるの〕だということを認めてさえ、私はホテルのもつべき長所と、私の選好、つまりたまたま私の好みであることとを区別しうる。「私はよいホテルに泊まるのが嫌いなんだ」ということは、理解しうる言い分である。

このことは評価表現についての指令的な説明がもつ根本的な弱点を明らかにする。人がある種に属するものを評価するとき、その種に属するものがもつべき特長について何らかの基準があるはずである。たとえ個々の事例においてはその基準がその地方でしか通用しなかったり、曖昧であったり、不確定であったとしても。確かに一方では、多くの選択が、問題となるものがこの基準を満たしているかどうかで正しく決定される。というのは、多くの場合、選択者はその種に属するもののうちでよいものを求めているからである。他方、あらゆる人間の選択には、それがその人がそのものの特長をどう捉えているかということに直接関連しない余地が常にある。多くの種類について、あるものがその種に属するものとしてよいものだと考えることと、それを好み、欲し、あるいは選択することとは区別できる。さらに、私にそのように区別する能力があるということは、そのものの長所が〔いくらありがたいものであっても〕、私の関心や理解・鑑賞能力を超えるものでありうることを、私が理解していることを明らかにしている。哲学は論理の力を借りてこの区別を無視するように人を強制することはできない。たとえば私の知人は、自分がいちばん好きな悪趣味の音楽は何かを語り合う、よくある雑談の際に、「残念ながら、私は傑作を聞くだけでやって行けるよ」と言ったが、誰もが何についてもそうなるように哲学が強制するというのは、できない相談だろう。

〔こうして「よい」の問題もあることが明らかになったので〕であるとべしとの間の区別がどれだけのことをなしうるのか、ということが重要な問題となる。これは事実と価値の区別についての言語的表現に関連して重要な論点である。であるとべしとの関係は、この種の区別について言語的表現を用いて明白な主張が行われた数少ない場面の一つである。もし事実と価値との区別がこれまで考えられてきた程に重要であるとすれば、であるとべしとの関係についての考察は、他の評価言語すべてにわたって拡張され、一般化されねばならない。さらに、であるとべし自体だけで、どれほどのことが言えるのかをはっきりさせる必要があろう。であるとべしの区別として表現するのが適切であるかどうかは別として、この区別にはある明白な真理が見出される。それは実践的推論に関わることである。べし（*ought*）が、「私は何をすべき（should）か」という実践問題や、「あらゆることを勘案した」上でのそれに対する回答に見られる、べし（*should*）と同じものであるとしよう。その場合には、確かにべし（*ought*）がであるから演繹されえないというのは正しい。というのは、ここでの回答は、実践的推論の帰結であって、その帰結を支えている前提からは論理的に演繹しえないからである。[5] 何を欲するかを述べる言明を前提の中に含めないならば、明らかにこのような演繹はありえない。なすべき最大の理由がある行為が何であるかは、何を欲するかということに依存していなければならないからである。しかし、何を欲するかに関わるあらゆる言明が前提に含まれ、用いている決定理論の一般的原理（どのような決定理論を用いるかはどうしてもある程度まで各人の選択あるいは気質の問題であるが）も前提に含まれたとしてみよう。その場合でさえ、あらゆることを勘案した上で何をなすべきかについての結論に達することは、論理的演繹の問題ではない。というのは、結論に達するためには、個々の場合において、あらゆることを考慮したうえで、何を最も重要だと判断するかを決定しなければならないからである。

多くの場合、最も重要なことが何かということはまったく自明であり、従って何が重要であるかを「決定すること」には、語るに値するような決断の営みは必要ないであろう。しかし、推論の前提となる事柄をインプットした段階の次の段階というものがあることは否めない。そこでもしもこれを認めず、次の段階をインプット自体の中に含めてしまおうとすると、どうなるだろうか。たとえば「私はABCという要因を最も重要であると見なす」という形で決定の段階の事柄を前提の段階でインプットしたとしよう。するとそれは次の二つの解釈のどちらか一つであらざるをえない。一つは、それが私の性向について述べたもの（「おれはそんな人間だ」）と解するもので、この場合は〔何が重要であるかについての決定がまだ行われていないことになるから〕決定がさらに行われねばならないことになる。いま一つは、この場面での判断がどのようなものであるかを述べたものと解するもので、ここではこの言明は実はインプットの一部ではなく、帰結の予期とでもいうべきものになってしまう。

もちろんこのような「総合的勘案」の末の帰結からでさえ、実際の行為へは依然としてある飛躍があり、それゆえこの帰結と行為への意図との間には、深淵が口を開くこともある。これが無抑制〔アクラシア、頭でわかっていても実行できないこと〕の問題領域を構成する。しかしそのような深淵が口を開くからといって、深淵のこちら側の「総合的勘案」の帰結がインプットの論理的含意となるように、いわば押し込められる、ということにはならない。〔行為そのものではないからといって、〕行為するという決断に至るまでの過程をすべて論理的推論の問題であるとすることは誤っている。無抑制の問題は、〔ある人の、行為への〕意図と、何をなすべきかについてのその人の最良の判断との間の関係の問題である。ここでのポイントは、この最良の判断でさえ、〔単なる推論の問題ではなく〕やはり判断の問題であるということである。

「何をなすべきか」という問題とそれについての答は、第一章で見たように、必ずしも倫理的なものではないし、倫理に特有のものでもない。倫理的な考慮は、熟慮の際にインプットされるものの一つにすぎない。このことに対応して、上で指摘したポイントは、倫理的なるものにだけ関わるものではない。それはあらゆる実践的推論におけるインプットと帰結に関わるものなのである。しかしいったん実践的推論や「総合的勘案」の帰結といった問題群の考察を踏まえて考えてみるならば、「自然主義的誤謬」とか「である・べし」問題という名称のもとに論じられてきた問題の中で最も深遠な問題は、言語分析によっては決して解かれえないだろうし、何が問題なのかということが明らかにされることすらないだろう〔ことがわかる〕。

道徳哲学においては、「言語論的転回」と呼ばれてきたもの[6]が、問題をより解決しやすい形に定式化する助けとはならなかった。このことは、道徳哲学が哲学の他の領域と同じように、私たちの言語活動についての反省に関わる、ということを否定するものではない。実際、あるレベルでは、もし私たちの言語活動により深く関心をもったならば、問題を現状よりも適切に考察しえたかもしれない。というのは、言語考察であれ他の方法であれ、道徳哲学にあまねく広がっている欠点は、倫理的生活を考察するのに、極端に単純なモデルを押し付けることであったからだ。そのモデルは、私たちが実際に使っている概念のモデルであっても、あるいはそれによって私たちが導かれるべき道徳律のそれであっても、あまりにも単純なものであった。この歪曲への執拗な傾向を直すための良薬は、なるほど、人が自分や他人が自らの生をどのように生きるかについて語っていることがいかに多様であるかを自覚し、これに注目することであったかもしれないのである。

あるレベルでは、確かに以上のように、言語に配慮するならば、より多くの多様な言語活動に配慮すべきであった、と言えるだろう。しかし、別のレベルでは、言語論的と特徴づけられる企ては、それがどのように行われようとも、成功するとは思えない。その理由の一つは、すでに注意したように、考察すべき言語表現が特定されていない、ということである。世の理論家たちは、倫理的議論で使われる最も一般的な表現——善、正、べし、その他——を特に好む傾向がある。これらの言葉の用法は、もちろん倫理的思考に限定されない。このこと自体は、必ずしも探究を失敗させるわけではない。しかし、これらの一般的な言葉に考察を限定すると、それは少なくとも二つの理由のために探究を失敗させせかねないのである。一つの理由は、それらの言葉を選ぶ動機にある。これらの観念はより特殊な倫理的観念の中に含まれている、とする還元主義的信念がそれである。この信念は、これらのより特殊な観念の真の性質を隠蔽し、さらに純粋に言語的な探究にはとても明らかにできそうにないある重要な真理を隠蔽するのに一役買ったのである。その真理とは、非常に一般的な倫理的表現に頼っている社会は、より特殊な表現に重きをおいている社会とはまったく異なったものだ、ということである。(次章で、より特殊な倫理的概念の重要な特徴、特に倫理知におけるそれらの役割について考察しよう。)第二の理由、上記の一般的概念に集中した探究が、なぜ倫理の言語哲学にろくな影響を与えなかったかということの第二の理由は次のようなものである。理論家が、それらの概念の重要な用法を明らかにしようとするとき、探究に、理論的というだけでなく倫理的でもある外在的な諸前提を持ち込む「ことを助長するから」、ということである。その結果として生じた哲学は通常、お粗末な言語哲学であった。

三

それらはまた、きまってお粗末な倫理学でもあった。「べしとである」や自然主義的誤謬についての問題意識の根底には、たしかに倫理そのものに関わる、究極的には形而上学的な問題関心がある。その関心の核心には次のような考えがある。私たちの価値は「世界の中に」はないのだ、世界についての淡々とした描写には価値はいっさい出てこない、価値は何らかの意味で私たちが環境に押し付けた、あるいは投影したものである、等々。この発見は——もし本当に発見と呼んでよいとしたらのことであるが——目的論的に意味のある世界の喪失と同様に、絶望をもたらすかもしれない。しかし、それはまたある種の解放として考えられるかもしれない。すなわち、最も根源的な形の自由を、特定の価値秩序を世界の側から受け容れるように強制されえないことのうちに見出すことができるかもしれない。

上記のようなものの見方は、確かに価値と事実の間に区別、何らかの区別があることを認める立場となりうる。本当にここに何らかの区別を設けることができるのかどうかは、非常に重大な問題である。次章で、この問題について、そしてどのような世界観が価値をまったく含まないものであるのかを考察しよう。今確認されねばならない点は、予備的ではあるが重要である。それは、なぜ言語論的転回が役に立たないと言えそうなのかを分かるようにするものである。つまり、こうである。事実と価値の間に根本的な区別があるとしても、それは人類共通の認識とはなっていない。この認識は〔一部の者による〕発見であり、啓蒙主義の成果である。一方、私たちの倫理的言語が——そのようなものが明確に定義できる形であるとしてのことだが——この区別を看て取りさえすればよいような形で言語表現の中に用意してくれていると想定する根拠は何もない。倫理的言語はそのような区別を、示唆する形でも隠蔽する形でも、まったく表わしていないかもしれない。言語が形而上学固有の世界理解を体現しうる、と考えることは誤りかもしれない。しかし、仮にそのような問題について言語が何事かを伝えうるとしても、真実を伝えるとは限らず、伝えられているものは幻想かもしれない。幻想である可能性の方が高いだろう。何といっても人類の歴史を振り返れば、〔価値と事実とを区別しない世界観、つまりここでの〕幻想がほとんどどこにでも見受けられ、〔この幻想を打ち破った〕啓蒙主義はようやく最近になって現われたものなのであるから。さらに、仮に人間的価値が人間の関心の投影であり、「世界」の属性ではないとしても、だからといって価値自由な世界——いや、世界の大半というべきか——の記述が入手済みだということにはならない。(ひょっとしたら、そのようなものはありえないかもしれない。だとしたら、価値の投影ということでいったい何が言われていたのかを、ちょっと考えた方がよさそうである。その場合、投影を受けるスクリーンにあたるものはいったい何か、等々。)

こういった議論は、言語論的な道徳哲学の営みに対する批判としては、逆説的なやり方に見えるかもしれない。というのは、このような営みに関わっている人々は、事実と価値の区別を強調するのが普通で、べしとであるの区別はこの区別を明らかにするのに使われてきたからである。したがって、実は言語が事実と価値の区別を隠蔽してはいないのか、さもなければ、言語論的方法による研究者が見事に偽装を見破り、隠蔽された区別を発見したのか、のどちらかであるように思える。しかし、どちらも正しくない。実際には、これらの研究者が事実と価値の区別を言語に持ち込んだのであり、言語表現のうちに現われたこの区別を発見したのではない。では、彼らは何を発見したかというと、数々の（すでに言及した）「より濃い」、つまり、より特殊な倫理的概念である。それはたとえば、**裏切り**、**約束**、**残忍**、**勇気**といったものであって、事実と価値との結合を表現しているように思える。つまり、これらの観念の適用は、世界がどのようにあるか（たとえば、ある人がどのように振舞ったか）ということによって決定されるが、それは同時に、通常は状況や人間、行為についての一定の評価を伴うものである。さらに、それは通常、（必ずしも直接に、というわけではないが）行為の理由を与える。この種の言葉はとうてい事実と価値の区別を露にするものではない。むしろ、この区別を守りたい研究者は、このような言葉の作用を〔事実と価値の区別の観点から都合よく〕解釈しなければならず、そのために、それを事実的要素と評価的要素という、原理的には互いに分離しうる二つの要素の結合と見なすのである。こういった試みの最も明晰な例は、しばしばそうであるように、ヘアーの理論である。それによれば、この種の言葉は複合的な記述に指令が附加されたものであり、この指令は個人や社会の価値観を表現する。この種の言葉を使った言明は、次のようなものへと分析されうる。「この行為はこれこれの性格を有し、このような性格を有する行為はなすべきではない。」この説明においては、これらの言葉の特殊な、つまり「濃い」性格が、記述的要素に属するとされることが肝要である。価値の部分は、この分析を経たならば、汎用の指令用語べしによって表現される。

次章で、この説明は誤りであると主張する。ここではその議論を先取りすることはしない。ここでのポイントは、いま一度、次のことを示唆することである。すなわち、言語論的手段に頼って事実と価値の区別をつける理論家は、言語においてその区別を見出すのではなく、言語にその区別を持ち込んでいるのである。それに加えて、彼らは、その区別が露になるときは、それは言語の表面のごく浅いところで見つかるだろうという無茶な期待をしている。そのような期待には何の根拠もない。むしろ、もし私たちが自分たちの価値観を世界の中に読み込むという詐欺的ないし自己欺瞞的なことをしているのであれば、私たちの言語は深い共犯関係にあ〔り、したがってこの区別は言語の奥深いところまで持ち込まれてい〕ることが予想される。

これらの濃い言葉の価値的部分については、指令主義的説明は、それは語の指令的機能というもので完全に解明できるとし、さらに、この機能はべしという語によって完全に分析されうる、と主張する。その上、この立場は、倫理の世界において、(それどころかそれを超えた、いわゆる評価の世界一般において)私たちが言いたいこと考えたいことは何でも、べしという、この非常に一般的な言葉で言ったり考えたりできる、と主張する。論者によっては、似たようなことをべしではなく、他の一般的な言葉を用いて言っている。いずれにせよ、何らかの一般的で抽象的な言葉が万能だ、というわけである。彼らによれば、より濃い倫理的表現はこの一般的な言葉を内に含む複合表現であるにすぎないから、この表現の倫理的機能は、実はこの一般的な言葉が複合表現の一部として果たしているのだ、ということになる。

もしもこの種の分析が誤りであれば、より一般的にいえば、倫理的言語をこのような一般的な言葉に還元しようとする衝動が見当違いのものであるならば、この種の言葉がすべての倫理的機能を果たす万能なものではないことになる。すると、すでに示唆したことだが、次のように考える余地ができよう。倫理的生活をこのような一般的な言葉を用いて理解し実践する社会は、そうはしない社会とは社会として質的に違っており、その違いは〔言語についての理解を超えた〕社会についての理解を必要としよう、と。もしもこれが本当だとしたら〔このことに気がつくことは極めて大切なことであるが〕、この大切な認識を手に入れるのに、言語論的なアプローチは何の役にも立たない。むしろ、このような理解の可能性すら、存在しないものとして無視してしまうように働きかける。

倫理的概念がどのように機能し、どのように変化するかを理解しようとした場合、そのような概念が機能している社会組織の形態について何らかの洞察が必要だということは、あるとりたてて論じるまでもない、当たり前のことであろう。言語論的なアプローチは、ある面では、このことを否定はしない。しかし、このアプローチは、この洞察を得るのに役立つ問題を提起することはなく、また、この洞察を得た場合でも、それを哲学の発展のために用いることはない。〔どうしてこういうことになったのか、ということだが〕論理的分析に集中したことが、社会についての洞察の必要性という論点を隠蔽する一因となったが、このアプローチが哲学を純粋視する傾向もやはり隠蔽の一因となった。このアプローチは、言語が社会的な活動であることを強調するのではあるが、奇妙なことに、一方では、哲学が社会について具体的な関心をもつことを決して許さないのである。[7] しかし、それは、少なくとも可能性としては、他の方法よりも倫理的思考の社会的そして歴史的次元についての理解に到達しやすいところにある。他の方法は、倫理的思考をまったく自律的で不変不朽の研究対象としているからである。倫理的言語に注目すれば、それを、そしてそれを通して表現された倫理的生活を、変動しうる社会的実践として考えるようになる見通しが出てくることもあるかもしれない。言語論的転回は、たとえ実際にはそうでなかったとしても、倫理的理解には社会的説明の次元が必要であるということを認識する手だてとなりうる可能性をもっていたのである。

第八章

知識、科学、収斂

これまでのところ、私はいわゆる客観性の問題についてはあまり述べてこなかった。もっとも、巻頭からの数章は客観性といろいろと関わるものではあったけれども。つまり、もしアルキメデスの支点が発見され、実践理性、あるいは人間的関心が、特定の倫理的なものの見方に関わるものであることを示しえたならば、倫理思想は、客観的な基礎を与えられたという意味で客観的なものとなる。これは実践理性の観点から見た場合の可能性である、あるいは、可能性であったかもしれないものである。しかし多くの場合、客観性の議論が道徳哲学に入ってくるのはこれとは違った出発点からである。それは、倫理的な信念を、たとえば科学的な信念など、他の分野における知識や真理主張と比較しようとする関心から出発するものである。ここではやや違った客観性の捉え方が問題となっている。このような関心は、当然、いかなる事柄が倫理的信念を真としうるかとか、倫理知なるものが存在するか否かといった問題と結びつけられる。事実と価値に関するさまざまな区別が行われるのは、このような比較が行われる領域でのことである。

一

客観性をめぐる議論はしばしば、見解の不一致ということを考慮するところから始まる。このように言うと、まるで不一致が起こるということが驚愕すべきものであるかのようだが、そのように考える理由はない。(西洋思想のごく初期の思想家たちは、対立というものを調和と同様に、つまり世界の当然の性質と考えた。)不一致について関心が生じるのはむしろ、一致も不一致も普遍的ではないからである。つまり、不一致は説明が必要で、一致はそれを必要としないということではなく、不一致は文脈ごとに異なる説明を必要とするのであり、一致もまたそうである、というだけのことである。

現に発生した不一致を私たちがどのように理解し説明するか、ということには重要な実践的な意義がある。それは、私たちの他者への態度を変え、自分のものの見方を自分自身がどう理解するか、ということをも変えうるのである。他者との関連では、私たちは、どのような精神で、いかなるものに対して反対、拒否などしなければならないか、というセンスが必要であり、〔不一致の意識はそれを与える。〕また、自分自身にとっては、不一致は自分が間違っているかもしれないことを気づかせ、真理や正しさを求めるのであれば、戦略を修正する必要があるかもしれないことを警告しうるのである。

不一致というのは必ずしも克服されねばならないものではない。それは、私たちの他者との関係に関わる重要かつ構成的な特質でもあり、さらに、このような不一致がどのようにして生じるのかということについての最良の説明からすれば、当然に起こるべきものなのかもしれないのである。ここには次のような緊張関係が起こりうる。ある不一致を非常に重要な事柄についての不一致だと思う一方で、同時にこのような不一致が起こるのも当然だと納得させる適切な説明がある、と思ってしまうときがそうである。この緊張関係は、不一致が単に重要なだけではなく、他者の同意を要求するような判断においてそれが現われたとき、とりわけて強いものとなる。(次章でみるように、相対主義には、この緊張関係の両面を共に説明しうるようなものの見方を提起しなければならない、という特別の問題がある。)

不一致の類型に関して、そしてそこから学びうる教訓に関して、よく知られた両極性がある。一方の極には、二人の子供が一つのパンを欲しがる状況、あるいは二人の英雄が一人の奴隷少女を欲しがるという状況がある。この不一致は〔理屈ではないという意味で〕実践的な〔practical〕ものであり、その説明は当事者の認識能力に疑いをかけるような性質のものではない。この種の不一致はあまりにも原始的な意味で実践的なものであるので、不一致に関する判断なるものはほとんど問題にならないといってよい。もっとも、この最も原始的なレベルでも、何をなすべきかについては不一致がある。しかし、この不一致はあまりにも欲求と行為の身近にあるので、誰もこの不一致が知識や理解の欠如を表わすなどとは思わない。それは単に二人の人間が、共有できないものを欲しがっているだけのことである。しかし、この対立は、このようにどうにもならないものにしておかなくともよい。もし当事者が暴力ではなく秩序だった言論によって問題を解決しようとするならば、彼らはより実質的な判断、通常は正義に関する判断を求めるだろう。このとき子供たちは不偏不党さについて語り、英雄たちは先例について語るだろう。

少なくともその最も基本的な形においては、この種の不一致は、当事者が事態の認識や理解ができなかったのではないか、とか、この言語が話せなかったのではないか、とかの考えを呼び起こすことはない。ところが、この伝統的な図式のいま一つの極には、まさにこのような疑惑が生じるような不一致がある。どのようなものがこのような不一致の典型的な事例であるかは、論者の採用する知識論による。が、挙げられる事例は多くの場合、オクスフォードの哲学者J・L・オースティンが「中くらいの大きさの乾いたもの」と呼んだものを、標準的な条件の下で観察する場面に関わる。これらの事例〔について論じる際〕の重要な特質は、当事者が同じ概念を共有し、家具やペンとか硬貨とかを認知するのに何の支障もないほどに訓練ができている、と想定されていることである。

このような典型的な事例〔とそうではないものとの区別〕をめぐってさまざまの対立が定

式化されてきた。たとえば、実践的なるもの・理論的なるもの、価値・事実、べし・である、など。これらはいずれも不一致とは何を言うのかに関する根本的な違いを表わすと考えられてきた。さらに、それらはしばしば不一致を解消する見込みに関して〔楽観的なものから悲観的なものまで〕極端な違いを示唆するものとも受け取られてきた。しかし、これらの対立が同じ区別の異なった表現であると考えるのは間違っている。実際、私があげた二つの事例は、これらの対立項のいずれについても、その両極に対応するものではない。ある財の配分に関する争いは確かに、実践的なるものの例ではあるが、正義に関する主張を真剣に受けとめる段階に至るまでは、それはまだ価値に関する不一致ではない。〔一方、〕家具に関する知覚の不一致は、いうまでもなく事実に関する不一致ではあるが、それはまだ実践的なるものとほとんどいつも対比されるもの、つまり、理論的なるものに関する不一致ではない。これらの事例を一つの対立項の中に位置づけようとすれば、いろいろと作業が必要になる。その作業は、通常は評価的なるものを実践的なるものに還元し、事実的なるものを理論的なるものへと拡張することによって行われてきた。この二つの操作はいずれも実証主義的な精神に基づくものであり、いずれも疑ってしかるべきものである。哲学者の中には、伝統的な図式へと構成しうるような基本的な区別が本当にあるのかどうか〔ということさえ〕疑い出した者がいるが、それは驚くには当たらない。[1]

私はここでは何らかの特定の区別が問題になっているわけではないことを認める。さらに、そのような対立項のそれぞれを定義するのに用いられた実証主義的な定式化は方向を誤ったものであることをも認める。にもかかわらず、私は、倫理との関連では、真正の深い区別を見出しうること、そしてさらに、その区別は（必ずしも伝統的ではないが繰り返し生じる）ある感じを生じさせるのに十分であると信じる。その感じとは、科学がそのイメージ――世界が本当はいかにあるかということの体系的な理論的説明というイメージ――に大なり小なり合致する可能性があるのに対し、倫理思想はそのイメージをぴったり満たすことはありえない、というあの感覚である。さらに、伝統は単にそのような区別があるとするだけでなく、不一致というものの理解を通してその区別を理解しうるようになるだろうと考えた点でも正しい。しかし、問題は不一致がどれほどあるかではなく、それどころか不一致を解消するのにはどのような方法があるかという問題ですらない。もっとも、後者は、もちろん重要な示唆を多々与えるものではあるが。基本的な違いは、むしろこの二つの領域それぞれにおいて、不一致を取り除くという望みを（矛盾に陥ることなく）もつときの、その望みについての反省的な理解（の構造の相違）にある。つまり、それは「最適条件の下で、何が不一致の終結についての最良の説明でありうるか」という問題である。それを今後は「収斂の説明」と呼ぶことにしたい。

根本的な違いは倫理的なるものと科学的なるものとの間にある。私はこの対比の片方の項がなぜ「事実的なるもの」などではなく「科学的なるもの」と呼ばれるべきかを説明したいと思う。もう片方は「倫理的なるもの」と呼ばれるが、それ〔を取り上げるの〕は倫理的なるものとは私たちが考察しているものであり、この領域を拡張したり狭めたりするのには相当の議論が必要となるからである。こちらの方が「評価的」などと呼ばれないのは、それでは倫理的なもののほかに審美的な判断も含まれることになり、それはそれでまた多くの問題を提起するからである。それが「規範的」と呼ばれないのは、この表現が倫理的関心に関わるものの一部（概していえばルールに関わる部分）しかカバーせず、さらに、当然に法のようなものにも関わってくるが、これはこれでまた違った問題を提起するからである。より重要なことは、それを「実践的」と呼ばない、ということである。「実践的」と呼ばないのは、そうすると問題の大部分が取り扱われないことになるからである。その理由はすでに指令や、である・べしの区別を考察する際に指摘したものである。実践的なるものと非実践的なるものとの間に区別があるということは認めるに難くない。この世には明らかに実践的推論とか熟慮といったものが存在し、それは世の中がいかにあるかを考えることとは異なっている。両者は明らかに異なっている。だからこそ、実証主義は、評価的なるものを実践的なるものに還元することによって、この伝統的な区別を妥当なものであると論証したと思い込んだのだ。しかし、この還元は間違っており、問題を実際よりも簡単なものに見せかけているのである。[2]

二

科学的なるものと倫理的なるものの間の、収斂ということに関わる区別の背景となっている基本的な考え方は、きわめて簡単なものである。科学的探究においては、理想的にはある答への収斂が起こるべきである。ここでの収斂ということの最良の説明は、その答えが物事の実際のあり様を表現しているという考えに関わる。それに対して、倫理的なるものの領域では、少なくとも高い一般性のレベルでは、そのようなことを望んでなおかつ首尾を一貫することは不可能である。この区別は、実際に収斂が起こるかどうかに関わるのではない。この点を押さえておくことは重要である。実際にやってみれば、少なくとも人間の間では、倫理的なものの見方に関して収斂が起こることがあるかもしれないのである。対比のポイントとなるのは、たとえこのようなことが起こったとしても、収斂が起こったのは物事の実際のあり様に導かれたからである、と考えるのはこの場合には正しくないということである。これに対して、科学における収斂は、もし実際に収斂が起こったならば、そのように説明することもありうる。このことは（色々なことを意味するが）、私たちがこの二つの場合では、収斂の存在、または収斂が起こらなかったことを、異なった仕方で理解していることを意味する。

倫理的収斂をどのように理解すればよいのかについては後に述べよう。ここではまず第一に、このように表現される限りでは、この区別には何ら実質がない、と言おうとするいくつかの議論を取り上げねばならない。このような異論は二つの方向から生じうる。その一つは、「物事のあり様のゆえに生じる収斂」という概念は空虚なものであると見なす。そのいま一つの考え方によれば、そのような収斂の観念は空虚ではないが、それは倫理的な場合にも科学的な場合と同様に適用できると考える。つまり、収斂という概念は内容をもつが、その内容はこの区別を明らかにするのには役立たない、ということである。

すでに述べたように、この区別のポイント、そして収斂ということでこの区別を説明するポイントは、収斂が実際に起こるかどうかということには関わらない。しかし、科学的なるものの側に関しては、これらのポイントに関わる事柄を、〔収斂の歴史として多くの人に捉えられてきた〕十七世紀以来の西洋科学史をどのように理解すべきかということと切り離して考察することは、いかにも説得力を欠き、要領を得ないことである。収斂ということで科学的進歩を捉える見方は、西洋科学の歴史から切り離すことができない。というのは、この考え方を前面に押し出したのは、まさに西洋科学の歴史であったからである。西洋科学の歴史上、相当程度の収斂があったことを否定するのはきわめて困難である。反対の陣営からどのような主張がなされたかというと、このような現象は実質的な意義をもたない、なぜならそれは文化的な被造物、すなわち私たちが科学の歴史を物語る仕方の所産であるからだ、というのである。リチャード・ローティは次のように述べる。

> 物理学に関しては「すでにあるところのものをよりよく記述する」という古典的な概念に忠実であった方が……逆説的にならずにすむ。これがそうであるのは、深い認識論的、あるいは形而上学的考慮があるからではない。それは単に、私たちが今日、山の頂上（ではないかもしれないが）に立っていることができるのもひとえにご先祖様が一歩一歩登りつめて下さったお陰だ、といった苦労話を伝えるときに、話の全部にわたって多少のものは不変のものとしておく必要があったからである。……物理学が「発見」のパラダイムであるのは、単にそれが（少なくとも西洋では）不変の道徳法あるいは詩の形式に対比されるべき、変転きわまりない宇宙の物語を語るのが困難であるのに対し、その逆の物語を語るのがきわめて簡単だからである。[3]

科学的成功、そして科学的成功が意味するものに関するこのような説明には、二つの特筆すべき欠点がある。一つはある種の物語は語りやすく、他のものは語りにくいという事実に対する態度の問題である。世界が「すでにそこにあり」、それが私たちの世界記述を制御するのに与っているという構図は、なぜこんなにも説得的なのだろうか。ローティの説明からすればこの点に関して説明があってもよさそうだが、説明はない。「西洋」への言及が文化的ないし人類学的な説明を含意するのだとしたら、それがいかなるものであるのかがここではまったく不明確である。それどころか、すでに存在し、そこに人間が生まれ落ち、文化を発展させていく物理的世界というものを、この説明自体が想定しない限り、この説明がいかなるものでありうるのかということが、そもそも不明確である。

私たちの営為の説明の背景にはこの種の想定が横たわっている、という指摘は、直ちにローティの説明の第二の欠点を導く。すなわち、それが自己論駁的な説明だということである。というのは、もし彼の語る物語が真実であったならば、彼がそこからこのように語りうるような観点なるものは存在しないはずだからである。つまり、「科学はすでにそこにあるものを記述する」ということが、〔本当に彼が言うように〕きわめて便利なことであるのならば、しかも、これ〔＝このように便利であること〕には何ら深い形而上学的ないし認識論的事情がなく、単に何が便利かという問題でしかない（私たちが現に語る仕方で語っているのは「単にこのため」である）とするならば、ローティを含めてすべての人が言うべきことは、「科学はすでにそこにある世界を記述する」ということである。しかし、ローティは私たちに「そのように言うべきではない」と考えるように勧める。そしてそうすることによって、つまり、「科学はすでにそこにある世界を記述する」というのに反対して、便利な語り方をするように勧めることによって、彼は人間の言語と行為の外側にある超越的な観点に、再び立とうとしているのである。が、それこそ彼が私たちに放棄するように求めている当の事柄なのである。[4]

より効果的な反論が行われるレベルには、ローティその他が行う次のような否定的な主張がある。すなわち、過去または未来の、科学上のいかなる収斂も、世界がいかにあるかということとの関連では、意味ある仕方で説明されることはありえない、とする主張である。というのは、信念の内容を規定できるものとしての「世界」という観念には、解決不可能な困難があるからである。つまり、次のようなジレンマがある。一方では、「世界」はそれが何を含んでいるかということについての私たちの現在の信念によって特徴づけられうる。それは、星や人、芝生、机といったものからなる世界である。〔さて〕「世界」がこのようなものとして解されると、無論、私たちは世界についての信念は、世界によって影響されると言いうる。たとえば、私たちの芝生についての観念が芝生によって影響されるという意味で。しかしここには何ら解明的もしくは実質的な説明がない。私たちの信念の対象としての世界という捉え方は、たかだかその世界を表現していると私たちが思っている諸々の信念〔の内容〕を繰り返すだけなのである。他方、世界のあらゆる記述に先立つ世界の観念なるもの、すなわち、信念と表象のあらゆる体系が表象しようとする世界の観念を形作ろうとすれば、私たちは何かまったく特定されずまた特定されえない空虚な観念を手にすることになる。[5]したがって、どちらにしても「世界」に要求される事柄を満たしうるような観念は提起することができないのである。

このジレンマのいずれの方も、私たちの世界についての表象を丸ごと取り上げ、一方ではそれを世界の中に詰め込み、他方ではそれをすべて世界の外に置くということをしている。しかし、第三の、より有益な道がある。それは私たちの信念や理論の全部ではなく、その一部を用いて「すでにそこにある」世界についての捉え方を形作る、というものである。私たちの経験から独立に、いずれにせよ存在する世界について反省するときには、私たちはまずはじめに、私たちの信念の対象に関心を集中するのではなく、信念がその対象をどのようにして表象するか、ということに集中しなければならない。私たちは「自分たちの視野やその特性から最大限独立した仕方で世界を表象する」と相当の理由をもって標榜しうるような信念や世界観に関する特質を、私たちの信念一般や世界観全体の中から選び出すことができよう。その結果として現われてくる構図は、この作業を完遂できたとしてのことだが、世界についての「絶対的な捉え方」と呼びうるだろう。[6] この捉え方を用いることによって、この捉え方それ自体を手に入れる可能性、そして他の、〔絶対的でない〕一定の観点からの表象の可能性を説明することができるようになるかもしれない。

「絶対的な捉え方」という観念は、「私たちの経験から独立した世界」と「私たちにとっての世界」との区別を有効にするのに役立つ。それは「私たちにとっての世界」を「私たちに固有の世界」として理解することによってこの区別を有効にするのである。これに対応して、「絶対的な捉え方」は、どのような探究者も、私たちとは非常に異なった探究者にとっても到達しうるような世界の捉え方であることになる。どのようなことがあれば私たちとは異なることになるのか、ということだけでなく、さまざまな記述レベルで「私たち」の一員というためには何が必要か、ということもこの捉え方それ自体に基づいて説明されることになる。たとえば、なぜある種の観察者は別の観察者ができないような観察ができるのか、ということが説明できることになろう。このような話は知識一般ではなく、科学に関するものである、ということがきわめて重要である。私たちはその内容が一定の視点からしか捉えられないものについて知ることができる。たとえば、私たちは芝生は緑であるということを知りうる。しかしながら、緑という概念はほぼ確実に、そして芝生という概念もおそらく、あらゆる観察者に備わっているものではないだろうし、絶対的な捉え方においては登場しないような概念である。(後にみるように、人々はこの例よりもさらに地域的に特定された視点からものごとを知りうるのである。)ポイントは、知識についての説明を行うことが問題となっているのではなく、価値というものとの対比も、知識ではなく、科学を相手に行われるべきだ、ということである。ここでの狙いは、科学に特有の収斂というものの可能性を素描することである。それは(私たちがそれについてどう思おうとも)〔世界が現にそうある〕あり様のところに収斂する、と有意味に語りうるものである。

その可能性は、私の説明の仕方でいえば、説明という概念に大きく依存する。絶対的な捉え方の実質は、（先にあげたような「世界」のさまざまな空虚な、あるいは消えつつある観念とは逆に）それ自体、および世界に対するさまざまな視点からの見えが、いかにして可能であるかを空虚になることなく説明しうることに存する。現代科学の重要な特質は、〔この営みに貢献する点である。すなわち、〕私たちのような起源と特徴をもった生物が、どのようにして世界を――科学が世界に帰するところの諸属性とともに――理解しうるか、ということを説明するのに貢献する点である。進化生物学および神経諸科学の成果は、これらの点で実質的な意義があり、それらの用いる説明概念は空虚ではない。しかしながら、このような説明はそれ自体では絶対的な捉え方のレベルでのみ機能するわけではない。というのは、それらが説明せねばならないものは、世界についての信念や理論、捉え方といった心理的および社会的な現象であり、それらが視点なき言葉で適切に特徴づけられうると想定しうる理由はないかもしれないからである。これがどこまでいえるかは、哲学の中心的な問題である。しかし、たとえこのような現象の説明はある程度までは視点をとったものでなければならないと認めたとしても、それは私たちが絶対的な捉え方という観念を操作できないことを意味するものではない。絶対的な捉え方というものは、適当な探究者であれば（人間でないものをも含め）誰にでも手の届く、視点なき素材からなる捉え方である。さらに、それは絶対的な捉え方を把握する私たちの能力といったものを私たちに（人間でない探究者にも、というわけでは必ずしもないが）説明するのに与りうるものである。ともすれば、これよりもさらに多くのものが入手可能であるかもしれないが、当面「世界」という観念に内実を与えるのには、そして科学と倫理の間には収斂可能性という点では区別はない、とする異論の第一のものを斥けるのには、これ以上は必要ない。

三

いま一つの異論は次のような路線を提起する。すなわち、倫理的な場合でも「〔世界の〕あり様への収斂」という観念は十分な程度まで言える、とする考えである。このような収斂が認められるのは何よりも私がしばしば言及した、あの実質的ないし濃い倫理的概念においてである。その例としては、他の文化から多くの異国情緒あふれる例を引くこともできるが、私たちの文化自体に十分に多くのものが残っている。たとえば、卑怯者、嘘、残忍、感謝などである。これらのものは行為の理由に関わっているのがその特徴である。この種の概念が適用されうる場合には、それはしばしば人に行為の理由を与える。もっとも、第一章の実践的推論におけるこれらの概念の役割に即してみたように、その理由は決定的なものである必要はなく、他の理由よりも劣位に置かれうる。さらに、当然のことだが、与えられる行為の理由がいかなるものであり、誰に与えられるかということは、おそらくこれらやその他の倫理的概念に支配された仕方で、状況に依存する。しかし、これらと行為との何らかの一般的な連関があることは明らかである。したがって、このような概念は手短に「行為嚮導的」と呼んでよいだろう。

同時に、これらの概念の適用は世界の側から規定されてもいる。この種の概念は正しく適用されることもまた誤って適用されることもありうる。そして、それを身につけた人々は、ある概念が新たに生起した状況に適用できるかどうかに関して一致をみることができる。多くの場合、合意は自生的なものであろうが、一方では判断や比較に基づいて行われる場合もあろう。限界事例において生ずる不一致の中には解消不可能なものもあろうが、それはこの概念の使用が事実によって制御されてはいないとか、この概念の使用者の世界知覚に制御されてはいない、などということは意味しない。（厳密でない他の概念と同様に、限界事例での不一致は、かえってその概念の使用がどのようにして事実によって制御されているかということを明らかにすることもある。）したがって、これらの概念の適用は、同時に世界によって嚮導され、かつ、行為嚮導的であるということになる。この両立は、いかにして可能なのであろうか。

前章で論じた指令主義的な説明は、この問題にとても簡単な答を与える。その説明によれば、この手の概念は常に記述的な要素と指令的な要素へと分析しうる。それはその記述的な内容によって世界の中を案内されるが、その概念の上には指令的な旗が翻っているというわけである。この第一の特質がこの概念を世界によって制御されるものにするのであり、また第二の特質が行為嚮導的にするのである。このような見方には指令的な要素に関わる問題がある。このような概念が、どのようにして行為をここで問題になる意味で嚮導するかという問題である。（自分自身に何かをするように命令することは〔指令主義的モデルで考えることだが〕、そうすることには理由があることの承認〔すなわち、行為嚮導モデルが説明せねばならないこと〕を表わすのに適切なモデルだとは言いにくい。）しかし、最も重要な異論は、分析のいま一方に関わる。指令主義は、概念の世界への適用を支配するものは記述的な要素であると主張し、概念の評価的な面はここでは何の役割も果たさないとする。その用法へのインプットはすべて記述的なのであり、これはちょうど評価的な側面がすべてアウトプットであるのと同様である。とすると、このような概念に関しては別の概念、すなわち、世界の同じ特質を選び出すが、単に記述的な概念としてのみ機能し、指令的もしくは評価的な機能をもたない概念をいつでも作り出しうるということになる。

　これに対して、記述的に同等な概念が必然的に存在すると信ずる理由はない、との有効な批判が投げかけられた。[7] 私たちがある概念の一つの適用から次のものへとどのように「続けていく」かは、その概念が表わす関心の種類によって規定されるので、この種の概念がそこで意義をもつような評価的視点を共有しなければどのように「続けていく」のかがわかると想定すべきではない。確かに、洞察の鋭い観察者ならば、この概念を用いる人々と価値観を共有することなく、その用法を理解し予期するようになりうることもあろう。これは重要な点であり、後に論じようと思う。しかし、この概念の用法を想像によって予期するためには、その観察者は想像によって評価のレベルにおけるその意義を把握する必要がある。つまり、観察者は対象となる共同体の評価的関心のいわば外側に立ちながら、世界のいくつかの中立的な特徴をやや奇妙な仕方で分割する装置としてその概念を身につけるといった芸当はできないのである。

理解ということについて、このように要求する倫理的概念があるということは、大いにありうべきことであり、存在しうるかどうかというだけなら、存在しうることは確実である。存在しうるというだけで、「妥当な言語哲学や社会的説明の哲学が道徳哲学に対して行う要求がいかなるものでありうるか」ということを想起する必要が生じるという意味で、この点は重要である。さらに、存在しうるだけでなく、大いにありうべき場合には、道徳哲学はこれらの要求にどのように応えればよいのかということを慎重に考慮せねばなるまい。

感情移入している観察者は、観察の対象である人々の営為を追うことができる。すなわち、彼らの概念の用法について報告し、どのようなものがありうるかを予期し、さらに、その用法についての議論に加わることさえできる。しかし、彼らの用いる他の概念、たとえば宗教に関わるもの、あるいは魔術に関わるものなどもそうであるが、観察者はその概念の用法と完全に同一化したと捉えることはできない。つまり、その概念が本当の意味で自分のものとなったのではないかもしれないのである。[8]この、洞察力があるけれども完全に対象に没入してはいない観察者というものの可能性は、次の重要な問題に関わる。すなわち、この種の倫理的概念を正しく適用する人は、はたして倫理知をもっていると言えるかどうか、という問題である。

あえて最高度に同質的であり、最小限の反省しか行わない社会を対象としていることにしよう。その成員はすべて、この種の倫理的概念をいくつか用いているものとする。(これを「超伝統的」社会と呼んでおこう。)このとき、成員が倫理知をもっているとしたら、どのようなことを身につけていることになるか。命題知に関する最良の説明によれば、[9]彼らは現に行われた判断を〔正しい、つまり、真であると〕信じ、かつ、それらの判断は真であり、かつ、それらの判断はいま二つの条件を満たさなければならない。その条件とは、知識論において広く論ぜられたものであるが、要するに、先に挙げた二つの条件が偶然的ではない仕方で結びつけられていなければならない、ということである。すなわち、人々が現に行ったように探究を行ったとして、彼らが探究の結果得た信念が真であるのは偶然に真であったわけではなく、しかももし当該の問題について何が真理であるかが異なっていたならば、彼らはそれに応じて異なった真なる信念をもつに至っただろう、ということである。たとえば、賽を見ることによって賽の目が六であるということを私は知ることができる。そしてこのことは、概していえば、[10]もし四の目が出たならば、それを見ることによって、四の目が出たという信念を私がもつに至るだろうという主張をしていることにもなるのである。（つまり、異なった選択肢として挙げられる状況は、現実の状況にまずまず似ているものに限られる、ということである。）ロバート・ノージックの表現を借りるならば、第三の要件（この要件を正確に述べるためには、私の説明から伺われるよりもはるかに詳細な説明が必要である。）とは、人の信念が「真理を追求する」ということである。

この超伝統的社会の成員は濃い概念を適用し、そうすることによってさまざまな判断を行う。もし、これらの判断の一つでも間違いなく真である、と言えるものであったならば、彼らの信念は真理を追求できる。というのは、彼らは状況が想定されていたのとは異なっていたことがわかったときには、その判断を取り消し、より適切な別の判断を下しうる、云々。これらの成員各人は、これらの概念をマスターしており、これらの概念が適用されるような個人的および社会的出来事を知覚できる。もしここに真理が存在するならば、彼らの信念はそれを追求できるのである。すると残された問題は、果たしてこれらの判断の一つでも真でありうるか、ということである。

真であるということに対する反論として、次の議論が挙げられよう。もしそれらの判断が真であるならば、観察者はそれらが真であると正しく言えるはずである。たとえば、これらの概念の一つをFとすると、観察者は「酋長の言明「この少年はFである」は真である」と言いうる。すると、観察者は自分自身の発言として「この少年はFである」と言えるはずである。ところが、Fは観察者の〔コミットしている〕概念ではないので、そのように言う用意は彼にはない。

　この反論はどの程度強力なものであろうか。それは次の原理に基づいている。すなわち、〔ある人〕Aが「S」に置き換えられるような表現を言えない限り、Aは正確には、Bが「S」と発話した際に、Sであるとの真実を述べている、とは言えない、という原理である。この原理は真理についての基礎的な原理、すなわち「P」はPであるとき、かつそのときにのみ真である、とする**かっこ外しの原理**[11]から導くことができるかのように思われよう。しかし、この原理はこれほど簡単に、他者の言明について何を言いうるかを決定する際に適用できるものではない。ごく素朴な例を挙げよう。ある学校で、その学校のさまざまなものや場所、制度について特殊な名前を用いるスラングが用いられているとしよう。これらの言葉はこの学校の生徒のみが適切に用いることができるものとし、このルールは学校には関係のないグループによって承認され、理解されているものとしよう。（この点はそれが他ならぬそのルールでありうるためには、当然満たされなければならない条件である。）人は、もしそれらの表現を自分自身が使った場合には、その学校の生徒であると受け取られるか、さもなければ生徒でないにもかかわらず、その表現を用いたことを批判される、云々ということを知っている。このスラングでは"Weeds"がある建物の名前であったとしよう。ここで想定されているルールによれば、観察者は自分自身では、生徒の役割を演ずる場合を除けば、「ロバートソンは Weeds にいる」とは言えない。しかし、観察者は「スミスは「ロバートソンは Weeds にいる」と言った」とは言える。そして彼は次のようにつけ加えることもできる。「スミスが言ったことは真である」と。(実際——これはこの議論に必要だというわけではないが——、観察者がもう一歩踏み込んで次のように言うことはごく自然なように思われる。すなわち「スミスはロバートソンが Weeds にいると正しく告げた」と。)

この単純な事例では、観察者はいうまでもなく、スラング表現が指し示す対象を指し示す別の表現をもっている。その地域の住民も同様であると考えて差し支えない。しかしこのような条件が満たされない例がある。たとえば、男性女性がそれぞれ同じものについて別の名前を用いる言語においてそうである。学校の事例においては、観察者も地域住民も共にあるスラング表現を真とする条件を、ある特定の人がその表現を用いるのが適切であるようにする条件と区別するための言語的手段をもっている。話者の性別が、彼ないし彼女が用いるべき表現が何であるかを規定するときには、事態はより複雑である。濃い倫理的概念の場合には、それはさらに複雑である。というのは、ここでは観察者は地域住民の表現が選び出すものをぴったりと選び出すと同時に、その用法を規定する関心から完全に独立しているような表現をもっていないからである。(もちろん、観察者は「彼らがFと呼ぶもの」といった表現はもっているし、彼がその表現を、それが〔Fという〕用語から独立していないにもかかわらず、用いることができるという事実は重要である。この表現を適切に用いることができるということは、観察者が、彼自身はこの用語を用いえないにもかかわらず、その用法を理解できるということを示している。）

学校のスラングの単純な事例とは異なるけれども、倫理的概念の事例は、同じことのより深みのある例であるにすぎないものと捉えることができる。いずれの場合でも、人がある仕方で語るためには満足しなければならない条件があり、その条件は地域住民は満たすけれども観察者は満たさないものである。その条件とは、いずれの場合でも、一定の文化に属する、ということである。この二つの事例を比較し、さらにこの二つを話者の性別によって語彙が影響される状況と比べてみると、なぜ観察者が地域住民が語ることを自らも発話することが禁止されているのかが理解できる。さらに、観察者が、地域住民が語ることが真であるのを認識することは禁止されていない、ということも看て取ることができる。するとかっこ外しの原理は、濃い倫理的概念を用いる地域住民の言明は真ではありえないという結論を導かない、ということになる。

四

地域住民の言明が真でないことがある、という結論を導く別の議論がある。こちらの方はよりはっきりと、それらの言明が偽であろうと主張する。それは、地域住民自身がわかるような仕方で誤っているということではなく、地域住民のディスコースのある局面が全体として、外部からは誤りを含むものと見なされるからである。この可能性は論者によって大いに議論されてきた。社会人類学者は儀式や魔術に関わるものの捉え方が私たちの目からみて誤っていると見なすべきか、それとも、私たちの科学的なものの見方とは共約不能な別のレベルで働くものと見るべきかと問うた。より一般的なレベルでは他の言い方もあるだろうが、少なくとも魔術の方は因果的な概念であり、因果性についての科学的な捉え方と相重なる面が出てくることは否定し難いだろう。[12] そのような事情がある限りで、魔術的なものの捉え方は外部からは偽であるとみることができる。すると、たとえ人が魔術的な影響の現われだと主張するためにその地域で用いられている基準をすべて正しく適用したとしても、魔術的影響があったと主張する言明が真であることを知った、といったことはなかったことになる。この種の主張に関しては、その地域の基準がすべてを覆うということにはならない。この種の事例では、地域住民の言明が真であると認めてしまうことがもつ問題性は先に議論したものとはちょうど反対のものとなっている。先の主張では、地域住民の概念は観察者のそれとあまりにも異なっているために、観察者は地域住民の主張することを自ら主張することはできない、ということであった。が、ここでの問題は地域住民の言明に含意されている概念には、観察者の用いる概念と十分に似ているものがあるので、住民たちが主張することを否定することができる、というものである。

私たちは、その地域で行われる倫理的言明を、この問題が起こるような仕方で考察することができる。このような見方では、地域住民の言明は、観察者の言葉に言い換えられる事柄で、観察者が拒絶するような事柄を含意する。すなわち、観察者が正しくない、もしくは問題があるように思う行動が、正しいないし問題ないとされることである。指令主義は事を以上のように捉える。つまり、地域住民の言明は、その記述的内容とともに、万能のべしを帰結するのである。私たちはすでにこの分析の記述的な部分を拒絶した。残りの部分を受け容れる理由はあるのだろうか。

無論、地域住民が、自分たちが現に行動しているように行動することは「問題ない」と考えている、ということが意味をもつ場合〔つまり、かなり希薄な意味で「考えている」といってよい場合〕がある。地域住民は彼らの生き方において問題のないことをそれとなく臭わすどころか、それをあらわにしている。このレベルで地域住民は「問題がないと考えている」と言うことは、問題にすべき彼らの判断を〔記述するのに加えて〕さらに一つ〔あたかも反省的判断が行われたかのように〕述べることを意味するものではない。それは単に彼らの営為を記録するだけのことである。このとき、ここには何らかの普遍的な倫理概念を用いて表現され、彼らが受け容れ、観察者が拒絶するかもしれないような判断が行われた、と〔指令主義の言うように〕認めなければならないだろうか。

私はこの考え方を受け容れる必要はないと思う。より厳密にいえば、この問題全体のより一般的な構図を手に入れるまでは、受け容れるべきかどうか決定できないと思うのである。この問題自体は、より一般的な結論を私たちに強要できないと考える。基本的な問題は、現実の営為（practice）と反省（reflection）との関係をどのように理解すべきかということである。ここで問題となっているきわめて一般的な判断——それは、きわめて一般的な概念を用いる判断である——とは、本質的に反省の所産である。それは、人が社会の営為およびそこでのこの種の概念の用法から一歩退き、これが正しいあり方か、また、これが行為を評価する際の望ましいあり方か、現に尊敬されている人柄というのは本当に尊敬されてよいのだろうか、などを問うたときに問題となるのである。多くの伝統社会でも、すでにある程度の反省的な問いかけと批判が行われており、この点を押さえておくのは重要である。問題を分けて、議論をはっきりさせるために、私はあえて反省がまったく行われない、超伝統社会なる観念を用いてきたのである。

この社会との関連では、いまや問題は「この社会の営為、特にその社会の成員が行う判断は、その営為に関する反省的な問いかけ、かつて一度も行われなかった問いかけに対する答を含意するだろうか」というものである。社会の成員が行った判断の中には、より一般的ないし理論的なレベルで、彼らが考えたこともないものではあるが、一種の含意をもつものがある。地域住民の魔術に基づいた判断は、それらを因果的な主張として受け取った場合には、その例となる。さらに、それは彼らの数学的な判断、あるいは星の運行についての判断についても言える。彼らの言っていることが数学的判断を、あるいは星の運行についての見解を表わすと解釈することについては疑問の余地があるかもしれない。しかし、一旦それらの言明をそのような判断を行い、そのような見解を表明するものと受け取ったならば、彼らの言明はより一般的な含意をもつことになる。もしある言明が表現することが星の運行に関する見解であるならば、それは星の運行に関する別の見解によって反論されうる。

この、超伝統社会での活動を考察する二つの観点がある。それらは倫理的営為に関する異なったモデルに依存している。その一つは、「客観主義的な」モデルと呼んでよい。これによれば、私たちはその社会の成員を彼らのやり方で価値に関する真理を見出そうと努めている——それは、私たちや他の人間、そしてともすれば人間でない生物も関わっている活動である——ものと見ることになる。すると、彼らの判断はこのような一般的含意をもつものと見ることになり、それはちょうど、星の運行についての原始的な言明を、より知的に洗練された言明によって反論されうるような含意をもつものとして見るようなものである。いま一つのモデルでは、彼らの判断は彼らの生き方の一部、つまり、彼らがそれを生きることになった（が、意識的に構築したわけでない）文化的被造物であると見なされることになる。この非客観主義的モデルでは、その営為と批判的反省との関連を違ったように見ることになる。私たちは、反省というレベルが潜在的にすでにそこにあるものと見ることはしないだろう。また、私たちは、彼らの判断がそのままで、すでにそのような〔反省的〕含意をもつとは言わないだろう。

彼らの活動についてのこの二つの異なったものの見方のどちらを選ぶかが、この超伝統社会に住む人が倫理知を持つと言うかどうかを決める。ここで問題となる倫理知はどのようなものであるかをはっきりさせておくことが重要である。それは、彼らが濃い概念を用いて行う判断をする際に問題となる知識である。私たちは、彼らが他の概念ではなく、**この種の概念を用いる際**に知識を用いているのが看て取られるかどうかを考察しているのではない。それをしてしまうと、この問題は反省的なレベルでの問題になってしまう。「この社会は倫理知を持っているか」という問題は、この点できわめて多義的である。社会への集合的な言及は、その倫理的表象を他の社会の倫理的表象と比べるような観点を取るように誘うが、これは反省的なレベルにおける観点であり、このレベルではもちろん彼らは知識をもたないのである。この問題についてはもう一つの解釈があり、それによれば、この社会の成員がその概念を用いる際には、彼らがそれを適用している世界についての知識を表現しているか、が問われているのであり、この問に対する答はイエスであるかもしれないのである。

この議論がもたらす興味深い結果は、問題への答が彼らの倫理的活動について非客観主義的な見方をすればイエスとな〔りう〕ることである。社会の成員がそれぞれ概念を注意深く用い、適切な基準を適用し、云々——このとき彼らは、知識をもっていることになるのである。しかし、客観主義的な見方をすれば、彼らは知識をもっていないことになる、少なくとも、彼らが知識をもっているということはほとんどありえないことになる。というのは、彼らの判断は広範な含意をもっており、それらを彼らは反省のレベルで考慮したことがなく、さらに、これらの含意が実際に考慮されたならば、倫理的概念の伝統的用法は重大な影響を被ることは大いにありうることだからである。

客観主義的な見方は、一方では非反省的な社会には知識を認めないが、反省的なレベルでは知識を約束するようにもみえる。客観主義的な見方に特徴的なことは、知識に関する要求は反省によってのみ満足されると考えることである。確かに、普遍的に共有され、通常は曖昧であるような倫理的信念（「人を殺すには特別な理由がなければならない」）で、私たちが反省のレベルでも生き残ることを確信できるものがある。しかし、このような概念は反省のレベルで求められる倫理知に必要な条件、特に体系性に欠けること甚だしい。さらに、私は既述の倫理的理論についての議論が、今のところそのような知識体系が存在しないことを明らかにしたと思う。後に、私は少なくとも倫理的真理に関する命題知については、これは単に現状がどうかという問題ではないと言おうと思う。むしろ、反省的な一般性が高いレベルでは、このような倫理知はありえない、あるいはたかだかその一断片しかありえない、ということを示唆したい。

もし私たちが超伝統的ないし非反省的レベルでは知識がありうること、また、反省というものはそれらの伝統的概念を乱し、その基礎を奪い、それにとって代わろうとする、という明らかな真理を認めるならば、さらに、少なくとも現状では、反省的レベルは私たちがそれ以前にはもっていなかったような知識を私たちに与えるような立場にはない、ということを承認するならば、私たちは次のきわめて非ソクラテス的な結論に到達する。すなわち、倫理においては、**反省は知識を破壊しうる**。次章で相対主義の問題を扱う際に、この結論が何を意味するかを見てみることにしよう。

五

私たちが非反省的なレベルでの知識を認めるならば、いま一つの帰結が導かれる。すなわち、すべての命題知が加法的であるとは限らない。つまり、どんな知識の断片でもより大きな知識の体系の中に組み入れられうるというわけではないのである。この結論はこのような議論からだけではなく、世界についての視点をもった見方に関わる他の文脈での議論からも導かれるかもしれない。物理世界の一部は、ある種の観察者にはある特定の色をしているものとして、別種の観察者には別の色をもつものとして現前するかもしれない。また、さらに別種の観察者には、それは必ずしも色ではないものであるかもしれない。それぞれが知覚する性質をA、B、Cと呼ぼう。すると、ある有能な観察者は表面がAであることを、また別の優れた観察者がその表面をBであるということを知り、云々、といったことはありうるが、その表面がAかつBかつCであるということはありえないことになる。この結果は、もしAやB、Cが意味するものが相関的なものであったならば――つまり、観察者が「それはAだ」というとき、彼らが意味するのは「私たちのような観察者にとってはAだ」であるとき――消滅する。これが正しい説明であるとは到底考えられない。[13]そうだとすると、これらの知識の断片間の整合性は異なったレベルで確保されていることになる。さまざまな知覚された性質は、絶対的な捉え方と関係させられるのである。この関係はまた、これらのさまざまな知識の断片を作る能力はすべて、知覚であることを明らかにする。無論、絶対的な捉え方という理論的なものの捉え方を手にする以前に、そして、その詳細を入手するよりはるか以前に、私たちはこの点を信ずる根拠を十分に持っている。これは、私たちの日常的な経験が、別に驚くにはあたらないことであるが、私たちが何者であり、私たちが世界にどのように関係しているかということを相当程度あらわにし、このようにして先の理論的な捉え方へと私たちを導くからである。[14]

倫理的概念を適用することによって得られる知識を、知覚のようなものだと考える者もいる。しかし、いまや私たちは倫理的な概念の場合と、色のような第二次性質の特定の視点からの経験との間には、重要な非対称性があるのがわかる。この非対称性は、さらに、科学的なるものと倫理的なるものの区別が、より広い含意をもっていることを明らかにする。つまり問題は、視点のない、理想的な科学が一方にあり、他方に倫理的概念があって、両者を区別するということではない。一定の視点をもつ概念がすべて倫理的であるわけではないし、倫理的な概念と一定の視点をもつ他の概念、たとえば知覚、との間には重要な相違がある。

　主な違いは、第二次性質の場合には説明は正当化も行うのに対し、倫理的な場合ではそうではない、ということである。私たちは、ある種の第二次性質をもつものとして世界を知覚するが、その体験の底にある心理的な能力は、物理的世界が私たちに信頼できる、有用な仕方で現前するように、〔適切に〕進化したものである。これらの性質が私たちにとって、世界との知覚的関わりを形作るものだということ、さらに、この現前の態様がどういう構造に基づくものであるかを知るに至ったとしても、そのためにこのシステムが揺らぐというわけではない。[15] 倫理的な場合、知覚の場合とのアナロジーが成り立つのは、濃い概念の下ではローカルなレベルでは収斂がある、という点までである。つまり、倫理的概念を用いる者の判断は、まさに以前に述べたように、世界によって嚮導されているのである。これだけで事実と価値とを単純に対立させる粗雑な見方を論駁するのに十分なはずである。しかし、より広い客観性にとってそれが意味あるものとなるためには、すべては次に何が言われるかに依存している。第二次性質の場合には、ある視点からの知覚の説明こそが、それについて反省するとき他者や他の存在者の知覚との関連で、自らの知覚を位置づけることを可能にする。この作業は、私たちの知覚的判断に関わる限りでは、すべてを大体元通りのままに保つのである。そこで問題は、この点に関して倫理的な観念の場合にアナロジーが成り立つかどうか、ということである。ここでは私たちはローカルな判断を超えて、反省的ないし二階の説明を行わねばならず、ここではアナロジーが成り立たないのである。

まず第一に、この二階の説明がどのようなものであるべきかという問題がある。これらのローカルな判断の説明、そして社会によって概念の相違があることの説明は、おそらく、社会科学に求めねばなるまい。文化の相違が問題となっているのであるから。既存の説明は、あまり深いものではない。そのうえ、この種の説明がどこまで深いものでありうるかについて、私たちはよく分かっていない。しかし、それが色彩の知覚の説明にはあまり似ていないだろうということは分かっている。この説明が取り上げる能力とは、単に物理的世界だけではなく社会的な世界で私たちが方向づけを得るのに必要なものである。そして、ここでの社会的世界とは、一方で人間は文化なしには生きることができないということも、他方で生活可能な文化はさまざまで、それぞれのローカルな概念が大いに異なっているということもまた確かであるから、何らかの特定の社会的世界を意味する。

いずれにせよ、説明的な理論はローカルな倫理的概念によって提起される客観性の問題を取り扱うには十分ではない。第二次性質の場合には、説明はまた正当化も行う。というのは、説明とは、知覚がどのように物理的現実と関係し、知覚がどのようにしてこの現実についての知識を与えうるか――それこそが知覚の役割である――を明らかにするものであるから。ここでの問題は、これは私たちが物理的世界で方向づけを得る方途となっているかどうか、である。理論的な説明は、どうしてそのような方途となっているかを説明する。倫理的な場合では、反省が提起する問題はこの種の問題ではない。もし私たちが「これは社会的な世界で方向づけを得る方途となっているか」と問うたならば、私たちは特定の社会的世界についてそのように問うていることにならざるを得ず、その答は当然イエスでなければならない。（もっとも、社会が非常に乱れている場合は別であるが、ここではそのような想定はしていない。）むしろ実際に問題となるのは、「これは他の生き方に比べ、よい生き方であろうか」という問題である。別の言い方をすれば、「この種の社会的世界が最良のものであるか」である。

これらが問われるべき問題であるということが明らかになれば、私たちが問題にすべき反省的な説明とは、反省的な倫理的考慮を必要とするものであるということは明らかである。この種の考慮は、ときには倫理的な理論の形をとるべきものであるとされる。反省的な考慮は、ローカルな概念がいったん問題視されるや否や、それを正当化するという作業を引き受けねばならない。倫理的な理論は、弱い意味では何らかの説明を行うことさえもあるだろう。それは、特定の状況で、あるローカルな概念が他のそれよりも倫理的には適切であることを明らかにすることによって（ここで間接的功利主義の功罪を想起しておきたい）、文化的相違のいくつかを合理化するかもしれない。しかし、この種の理論は、なぜある人々がこれらの多様な倫理的信念をもつことが理にかなっているかを説明するかもしれないが、それは、なぜその人たちがそのような倫理的観念をもつに至ったか、あるいはもっていないのかを説明できる理論ではない。すなわち、それは知覚の説明がやってのけることを行えないのである。つまり、それは、誤謬についての適切な理論を生み出し、人々が――その原理によれば――誤った信念をもつようになる傾向について、一般的な形で説明することができないのである。[16]

このことからより広い客観性が得られるのであるならば、反省的な倫理的考慮はそれ自体客観的でなければならない。この点は私たちを、反省的なレベルはそれ独自の倫理知を発生させるか、という問題に引き戻す。もし倫理知を、私たちが倫理的真理について命題知をもつに至ることだと解するならば、私たちは「〔この文脈で〕「真理の追求」〔とはいかなることか〕の説明を必要とすることになる。私たちの信念が、このレベルで真理を追求できるということは、少なくともある範囲の探究者が、合理的に、分別をもって、拘束されることなく、ある特定の倫理的結論の集合へと収斂することを含意しなければならない。このような過程にはどれほどの見込みがあろうか。私はそれが実際に起こる見込みについて考えようと言っているのではない。むしろ、そのようなことが起こるとすれば、どのようにして起こるかについて整合的なイメージを形作る見込みを問題にしたいのである。もし倫理的な真理の集合への収斂が、それが真理であるという理由で起こるとし、また、そのようなものとして〔収斂を〕説明するのであれば、──これは科学的客観性と厳密にアナロジーが成り立つことになる──そのような見込みはないと考える。特に、濃い倫理的概念を取り上げた際に考察したような、世界の側から嚮導されるといった考えをこのレベルに適用する可能性はないと思う。反省的レベルでの議論は、もしそれがあらゆる倫理的体験を考察し、倫理的真理に至るという野心をもつならば、「正しい（right）」など、最も一般的で抽象的な倫理的概念を必然的に用いることになろう。ところが、このような概念は、世界の側から嚮導されるという特性をもたないのである。（これらの概念が指令主義によって選ばれたのは、まさにこのためである。というのは、指令主義は、世界の側から嚮導されるという特性を切り離すことができるような、純粋な評価的要素を見出そうとしていたからである。）

科学的な概念の場合と少しでもアナロジーが成り立つような知識の理論で、反省的倫理的思考が倫理的現実へと収斂することを説明しうるものがあるとは、私には思えない。数学――ここでは独立した現実という概念が成り立つかどうかは、少なくとも問題にしてよいが――との説得力あるアナロジーもありそうには思えない。第六章で述べた理由以外に、矛盾のない数学的断片は、――それがあまりにも当然であるとか、解明力がないとか、無用だとかいった理由で放置されることはあるが――すべて数学の一部分であるという重要な点がある。これに対して、倫理的反省の断片は、矛盾がなくとも、必ずしも(数学のような)一つの学の一部分であるというわけではない。というのは、倫理的思考というものは、誤謬についての信頼できる理論を形作りうるような説明を欠くといった仕方だけではなく、信頼できる説明が他にあまりにも多くあるといった仕方で、相互に対立しうるからである。

六

以上から、私が反省を、非反省的な実践で得た信念を知識でとって代える過程であると考えることはできないと思っていることが明らかになったことと思う。私たちは、倫理的生活をその意味で倫理的真理の追求であると捉える客観主義的な見方を拒絶せねばならない。しかし、だからといってあらゆる形の客観主義がとられなくなるわけではない。まだ、倫理的生活に客観的な根拠づけないし基礎を与える試みが残されている。このためには、私たちは第三章で議論した、人間の本性についての諸見解に目を向けるべきである。この議論はいまや、「各人がそれぞれ、他の生き方ではなく倫理的な生活を選ぶべき理由をもたらさねばならない」とするソクラテス的要求から解放されるべきである。ここでの課題からすれば、このような考慮が最善の倫理的生活、すなわち人間一般にとって最も満足のいく倫理的生活の図式を与えるだけで十分である。ここでの問題は、「人間が社会的世界を共有せねばならないことを認めた上で、この世界がどのようにあれば最善であるかを明らかにするためには、人間の欲求や基本的な動機に関して知っておくべきことがあるか」である。

これに対する満足のいく答が得られるとは私には思えない。このような〔欲求や動機に関する〕考慮は〔人生全体についてはもちろんのこと〕、与えられた一定の社会状況においてさえ、倫理的な選択肢を規定し列挙していくためにはまったく不十分であると言ってよかろう。（状況把握それ自体が部分的に私たちが看て取ることのできる倫理的選択肢の関数となっていることを想起しておきたい。）どのような倫理的生活も殺人、傷害、虚言などに関しては制約を与えるだろうが、その制約はさまざま形をとりうる。また、徳に関しても（これはこの種の探究にとっては最も自然で有望な領域であるが）、アリストテレスの挙げた徳の表と、今日提出されうるような表とを見比べただけで、適切な人間生活像というものがその精神において、そして要求される行為や制度に関してもどんなに違いうるかが明らかである。さらに、人間的卓越性には多様な形があるのであり、それらは必ずしも互いにうまく適合して一つの調和のある全体を形作るとは限らないので、一定の見識をもつものであれば、どのような倫理的なものの見方でも人間の可能性に関して何らかの特定化ないし限定を行ってしまうことになる、という考えも成り立つ。この考え方は人間の本性に関するあらゆる自然主義的、そして歴史的な見方——適切な見方に限るが——に深く刻み込まれている。私には、この考え方が客観主義的な探究によって克服されるとは信じ難いし、また、人間が私たちがすでに知っているよりもより狭い、決まった本性——ある一定の生活を未来永劫要求するようなもの——をもっていることが明らかになるとも信じ難い。

人間の本性に関する考慮に基づいて、倫理的生活に客観的で一定した根拠づけを与えようとする試みは、私の考えでは成功の見込みはほとんどない。しかし、何はともあれそれは理解可能な試みであり、私はそれは反省的なレベルでの倫理的客観性を明らかにしようとする唯一の理解可能な形であると考える。したがってもしこの試みが成功するとすれば、どのようなことが必要になるかを考えておくのは意味がある。まず第一に注目すべきことは、基本的な対象は人間でなければならない、ということである。というのは、人間の本性から求められる結論が導かれねばならないからである。ここでこの試みは契約論と手を結ぶことになる。すなわち、他の動物を倫理的世界の有権者であることを認めず、たかだか倫理的世界のおかげで利益を得るような存在とみなすことによって。もっとも、地球外生物との関係では、不可侵条約に見受けられるような相互抑制のルールのもとに交渉することだけを求める契約論ほど要求は高くない。

もしこの試みが成功したなら、それは単に人間本性論に関する合意が成立したことにとどまらない。このような収斂自体、部分的には社会科学および心理科学の分野で生じることであるが、重要なのは、科学的な帰結がその手段の一部しか提供しないような収斂だということである。他方、他の客観主義モデルが予定するような、倫理的真理に直接基づいた収斂なるものもありえないだろう。確かに、反省的なレベルでは、倫理的信念――人間にとってはこれこれの生活が最善であるとするような倫理的信念――がそれ自体で知識の対象になることがあろう。しかし、それは他の倫理的真理を直接もたらすものではない。その理由は、一言で言うと、ある生活の卓越性ないし充足性とその生活を営むために必要な信念の体系とは、前提と結論のような関係にはないというものである。むしろ、ある行為主体の卓越した生は、そのような信念体系をもっているということによって特徴づけられるのであり、その体系の信念のほとんどは、その行為主体の性向や生とか、他の人々の性向についてのものではなく、社会的世界に関するものである。たとえば、このような生では行為主体が濃い概念の中のあるものを用い、他のものは用いないということがある。生の卓越性に関する反省は、それ自体ではこのような概念を用いた判断の真理を確立するものでもなく、また行為主体の他の倫理的判断の真理を確立するものでもない。むしろその生は、そのような概念や信念を中核とする人生を生きるには（倫理的生活を引き受けることを条件として）よい理由があることを明らかにしている。[17]

　この試みの成功を意味するような収斂とは、実践理性の収斂である。その実践理性を用いて、人は最善の生活を営むことになり、その生活にふさわしい欲求をもつことになるのである。倫理的信念に関する収斂が起こるとすれば、それは主としてこの過程の一部として、また帰結として起こることになろう。このレベルでは、ある非常に一般的な倫理的信念が知識の対象となろう。また、望ましい濃い概念を用いた多くの個別的な倫理的判断も真であると知られうるだろう。しかし、この種の判断は（ここでの議論によれば）しばしばもともと真であると知られている。たとえ客観的レベルで根拠づけられてはいない人生において、それが生起したときでさえ（また現にいつも起こっていたのであるが）そうである。このような概念を用いた判断が真であるとか、真と知られうるのは、客観的な基礎づけのおかげなのではない。そのようなことはそれ以前に決まっていたのだ。しかし、このような基礎づけは、どの概念が用いるべき最善の、あるいは最も適切な濃い概念であるかがわかるようにするだろう。ただ一つの非常に一般的な命題と、多くの具体的な命題という両極の間には、他の倫理的信念があるが、これらが真であるというのは次のような間接的な意味においてでしかない。すなわち、そのような信念は私たちが――この楽観的なプログラムによれば——人間にとって最善の社会的世界であることが明らかになった社会的世界で適切に行動していくのを助けてくれるものだ、という意味で。

これは、科学の客観性が予定しているような構造とはきわめて異なったものである。したがって理解可能な唯一の仕方で倫理が客観的であったとしても、倫理と科学の間には根本的な相違があることになる。しかしこのことは、（あらゆる）事実と（あらゆる）価値との間に明確な区別があることを意味するものではない。また、倫理知なるものは存在しないということも意味しない。ある程度の倫理知は現に存在するし、反省ということがさほど行われなかった過去においては、より多くの倫理知が存在したのである。

ここで論じた問題は、倫理が客観的であったことが分かる日がやがて訪れるのか、もしそうだとしたならばどのようにしてそれが分かるのか、といった単なる仮設的な問題ではない。これらの問題は、倫理的思考の本性についての問題であり、倫理的思考が自らの本性をどのように理解し、またどこまでそれが現実にそうであるもの、つまり倫理的思考を安定した形で捉え続けられるか、といった問題なのである。これらの問題は、いかなる意味でもきわめて重要な問題であり、倫理的思考が、私たちが理解できる唯一の意味で客観的であったとしてもなお深刻な問題である。これらの問題を別の角度——相対主義——から考察したならば、問題はよりはっきりするだろう。

第九章　相対主義と反省

一

私たちがある種の見解の不一致について反省し、それが客観的には解決できないものだという結論に達したとき、私たちは何らかの形の相対主義を採用することによって事態に対応することもあろう。相対主義は、倫理学に特有なものではない。それはさまざまなところで——科学哲学においてすら——見出される。相対主義の狙いは、一見したところ対立する見解や立場、信念を取り上げ、それらが対立しないように取り扱うことである。すなわち、それぞれがそれにふさわしい場所を与えられたならば、すべてが〔互いに対立することなく〕受け容れられるものである〔ことを明らかにしよう〕とするのである。問題は、このようにする方途を見出すこと、特に、個々の信念や立場にそれにふさわしい場所を見つけてやることである。

最も簡単な方法にして、最も厳密な意味で相対主義的であるのは、個々の主張をそれぞれ異なった対象との関係を表わすものとして解釈する方法である。古代ギリシャの思想家プロタゴラスは一般に相対主義の元祖とされているが、彼はたとえば、私が風を冷たく感じ、あなたがそれを暖かく感じたときのように、対立する感覚から出発し、風「それ自体が」実際には暖かいか冷たいか、という問題には答がないと主張した。前章で述べたのはこの関係説的な構成であり、それは最も納得のいく方法というわけではないが、第二次性質の知覚に関する相違の問題を、（プロタゴラスのように）個人の間のそれとするのではなく、知覚者の種類の相違の問題として扱ったのである。

相対主義の狙いは、対立を無いものとして説明してしまうことである。これには二つの作業が必要である。一つはなぜ対立が存在しないか、ということを言わねばならず、いま一つはなぜあたかも対立があったかのように見えたのか、を言わなければならない。厳密な関係説的相対主義は、第一の作業をてきぱきとやってのける。それは二つの言明の中に両者を問題なく両立させる論理形式を見出し、そのために両者を受け容れることにまったく問題がないようにしてしまうのである。しかしそれは、第二の作業に関してはさほど成功していないようである。というのは、二つの言明が実際には関係言明であるという主張が説得的であればあるほど、なぜそもそも人がそこに対立を見出したのかが不思議に思えてくるからである。関係説的相対主義は、明らかに両立する構造を導入し、その上で何がその構造を隠蔽していたのかを言わねばならない。ここで逆の方向から相対主義にアプローチするのが有益かもしれない。すなわち、もし二つの信念とか立場とかが実際に対立し、相互に排他的であることを認めるところから出発したらどうなるかを考えてみるのである。すると問題は、それでもなおそれぞれが自らにふさわしい場所で受け容れられるということがいかなる意味で言えるかを考える、というものになる。

相対主義についてより広い観点から考察することを必要にする観念がある。それは**共約不可能性**（*incommensurability*）である。科学哲学者の中には、科学理論は互いに共約不可能である、なぜならそれらは用いる概念が異なり、用語に与える指示対象も異なり、何が証拠と認められるかということも異なるからだ、と主張する人がいる。これらの理論は互いに真っ向から対立することはない。にもかかわらず、それらは相互排他的な関係にある。そうでなければ、それらを、ちょうど異なった場所の地形図を結合するように、結合してしまうことに何の困難もないはずである。ところがこれらの理論はこのような結合ができない。そもそもこの〔共約不可能性の〕議論が始まったのは〔結合できないという〕この事実があったからである。それぞれの理論を支持する人たちは他の理論を排斥する理由を見出そうとする。科学の歴史の中では一つの理論が他のものを駆逐するということがある。このようなことがどうして起こりうるのか。ラディカルな立場をとる科学哲学者の中には、二つの理論を結合できないのは、それぞれの理論を受け容れて結合するということ〔つまり、二つの態度を同居させること〕ができないからだ、という人がいる。すなわち、それぞれの理論に特徴的な研究活動やそれぞれにふさわしい関心方向などが結合できないというのである。両理論に同時に従いつつ研究活動を行うことはできない相談だ、というわけである。

競合する科学理論についてのこの説明は、それらの理論がまるで二つの文化、あるいは生活形式であるかのように思わせる。科学の説明としては、私にはそれは大変な誇張であるように思われる。しかしこのような話は、前章で考察した超伝統的社会のそれのように、本当に異なった文化、あるいは生活形式については言えそうな気がする。このような社会のものの見方は、相当程度まで他の社会とは共約不可能でありえよう。しかし、にもかかわらず両者は相互排他的な関係にあるだろう。ここでの対立は、それぞれの中で生きるということに関わる事柄に存するのである。

もし二つの文化、あるいはものの見方や生活形式が相互排他的な関係にあったならば、相対主義は成立しうるだろうか。直ちには成立しない。一つの文化の成員として、一定の性向や予期をもっている人は、しばしば他の生き方に直面したとき、その文化で行われていることを自らも実行することを嫌がる。さらに、その人の反応を倫理的な反応たらしめるものの一つは、その反応が、ある場合には単に嫌がることを超えて、拒絶を惹き起こすに至るほど深く内面化していることである。拒絶が適切なものであるためには、当事者が問題となる行為を同じように捉え、想定された状況の下ではその行為を行わない、ということまで必要ではない。たとえば、人間を犠牲に捧げることを認めない文化の成員が、それを認める文化の成員に出会ったとしよう。この二つのグループは、人の生命を奪う儀式を異なった仕方で捉えるが、このことは第一のグループの者が、たとえ吐き気を催すことはあろうとも、それが人類学的な誤解の下に苦しんでいる〔が故の吐き気である〕ということを意味したりはしない。彼らの言い方を用いれば、それは囚われた者の意図的な生命剝奪であり、それだけで彼らの道徳的な敵愾心がそこに及ぶのに十分である。〔これは彼らが誰かを非難せねばならないことを意味するものではない。それは別問題である。〕

一つの文化において行われる性向や反応といったものは、その成員が他の文化の〔成員の〕行動に直面したという事実だけによっては、気勢をそがれたり、不適切なものであることが明らかにされたりすることはない。いずれにせよ、これらの問題をまるで常に二つの明らかに自己完結的な文化があるかのように想定したうえで問題にするのは技巧的に過ぎよう。完全に個体化できる文化なるものはめったにないものである。文化やサブカルチャー、文化の断片などは絶えず互いに遭遇し、慣習や構えを交換したり修正しあったりする。社会的な慣習は、それが真正の異文化に属するものであるとのお墨付きをもって現われる、したがって他の文化の判断や反応からの自由を保障されて現われる、といったことはありえない。

　以上からインスタント相対主義はありえないことになる。同様の理由で、厳密な関係説的相対主義も完全に排除される。この説には確かに有力な支持者がいたが、[1] 正邪についての倫理的な捉え方が、個々の社会に論理内在的に相対的であると考えることには無理がある。いま一度あの超伝統社会を考えてみよう。この社会にも、「正しい（right）」や「間違った（wrong）」のような言葉で表わされたルールがあるとしよう。すると、この社会が初めて他の文化と接触し、反省を余儀なくされたならば、この社会が自らの言語のうちに、はっきりと目には見えない形で相対化が潜んでいたことを発見するかというと、そういったことはありえない。そのようなことが起こるには、言ってみれば、ことは常に早すぎるか遅すぎるかのどちらかである。早すぎるというのは、その成員が「私たち」にとって代わりうるものについて反省ないし考えたことがなかったからである。〔反省がなければ、相対化の認知はありえない。〕（第七章でとりあげた問題がここでも生じる。すなわち、これはいかにして彼らの言語の中に導入されえたのか。）遅すぎるというのは、彼らがすでに新たな状況に直面してしまっているからである。この状況は彼らに既存のルールや慣習を超えてものを見ることを要求する〔ので、反省を余儀なくされ、相対化が顕在化する〕。

　そこで、相対主義についてはもはやいかなる形のものも相手にしなくともよいように思われる。人は異文化に直面したとき、適切に反応でき、またしなければならない。また、既存の概念を適用すること――さらにその概念について反省すること――によって反応する、といった事実は、一定の文化の倫理的思考は常にその境界を超えて拡張されうることを明らかにしているように思われる。この点は倫理的思考の客観性ではなく、その内容あるいは志向に関するものであることが重要である。たとえさまざまに異なった倫理的信念〔の体系〕が、独立の探究や合理的な議論によって収斂することがなかったとしても、この事実は相対主義を含意しない。というのは、個々のものの見方が「おらが」世界でしか通用しないような主張ではなく、全世界に普遍妥当することを要求する主張を行うこともありうるからである。

さて、非客観性が〔あるということが〕何ら相対主義的態度を含意しないことはそのとおりであるが、この事実の前に立ち止まってしまうようでは何か気の抜けた、のっぺりとした感じがする。もしあなたが非客観性ということを意識していたならば、そのことはあなたの倫理的なものの見方の適用の仕方や妥当範囲に関して、しかるべく影響を与えるべきではないか。もしそうだとしたら、どのようにしてそうすればよいのだろうか。この意識は、あなたが他の集団に出くわしたときに自分の倫理的な感じ方をスイッチを切るように止めてしまうようなことはできない。また、そのようにすべき理由もない。中にはそのように判断中止すべきだと考えた人もいる。その人たちは、きちんとした相対主義は、他のすべての人々の倫理的なものの見方に対して平等に寛容であるべきことを要求すると考えたのである。これはひどく混乱した考えである。というのは、それは相対主義が普遍的寛容という非相対主義的道徳を帰結させると捉えているからである。[2]しかし、この混乱した反応も、何かに対する反応ではある。もし私たちが、倫理は多様であり、それについての説明もいろいろとありうることを意識するに至るならば、この意識がすべてをもとのままにしておき、倫理的思考それ自体になんら影響を与えない、などということは信じ難いことである。無論、「私たちは正しい、他はみんな間違っている」と言って開き直ることもできよう。(つまり、非客観主義的な言い方をすれば、自分たちの価値観を肯定し他者のそれを拒絶する、ということである。) しかし、もし私たちがこの反省段階まで到達したということであるのならば、これははなはだ不適切な反応であると言わざるをえない。他にどのような対応があるだろうか。この問題に応えるために、私たちはいま一度、相対主義の問題を〔今度は〕逆の方向から考えてみることにしよう。伝統的には問題は「何らかの概念的あるいは論理的理由で、私たちは相対主義的に考えねばならないのか、それともそれは不可能であるのか」ということであった。私たちはむしろ「このように考えることにどの程度の合理性があるのか、そしてそれが反省ということに対してより適切な反応をどの程度もたらすのか」と問うべきである。

二

これまで検討してきた考えはすべて、一つのグループのものの見方と他のすべてのグループのそれとの間に截然とした区別があると見なしていた。相対主義者は、あるグループの判断はそのグループでしか通用しないと考え、相対主義者に反対する人たちは、どのグループの判断もすべての人に適用されねばならないと考える。彼らはともに誤っている。もし相対主義者の言わんとするところを斟酌するならば、私たちは自分たちと他者との間に線引きするだけで能事終われりとすべきではない。私たちは線を引いてはならない。むしろ、他者は私たちからさまざまな距離にあるのだということを認めねばならない。また、私たちは、他のグループに対する私たちの反応や関係それ自体が私たちの倫理的生活の一部であることを看て取らねばならない。さらに、私たちはこのような反応を、より現実的に、私たちの人生に形を与えているような慣行や感情の世界において捉えるべきである。意見の不一致や見解の相違には、重要なものもあればそうでもないものもある。何よりも大切なことは、私たちと他者とのものの見方の相違が重要なものかどうか、ということである。つまり、それがあるグループでどのような人生が生きられるべきかという問題の解決に関わるようなところまで響くものであるかどうか、ということである。

私たちは現実の対立と観念的対立とを区別すべきである。[3] 現実の対立は、もしそれぞれのものの見方が現実の選択肢であるような集団が存在した場合に、その時点での二つの相異なったものの見方の間に存在すると言える。それに対して、観念的な対立は、ある集団において二つの相異なったものの見方があるものの、少なくともその一つが現実の選択肢にはならないときに存在すると言える。「現実の選択肢」という観念は、主として社会的な観念であるが、まったくそうだというわけではない。ある集団にとって、あるものの見方が現実の選択肢であるということは、それが既にその集団のものの見方となっているか、さもなくばそのようなものの見方に移行できる場合のことを言う。その集団がその見方に移行できるのは、与えられた現実の歴史状況において彼らが現実にその見方をして暮らしていくことができ、同時に現実感覚を保持し続け、しかも広範な自己欺瞞にかかずらってはいない、などの場合を言う。どの程度このような移行が可能であるかは、その新たなものの見方に移行した場合に、現在の社会状況のどの特徴が変わることなく存立し続けると考えられるかに依存している。状況が変わったということで集団において何かが新たに可能になる、といったことがありうる。したがって、ある集団にとって一定の選択肢が現実のものであるかどうかということは、彼らの状況が〔適切な形で〕変化しうるかどうかに関わる。人はこれらの問題に関して誤ることがありうる。つまり、ある集団が一定のものの見方を、本当はそうでないのに、現実の選択肢だと思いこんでしまうことがある。これはその集団が情報不足であったり、楽観的であったり、幻想に囚われたりしたときに起こることである。これは単に個人的な間違いではなく、社会的ないし政治的な誤りでありうる。他方で、集団が、別のものの見方に移行することがどんなに望ましいかということに気がつかないままでいる、といったこともありうる。

人間がかつてしていたものの見方の多くは、現在の私たちにとっては現実の選択肢ではもはやない。青銅器時代の酋長の生活や中世の武士の生活といったものは、私たちにとって現実の選択肢ではない。それらを生きる方途は現在の世の中には存在しないのである。これは、このような価値体系についての反省が、現代生活に関わる重要な思想を思いつかせることがある、ということを否定するものではない。しかしこのようなものの見方を身につける方途はない、と言わざるをえない。少数の情熱家たちが行うユートピア計画といったものですらこの人生を再現することはできない。さらに、現代の産業化された生活という文脈において社会的規模でこの生活を再現しようとする企図は、壮大な社会的幻想なしにはありえないだろう。現代の産業化された生活の諸条件を完全に取り去ってしまう見通しということであれば、それは別問題である。これは別の、しかしやはり不可能な事柄である。

これらの選択肢が相互に非対称的に関係しうることを押さえておくことは重要である。現存する伝統社会における人々にとって、何らかの形で現代の技術化された生活が現実の選択肢となっている一方で、彼らの生活は、たとえ多くの人々が熱い郷愁を感じていたとしても、私たちにとっては現実の選択肢たりえない。この非対称性およびその範囲に関するさまざまな理論は、根源的な社会的および政治的行為の可能性についての私たちの見解に影響を及ぼす。

ものの見方についての相対主義的な見解は、評価を与える言葉――善、悪、正、不正など――は現実の対立が起こった場合にだけ問題となるものの見方に適用できる、と考える。これに対して、観念的な対立では、このような評価は不適切であるとし、いかなる判断も行わない。したがって、ある領域で相対主義が拒否されたとしても、それは観念的な対立がないことを意味することにはならない。フロギストン理論と現代のいかなる燃焼理論との間の対立も、間違いなく観念的なものであり、フロギストン理論は現在では現実の選択肢たりえない。しかし、このような理論についての非相対主義的な見方では、フロギストン理論の評価についても語ることができる。つまり、それは偽である、と。フロギストン理論を確信している理論家の人生を現代の学界で生き抜こうとすることは、ただ単に、ドイツ騎士団(9)の一員の人生を一九三〇年代のニュルンベルクで生き抜こうとする試みくらいに支離滅裂になるものだ、というだけではない。フロギストン理論は、それが私たちが真実であると知っている多くの事柄とうまく噛み合わないから、現実の選択肢たりえないのである。

このような意味での相対主義を私は隔たりの相対主義と呼ぼうと思う。反省的な倫理の見方においては、このような相対主義が成立する余地がある。対立を観念的なものにする隔たり、このような相対主義を可能にする隔たりは、いろいろなところに見受けられる。時にはそれは〔単純に〕遠く離れた場所にあるということであり、相対主義は風変わりなものに適用されるというわけである。この相対主義は、遠く隔たった過去にも、当然に適用されうる。それはまた未来にも適用できるのだが、その問題はこの章の終わりで取り上げよう。

このような相対主義を導入するにあたって、私は個々の生活習慣よりもむしろ倫理的なものの見方に言及してきた。この種の相対主義は、ある程度は規模の大きなシステム、信念や態度の〔断片ではなく、その〕集合に適用されるものである。もし相対主義を理由に、倫理的判断を差し控えるべきだとする主張をまじめにとるならば、問題となる社会をまるごと取り上げねばならない。倫理的概念の中には、――たとえば徳や悪徳の概念がそうであるが――たとえ問題となる社会のものの見方が私たちのそれと現実の対立にはない場合でも、そこに暮らしている人やその行為に適用できるものがある。これは人々をその生活環境である社会習慣から抽象して捉えることになり、したがってしばしば現実的な仕方では見ないということを意味する。特殊な事例としては、大悪党とか反体制運動家といった、歴史的人物の場合がある。ここでは私たちも、この人物の同時代人も、彼がその社会の価値に完全に依拠して生きているとは見なさない。この場合、反体制運動家と社会とは原理的には〔抽象化されず〕具体的に理解されうるだろう。現実にはそうなることはめったにないが。[4]

もし相対主義を理由に評価を差し控えるということをまじめに捉えるならば、私たちは社会自体を現実的かつ具体的に捉えねばならない。私たちが古や異国について語る倫理的物語の多くは、その時や場所の現実とはほとんど関係ないことが多い。これらは幻想物語であり、童話と同じような倫理的目的に仕えるのであり、もしそれらに何らかの意味で問題があるとするならば、それはまじめに提起された相対主義に関してではなく、むしろ人生と人間の可能性についての現実的な見方にとって問題なのである。これらの物語は、他の社会について本当に考えることはしないで、その社会をさまざまな象徴や希求の源泉として利用するのである。[5]

単なる距離的な隔たりだけの相対主義は、現代世界においては何の面白味もなく、適用の可能性もない。今日、文化の間の対立はすべて現実の対立である。風変わりな伝統社会の存在は、このような問題とはまったく異なった困難な問題を惹き起こす。外の世界がそれを保存するために権力を用いることができるか、あるいは用いるべきであるのかといった問題である。これはちょうどこの社会を絶滅に瀕した生物種のように見ることであって、人類学その他の分野の研究者は自分が野生生物保護官〔と同様〕の役割を担っているのに気づくのである。[6] 過去と未来とでは異なった問題が生じる。というのは、私たちは過去の〔原因による〕産物であると同時に、未来の原因になっているからである。さらに、過去と、私たちの過去についての理解とは、これらの問題をそもそも生じさせる反省ということに密接に関連しているからである。私は、近代世界はある特異なレベルでの反省によって特徴づけられると考えている。そのことはヘーゲルがすでに述べており、またこれらの議論の多くは、彼が火をつけたものではあるが、現在ではヘーゲルの時代に比べて、私たち自身の文化と他者のそれとを位置づけることができるような説明枠組は格段に増えている。

反省的意識の成長は、必ずしも常に好ましいものであったわけではない。さらに、西洋社会にはある時点まで緊密に統合した、具体的で親しみ深い共同社会生活があり、それが何かによって——これは好みによって一九一四年とか、産業革命とか、ガリレオとか、宗教改革とか、あるいはもっと時代を遡ったものとされることもある——壊されたと考えることにはさらに根拠がない。大没落に関するこれら諸説は、皆同じくらいに神話的であり、同じくらいに環境とのまったき同一化状態へのあこがれ、ぼんやりと追憶されるような何かへのあこがれの表現である。次の二つの点を認めるためには、神話を受け容れる必要はない。第一点は、社会とそこでの私たちの活動についての反省的理解への欲求は、近代社会ではかつてなく深く、かつ広く行きわたっていること、である。第二点は、近代社会では、より伝統的な社会と比べると、濃い倫理的概念が通用する度合いは低くなったということである。これは、たとえ伝統社会でのこれらの概念の使用が、神話的了解とは異なって、共同体的同一性とか、対立の欠如とか、円満にして完全といった感覚などを保障したわけではなかったとしてもそうである。[7]

反省ということから戻る道はない。といっても、反省を減らすことができないというつもりはない。個人的にも社会的にも、いろいろなことが反省を妨げる。しかし、戻る道はない。意識的に反省をしないようにすることができる道はないのである。個人的な場合でも、確かに反省を減らす方向に向けて意識的に出発することはできるものの、意識的にその方向に進み続けることはできない。もしこれに成功した場合には、私たちはそれをしたことを忘れていなければならないはずである。さらに社会的な場合では、そのような道を進むことを欲しない人々がいるだろうし、その人たちは他者がそれを忘れるのをとめようと努めるだろう。かつての生活形式が、なぜ現在では現実の選択肢たりえないのか、また、過去に戻ろうとする試みが小規模の場合には吹き出すような帰結を生み、大規模の時には耐えがたい帰結を生み出すことが多いのはなぜか。こういった問に対する答の一つは、この自己意識という現象と、それを支える諸制度や営み、というものである。このことは、何よりも、かつての幸せ(とされているよう)なヒエラルキー社会を再創造しようとする反動的な試みにおいて看て取ることができる。これらの試みはどんなものであれ、それが描いている過去の像は幻想であるという批判を受ける。しかし仮に本当に幸せなヒエラルキーがあったとしても、私たちにとってのその社会の魅力は、その構成員がうぶで自己の本性を理解していなかったことに基づくものである。このような純真さは、再創造することができない。というのは、今では誰もが直面せざるをえないような諸問題を、人々が提起しないですむようにする手段が講じられねばならないからである。[8]〔そしてそれはできない相談である。〕

しかし提起すべき問題があるのならば、私たちは、過去のそのような社会についても問題を提起すべきではないか、少なくとも提起してもよいのではないか。特に、その社会の構成員がいかに無自覚であったとしても、その社会が不正であったかどうかを問うてよいのではないか。隔たりの相対主義は、この社会を、この問題を問いえないところに置きうるのであろうか。この問題に応えるためには、まず考えてみるべき別の問題がある。「近代社会に比べて反省や自己意識の度合いが低かったために、これらの社会に欠けていた知識は何か」という問題である。

〔その答として〕その社会の構成員は、自分たちの社会制度に代わる選択肢を知らず、そのためにその社会秩序が必然的なものだと考えたことだ、と言いたくなるだろう。なるほど孤立して文盲であった伝統社会の中には、選択肢の存在を知らなかったと言えるものがありえよう。しかし、たとえばヨーロッパ中世のヒエラルキー社会のように、知的に洗練されていたヒエラルキー社会では、他の選択肢は当然に知られていただろう。人間は他の仕方で社会を組織したことがあることを知っており、また同時代においても、そうしているところがあることを知っていたのであるから。したがって、いかなる知識が欠けていたかということに対して言うべきなのは、そのような選択肢が彼らにとって〔現実の〕選択肢たりうる、ということだったと言わねばならない。しかし、彼らにとって〔現実的な〕選択肢があったかどうかは、私たちとてよく分からないことである。異なった社会体制[9]がありえたと主張するためには、いかなる事態がありえたかについて現在知られているよりも多くの事柄を把握することが必要であり、さらにその選択肢を実現できただろうと主張するためには、自由に関するより大胆な見方が必要である。彼らがその社会秩序を必然のものだと考えたことは、間違っていなかったかもしれない。現在の私たちにとって受け容れがたいのは、それがなにゆえに必然的であると考えたか——宗教的、あるいは形而上学的に必然だ——というその見方なのである。私たちにとって彼らが誤っているのは、そのヒエラルキーを正統化した神話である。私たちは、私たちの社会および私たち自身についての見方が、彼らのそれよりも自然主義的なものだと見ている。ホッブズやスピノザが近代初頭に表現した、社会についてのこの自然主義的な把握は、マックス・ウェーバーの有名な表現を借りれば、世界が脱-魔術化された仕方の一つを表わす。魔法は解けてしまったのである。（特にイスラム圏で現在行われている、この脱-魔術化の過程を逆に戻そうとする試み——もしそれが現に試みられていることであるとすれば——は、この過程が地域的に限定されたものでもなく、遡らせうる性質のものでもないこと、ただ絶望を生み出すだけのものであることを明らかにしている。)

過去の社会で行われたヒエラルキー正統化の論理と、それが現在私たちの目にどう映るかということとは、その社会の正、不正に関して私たちがどのように判断するかに関わっている。これは隔たりの相対主義にとって重要な点である。「正」や「不正」は社会全体に適用される主たる用語であり、少なくとも原理的には具体的かつ現実的に捉えられた社会に適用できるものである。さらに、正、不正の判断は、他の判断よりも明らかな形で、それが誰かのせいであったかという、役に立たない問題を考えることとなく行われうるものである。これらの特徴が相俟って、社会正義は相対主義にとって特別な関係にあるものとなる。正、不正は倫理的概念には違いなく、そして過去の社会について多くのことが明らかになった後も、その社会全体について判断できると考えられるのではないか。

正義についての相対主義的な見方を擁護することができよう。少しでも歴史的に考えたならば、社会正義についての近代的な把握――たとえば平等な権利の概念を中心にしたもの――は、過去のヒエラルキー社会には適用できない、と見る発想はわからないでもない。これらの社会が第五章でロールズを引用して挙げた諸条件を満たさないという明白な事実は、これらの社会にとっても、また近代社会について提起されたロールズの基準の妥当性に関してもなんら関係がないように思われる。[10] にもかかわらず、過去の社会の正、不正という問題が、隔たりの相対主義のうちに雲散霧消してしまうことを警戒する気持ちもまた強いだろう。たとえ近代固有の捉え方で正義の判断を行うことは拒否したとしても、その社会自体に何らかの正義の捉え方があったはずであり、その捉え方で社会を評価することを正義判断と呼ぶことは駄洒落でも言語学的誤りでもないはずである。社会正義に関する近代的な捉え方のなかには、かつてどこかに存在し、用いられていた捉え方のよりラディカルな適用——保守主義者はそれを誤用と呼ぶだろうが——であると見なしうるものがあろう。同様にして歴史的連続性は、反対方向の捉え方にとっても、倫理的な主張を行うために用いることができよう。つまり、かつての捉え方はなんらかの形で私たちと共にある。昔に戻ることはできないこと、かつての社会におけるヒエラルキー正統化はもはや用いることができないことを私たちは知っている、少なくとも知っているべきである。しかし、もしラディカルな解釈が、かつての正義の捉え方の中に、より平等主義的な近代的捉え方を看て取ることができるのであるならば、保守主義的解釈がかつての捉え方の中に、より平等主義的ではない捉え方を看て取り、それを援用することを試みることもできるはずである。このような解釈には、かつての正統化論理——それは（無知蒙昧の反動主義者でない限り）誰もがもはや援用しえないことがわかっている——は必要ないはずである。

倫理思想にとっては、かつての正統化論理がいかなる意味で問題にならなくなったかということが重要である。反省および社会についての自然主義的な見方の成長は、このような正統化論理が知的な意味で捨てられることにつながる。つまり、そのような論理は説明され、理解されるのだが、決して当事者たちが望んだ仕方では理解されないのである。しかし、この種の正統化論理の説明のなかには、この論理を倫理的な意味で捨て去るように仕向けるものがあろう。批判理論[11]は、この点で正しく、この種の説明についてある特定のタイプの問題を提起するように促す。つまり、正統化論理の受容がはたしてそれが正統化しようとした権力自体の影響ではなかったのか、という問題である。これは実質的には倫理的な議論であり、単なる説明的な議論ではない。この種の議論には、かつて存在した社会の正義に関する問題を、近代の倫理思想において生かし続ける力がある。そのことによって、隔たりの相対主義の不適切な側面をあらわにするのである。

これらの問題については、さらに多くを論じるべきである[12]。隔たりの相対主義を超えるような倫理思考の中核には、正義に関する諸問題があるのかもしれない。これもまた近代世界の特徴によるものであるかもしれない。私たちはさまざまな社会正義の捉え方をもっており、それらはさまざまな政治的帰結を生み出す。それぞれの捉え方は過去に、そして私たちの感情のなかに理解可能な根を張っている。私たちは過去の正統化論理が受け容れられないことは分かってはいるが、他の点では過去の捉え方をどのように解釈すればよいのかについて自信がないので、私たちは正義についての過去の捉え方を、近代人に対してもなお訴求するような捉え方が具現したものとして捉えがちである。この限りで、私たちは過去のさまざまな捉え方を、互いに現実に対立するもの、また、多様な近代的な捉え方とも現実に対立するものと見ているのである。

三

さて、反省それ自体、および反省と倫理知との関係〔の問題〕に戻ろう。私は先に、反省は知識を破壊するかもしれないといった。これは、反省の度合いが低い状態で用いられていた濃い倫理的概念が、反省によって使用されなくなり、一方でその代わりに用いられるようになると思われる、より抽象的一般的な倫理思考は、命題知の条件を満たさないと思われるからであった。このような場合に知識が破壊されるということは、かつて真実であった個々の信念がいまや真実ではなくなるということではない。また、それは人々が知っていると思っていたことを実は知らなかったのだ、ということでもない。では、それが何を意味するかというと、これらの人々はかつてある種の信念をもっており、多くの場合それは知識と呼んでよいものであった。ところが、反省後の今では、これらの信念にとって本質的な諸概念を用いることができなくなったので、もはやこの種の信念を形成できなくなった、ということである。これは特定の状況に関するある種の知識――その社会的世界において人に方向づけを与え、またこの社会的世界そのものを形成するのに与っていた知識――が、もはや存在しないという事態なのである。知識が破壊されたというのは、ある種の知識の実現可能性が破壊されたからなのである。さらに、もしこの人たちがかつて保持していた信念について改めて考えてみるならば、観察者が見るようにそれが見えてしまうことだろう。つまりそれは、自らは共有していない知識に見えることだろう。

反省が知識を破壊するということは、まったく知られていないことではない。ある実践的な能力が、それをどのように実践しているかを反省したために、破壊されてしまう(同様に、好条件の下ではその能力が促進される)ことがある、というのは平凡な真理である。しかしこの事例は、先に問題にしていた〔倫理的事例の〕場合とは非常に異なったものである。第一に、この事例では個人の意識が問題になっているにすぎない。つまり観察者は、能力がある人がどのようにその能力を発揮しているかを理論的に探究できるし、そこで得られた結論は正しく適用されたならばその能力を向上させることができる。第二に、ここでは反省は人が間違いなく実行できることについて行われ、もはやそれができなくなってしまうという事態が生じたとしても、それは当然に発生するはずだったとは言えないのである。これに対して倫理的な事例では、なるほど反省の前には、人々はこれらの概念を用いて社会的世界のなかで方向づけを得ることができたのではあるが、いったん反省ということをしてしまうと、人はもはや別の倫理の下に行動すべきことになってしまうのである。自転車乗りや綱渡り師が行ったバランスを崩すような反省と違って、倫理的反省は、それが反省の対象である実践の一部となり、それを内在的に変容させてしまうのである。

ソクラテスは、これらの問題を、個人の自らの実践についての反省だけを対象にして考察した。第一に、ソクラテスは、そもそも反省的でないものは知識たりえないので、反省が知識を破壊することはありえないと考えた。第二に、彼は、知識に導くものがあるとしたら反省こそそれであり、重要なのは知識だ（人は知識があるときの方が、知識がないときよりも、よい状態にあるはずだ）と信じていた。人が第一の信念を信じることなく第二の信念を信じる場合には、反省が知識を破壊〔する可能性を排除できないので、破壊〕しうるという考えは、反省に対して牙を向け、それは一種の保守主義――〔デラシネでなく〕根付いていることや、言葉に頼らずに会得すること、慣わしを身につけることなどを賛美するような保守主義――、悪くするとそれよりもひどいものを生み出すのである。

確かに、これらの事柄は、進歩的な思想が認めた以上に多くの真実を含んではいる。実際のところ、多くの進歩的思想よりも、これらの方がはるかにましであるとさえ言える。しかし、たとえ伝統知にその価値を認めたとしても、そのために反省を抑圧しようとすることは破滅的なことである。それはちょうど、子供ができたことで自分の人生が狂ってしまったことに気づいた女性が、子供を殺すことによっては、かつての生活を取り戻せはしないのと同じである。

しかし、私たちはソクラテスの第二の信念を受け容れるべきでない。もし非ソクラテス的パラドックスを受け容れるのであれば、私たちは彼の想定を二つながら斥けるべきである。確かに倫理知というものはあるのではあるが、それは必ずしも最善の倫理的状態であるわけではない。私たちは、倫理知を失う過程で、他の種類の——たとえば人間性、歴史、そして世界の実際のあり様といったことについての——知識を手に入れうるのだということを忘れてはならない。私たちは、倫理的なるもの〔それ自体ではないにしても、倫理的なるもの〕に関わる事柄、あるいは、その周辺に位置する事柄について、知識を獲得しうるのである。そして同じ過程を通じて、倫理的なるものの内部においては、私たちは理解というものを獲得しうるのである。

これはやがて私たちが失ってしまう知識の別の呼び名にすぎない、と考えてはならない。何よりもこれは、〔多くの場合、知識に伴う〕確信ということに、倫理知と同じ仕方で結びついてはいない〔ということが主要な相違として挙げられる〕。保守主義者や伝統主義者が反省を攻撃する理由の一つは、彼らはそれが導く不確実性——最良最善の人々が自分の考えや行動に確信をもてないような状況——を恐れるからである。彼らが恐れる事態は確かに恐れるべきものである。彼らが、リベラルを装う人に時折見かけられる態度、つまり不確実性それ自体を一種の徳とみなし、確信の代わりに、洗練された不決断のもたらす満足(これもずいぶんと知識人的な自己満足である)に浸る、あの態度を軽蔑するのは正しい。彼しかし、これらの伝統主義者とリベラルな思想家は、ともに共通の誤りを犯している。

らは、倫理生活における確信は知識〔であることに存する〕、つまりある種の確実性でなければならない、としているのである。

もし倫理的確信を知識や確実性と同一視してはならないのであれば、それはいったい何であるのか。なかには倫理的確信を確実性として捉えることを斥け、それを、頼りがいについてはこれを超えることがなく、さらに、ふさわしさにおいては少々劣るところのあるものにとって代えようとする論者もいる。知性の他には意志しかありえないと考え、この人たちは倫理的確信の源泉はある**決断**[13]、つまり特定の倫理原則を採用するとの決断、ないしある一定の生き方をするとの決断にある、とする。これは間違っている。というのは、倫理的確信も他のあらゆる確信と同じように、ある種の受動性がなければならない。つまり、その確信は、ある意味で向こう側からやってこなければならないはずである。ある種の決断はそのように向こう側からやってくるように思われるが、それはその決断が、他に選択がありえないような、抗いがたい決断であるからである。倫理的確信をもち、同時にそれを決断の産物であると意識しているということは、その決断自体が不可避のものだと思われない限りありえない。ところが、この不可避性こそが、説明されねばならない当の事柄なのである。

カントは確かに、道徳は自律性を要求し、いかなる道徳原理も自らが自由に承認ないし採用しない限り、**自らのもの**であるとは言えない――言い換えれば、自らのもののうちで道徳原理たりうるものは、自らが自由に承認ないし採用したもののみである――と考えていた。しかし、第四章でみたように、この見方はカントが理論的な結論にも当てはめたものであり、それを彼の超越論的心理学のレベルで主張していたものである。カントは、私たちの日常経験におけるあの心理的な判断というものは、考察の対象としていなかった。実際、次章でみるように、彼は日常経験においてそれとちょうど逆の性質をもったものを見出す必要があった。それは、理性による承認に代わってその役割を果たす何ものかで、それは――外側から決定されたように思われる感覚として――受動態において自らを現前させ、カントが「法〔則〕に対する尊敬の念」と呼んだものである。

決断モデルも確実性モデルも、現実の倫理的確信の欠如を前にしては、あまり役に立ちそうもない。なかには、私たちは倫理的確信が必要なのであり、知識のみがそれをもたらしうる、として確実性モデルに肩入れする人もいる。そのような人たちは、次の明らかな事実を見落としている。つまり、認知的確実性をどれだけ信頼していたとしても、もし私たちが〔倫理に関し、〕何について確信をもつべきであるかについて合意できなければ、それは倫理的確信をもたらすことができないという事実である。この点に注目して、決断モデルの方に肩入れする人たちは、私たちはこれまで誤った方向を見ていた、と言う。彼らは、倫理とは決断の問題であり、私たちはそのような決断に対する責任を直視し、その決断に必要な重荷を背負う覚悟が必要である、と言う。このような見方は、上記と同じくらいに明らかな次の事実を見落としている。すなわち、もし倫理が決断の問題であったならば、そして私たちが確信をもてないのであったならば、私たちはどのように決断すればよいのか、確信をもてない状態にあるということである。

第三の捉え方が必要である。その捉え方を表わす最良の言葉はおそらく、自信（*confidence*）であろう。これは基本的には社会的な現象である。といってもそれは、自信というものが社会に存在するとき、個人が何らかの形で自信をもっているからそうなのだということを否定することではない。また、それは、社会に自信が欠如しているときでも自信をもっている個人が存在しうる、ということを否定するものでもない。しかし、後者の事態が起こった場合には、自信は普通とは違った形をとる。というのは、個人の態度に対する社会的承認と支持の欠如は、この態度のあり方に対しても影響を与えざるをえないからである。第一に、この場合、人は自分が自信をもっているということを意識してしまうのである。この自信という捉え方を導入するポイントは、哲学――それは確信のもたらし方を教えることはできなかった――が自信のもたらし方を教えられるから、ということにあるのではない。むしろこの捉え方が、他のモデルよりもはっきりした形で、哲学がなぜそれをもたらすことができないかを教えてくれるからである。どのような制度、養育法や公共的議論が自信というものを育成するのに役立つかという問題は、〔哲学的な問題ではなく〕社会的かつ心理的な問題である。倫理的な自信に関して最初に思いつく問題は、〔哲学ではなく〕社会的説明に関わるものである。これは、倫理的自信が合理的議論と何の関わりもないということを意味するものではない。社会状態というものは、合理的議論によってさまざまに影響を受ける。さらに、もし合理的議論抜きに、あるいはこれを抑圧することによって自信というものをつけようとしたならば、私たちはきっと失敗することだろう。また、それだけでなく、他の善を犠牲にすることにもなろう。自信というものは、さまざまな善のうちの一つにすぎない。自信というものも只ではないのであり、その実現があまり高くついてはならないのである。〔したがって、できるだけ他の善を犠牲にしないために、合理的議論を通して自信をつけるようにすべきである。〕

自信というものは社会状態であると同時に、議論、理論化、そして反省にも関わっている。そしていま挙げた諸活動はそれ自体が実践の一部であり、個人においてそれらが心理空間を占めるのとちょうど同じように、社会空間を占めるのである。私たちはこの点を、次のような主知主義的な捉え方の連鎖によって忘却するように仕向けられている。第一に、私たちの基本的な狙いは、倫理的な問題についての答を手に入れることである。第二に、答を手に入れるためには、これらの問題に関する〔考慮の際にとりあげられるべき根拠、つまり、そのように考える〕理由にできるだけ注意を注がねばならない。第三に、このような注意の作業を制約する実践（practice）的な要求は、まさにそれ、つまり単なる実際上の（practical）制約にすぎない。

ところが、真実はむしろ次のようなことにある。まず、基本問題は、いかに生きるか、何をなすべきか、である。第二に、倫理的考慮はこの問題にとって重要である。第三に、倫理的考慮について反省を行うのに用いられるべき時間とエネルギーの量は、私たちの現実の倫理生活の観点からして、生きるに値する人生は何か、そして人生を生きるに値するものと考える人々を育むものは何か、の二点についてどう考えるかに依存している。〔特に後の問いかけとの関連で〕ここで私たちが答えねばならない問題の一つは、いかにして人は、あるいはどのようにして十分な人数の人々が、（自己欺瞞と教条主義のもっている弱さからではなく、）強さから来る実践的自信をもつに至りうるのか、というものである。現代世界における反省の必要と反省の遍在ということを二つながら認めるとすると、これは特に難しい問題である。（自信は楽観と同じではない。自信は、ニーチェが強きペシミズムと呼んだものに基づくことができる。）

四

これまでの議論は、倫理的な思考と実践の将来についてある見通しを与える。まず、前章末尾で検討した、人間が倫理的生活の客観的基礎に到達するという考えを思い起こそう。ここで扱いやすい形に言い直すならば、それが客観的基礎をもつことを人が知っているような倫理生活に人間が到達する、という考えである。これはあまりありそうにも思えないことではあるが、この考えから学ぶべきものはある。この過程は、実践的な収斂、つまりある生き方の共有ということに関わるだろう。科学の場合では、私の客観性論によれば、収斂は強制されずに実現するようなものであった。もし強制されたのであるのならば、もはやこの収斂の過程を真理に到達するそれとして説明することはできなくなるだろう。さて、実践的倫理的な場合には、収斂は基本的な欲求や関心によって説明されねばならない。この過程もまた、強制されないものでなければならない。そこで問題となるのは、いかなる過程が強制されないものと言えるか、ということである。

強制されないとは言えないことが明らかな過程もある。たとえば、火星人がやってきて、もし人類がある特定の倫理生活形式〔の採用〕について幅広い合意を形成しなければこの惑星を破壊する、と言ってきた場合、数世代後には火星人の提供してくれた何らかのテクノロジーの助けをも借りて、このような広範な合意が確立する、といったことが起こるかもしれない。これは確かに基本的な欲求や関心に関わるものではあるが、しかしそれは私たちの生き方に客観的基礎づけを与えるということには関係のない仕方でしか関わらない。それは単に、これらの制裁を恐れてこのような人生が受け容れられた、ということにすぎない。だから、このような状態が実現した後でも、宇宙人たちは、私たちが制裁の恐ろしさを常に意識しているようにするか、私たちの反省能力を破壊するか、それとも強力な正統化神話を与えるか、いずれかをしなければならないだろう。こういったことをしないにもかかわらず、このシステムがうまく機能したとすると、宇宙人は私たちに、(それ以外のものはありえないというわけではないが)よほど満足のゆく生き方を与えてくれたとしか考えられない。しかしそのように満足のゆく生き方にしたのは、私たちがそこで安定して反省的に生きることができる、という事実なのであって、私たちがこの生き方に収斂するように強制された、という事実ではない。

合意が強制されないものであるためには、それは人間生活の内部で培われるものでなければならない。それはまた同時に、理論的探究に影響されていなければならない。このような過程は、自由な制度が存在することを含意しよう。つまり、単に自由な探究だけでなく、生き方の多様性と倫理についてもある程度の多様性をも認めるような制度である。しかし社会制度を考えるこの場面でも、反省は心理的空間を占めないと考える過ちと同じ過ちを犯してしまわないように気をつけなければならない。ミルのいう「生き方の実験」を大切にする社会とは、最善の生き方をする可能性が高まった社会といったものなのではない。それは、一定の性格をもった社会であり、それはさまざまな生活の形を排除するものである。実際、排除された生活のなかには最も生きがいのあるものが含まれるかもしれない。しかし、これは多様性や探究の自由といったものも、自信と同じように、促進されるべき多くの善のうちの一つにすぎないことを意味するだけであり、それらが善たりえないということではない。客観性を尊び、かつ、理解可能な唯一の客観性は客観的基礎づけだということがわかっている者には、多様性と探究の自由とが重要な善であることを承認する理由がある。

客観性を信じない人でも、これらを重要な善であると承認する理由がある。それはなぜかというと、ここには未来に向けた隔たりの相対主義というものを認めうるからである。未来社会における人々をめぐる事例こそ、私たちが別の価値体系に対して純粋に観念的に対立すると同時に、その価値体系に属する者に対して何らかの責任があると言いうる唯一の事例なのである。ここでの責任とは、将来世代に私たちの価値観を押しつけるか、そうしないかを選択しうる可能性が高まるのに応じて高まるものである。将来世代が間違いなく私たちの価値観を共有するように努力する自信をもつためには、私見では、それらの価値について自信をもつだけでなく、さらにそれらが客観的であると確信していなければならないだろう。自らの価値観に自信をもつということの方は、それができる相談ならばたいへん結構なことであるが、後者の、客観性への確信は誤った発想に基づくものであると考える。もしこの確信をもたなければ、私たちには、過去を審判することを控える理由があるのと同じように、未来に影響を与えることを控える理由があることになる。私たちは、一定の価値観を未来社会に押しつけようとするのは控えるべきである。

さらに、私たちにはいくつかの積極的な行動をとる理由がある。まず、私たちは人として十分な生活のための資源を残しておくように努めるべきであり、その手段としてまたその一部として、私たちは私たちが知識と考えているものを後世に残しておくように努めるべきだろう。そのためには、私たちは反省的意識それ自体と、それを保持し、利用するのに必要な自由な探究の習慣とを残さないわけにはいかない。無論、上述した消極、積極の二つの目的の間には多少の緊張関係がある。自由な探究と反省的意識を後世に残しておこうとすることは、何も残さないでおくことではありえない。そしてその残されるべき何かは、ある種の生活形式を要求し、他の形は望まない。

私たちに続く世代、少なくとも私たちの子供たちには、さらに多くのものを遺しておこうとすることには理由がある。倫理的価値観を次世代に伝えようとすること自体が、私たちが倫理的価値観を抱いていることの証である。しかし、それはより遠い世代がどのような価値観をもつかということにはあまり影響しない。もし新たな技術開発などによって、将来世代の価値観に私たちがより多くの影響を与えられることになったとしても、私たちはその技術を利用しない方がよいだろう。もっとも、自由な探究と反省とは、できることなら遺すべきだろう。これらは私たちの知識が作ったと認めうる遺産である。遺産はこれで十分であろう。それらにとどめることは、私たちが隔たりの相対主義を十分に尊重していることを明らかに示すものである。

第十章　道徳、この特異な制度

一

先に私は、道徳を、特殊なシステムないし特殊な形態の倫理的思考と呼んだ。この章では、私が道徳というものをどう理解しているか、また、なぜこれなしでやっていく方がうまくゆくのか、ということをいよいよ説明すべきであろう。

道徳にとって重要なのは、その精神であり、その根本にある目的であり、そこに含意されている倫理的生活のあり方である。これらの点を理解するためには、ある特定の概念、すなわち道徳的義務（*moral obligation*）の概念を入念に検討する必要がある。(10) 道徳がなんらかの義務の概念を用いる事実があるとしても、それだけでは、道徳は他と違った特殊なものにならない。〔なぜなら〕義務についての日常的な概念というものがあり、これは考慮される事柄の一つとして登場し、倫理的に有用なもの〔だから〕である。道徳を他のものと違う特異なものにするのは、それが用いる特殊な義務概念であり、その義務概念に付与される重要性である。私が「道徳的義務」と呼ぶのは、このような特殊な意味の義務のことである。道徳は、いろいろな倫理的思考が集まってできたものであり、その集合は確定したものではない。それは、さまざまな倫理的立場を包括している。しかも、道徳は私たちに大変身近なところにあるため、道徳哲学は、それらの異なる倫理的立場とそれ以外のものとの違いではなく、もっぱらそれらの異なる立場どうしの違いを論じることになる。それらの立場は、みな同じように、道徳システムの典型であったりその内容をよく示す例であったりするわけではないが、やはり道徳的義務という概念を共通にもっている。道徳を最も純粋な、深遠な、徹底した形で表現したのはカントである。しかし、道徳は哲学者の発明したものではない。道徳は、私たちの大多数がとるものの見方、あるいは矛盾するかもしれないが、そういう見方の一部分である。

道徳システムのもとでは、道徳的義務は、特に重要な種類の、熟慮に基づく一つの結論として表明される。この種の結論は、何をなすべきかという問に向けられ、道徳的理由に支配され、個別的状況を対象とする。（一般的な義務というものもあるが、これは後に触れることにしよう。）道徳システムの内部にあっても、個別的な道徳的熟慮に基づくすべての結論が義務を表明するというわけではない。義務という地点まで到達することなく、

「あなたは、このような行為をしてもよい（*may*）」ということだけを示す結論もあろう。この種の結論は義務を表明してはいないが、ある意味では、依然として義務の観念に支配されている。自分が義務づけられているかどうかと尋ねたうえで、義務づけられていないという決定を下しているからである。

以上は、道徳的義務を、道徳的熟慮の結論ないしアウトプットによって記述したものである。なるほど、道徳的考慮そのものが、義務という形をとって現われることもあるかもしれないが、こう言えば、当然に、必ずしもそうなる必要はないと言い足すべきだろう。たとえば、ある結果が生まれるのが最善であり、私がその結果をある仕方で生み出すことができる場合には、私はこれを理由として、その行為をするのは私の義務である、という結論を出すといったことがあろう。ところが、道徳システムの内部には、熟慮のプロセスにはいり込んで個別的義務を生み出すあらゆる考慮を、それ自体、一般的義務として表象するように働く力が存在する。したがって、いま自分に最善のことをする義務があれば、それは自分になんらかの一般的義務——最善のことをするという一般的義務（それ以外にも色々と付随するかもしれないが）——があるからである、ということになる。どうしてこうなるかは、後に見ることにしよう。

道徳的義務が一種の実践的帰結であるという事実は、この義務の特徴のいくつかを説明する。義務とは、ある行為に関して、誰かに適用されるものである。義務は、何かをする義務なのである。その行為は、行為主体がなしうるものでなければならない。「べしはできるを含意する」という公式は、この文脈で有名である。これはべしについての一般的言明としては真ではない。しかし、実践的帰結として導きだされる場面において、どんなものが個別的義務になりうるかを示す条件としてこれを理解すれば、この公式は正しいと言える。私の熟慮の結果生み出されるものが、私にはできないことであれば、私はもう一度熟慮しなおさなくてはならない。〔ところが〕どんなことが行為主体にできるかという点については、周知のように問題がありすぎる。あらゆることが（あるいは、心理に関するあらゆることが）決定されていると主張する、壮大で意気阻喪させるような理論があるだけではなく、人がある行為をすることができるとか、行為しようと思えばできた、ということの意味自体が不明瞭なのである。これらの問題について有益な発言をしようとすれば、広範囲におよぶ議論を展開する必要がある。私は、本書でそれを試みようとは思わない。[1]しかし、私の以下の論述は、道徳が、この点でも他の点でも、特に鋭い形で〔道徳的行為に〕共通の問題とぶつかることを示すだろう。

この道徳的義務のもう一つの特徴は、義務どうしが、究極的に、あるいは本当は、あるいは最終的に衝突することはありえない、ということである。この結論は、自分が義務づけられているような行為は、自分にできるものでなければならない、という先ほどの主張から直接引き出せるものである。そのためには、もう一つの原理（「集積の原理（agglomeration principle)」、とも呼ばれてきた原理)を付け加えさえすればよい。集積の原理とは、もし私にXを行う義務があり、かつYを行う義務があれば、私にはXとYを行う義務がある、というものである。この要件もまた、道徳的義務の実践的なあり方を反映している。これら特別の要件に支配されない、通常の意味での「義務」について語るのならば、義務は明らかに衝突しうるものである。そもそも義務のことに触れるような場合というのは、たいてい、義務が衝突する場合である。[2]

哲学者デイヴィッド・ロスは、義務の衝突を論じるために専門用語を作り出したが、これは今でもときおり使われている。彼は、一応の義務(*prima facie* obligation)と現実の義務(actual obligation)を区別した。一応の義務とは、道徳的な考慮によって支持される結論であり、現実の義務になりうる候補のことである。他の義務がこの義務に優先されないかぎり、この義務は道徳的熟慮に基づく正しい結論とされる。ロスは、一応でしかない義務——最終的には、他の義務によって乗り越えられてしまう義務——が、見かけだけの義務(apparent obligation)とは違うということを説明しようとした。(ただし、この試みはあまり成功したとは言えない。)一応の義務は、意志決定にいくらかの影響を及ぼしはするものの、他の義務との競合という条件のもとでは、意志決定を支配するだけの力をもたないような義務である、と理解すべきだとされる。つまり、より具体的には、一応の義務が打ち破られたら、それを支えていた考慮が、別の、現実の〔ものとなる〕義務を支えることもある、ということである。〔たとえば、〕もし私が十分にして止むをえない理由によって約束を破ったとすれば、そのために私は、約束を違えられた者に対して補償をするというような、何か別のことをする現実の義務を負うことになるかもしれない〔というのである〕。

なぜこのように私がもう一つの義務を負うことになるのか、これは少しも明らかでない。なぜなら、ロス的見解によれば、人のなすべきことは自分の〔すでに負っている〕いろいろな義務をきちんと果たすことであるし、私は〔熟慮の上、一応の義務を斥け、正しく現実の〕義務を果たしたからである。〔ここで、この約束の例に即して、道徳システムの論理を考えてみよう。〕現実の義務の不履行はなかった。その結果、心が安らぐことだが、私は自分自身を責めなくてもよいことになる。なるほど私は、このような状況にはいり込んだというような別の理由で、自分自身を責めるかもしれない。しかし、自分がすでに斥けてしまった行為をしないことで、自分自身を責めたり非難したりするのは、やはり間違っている。自責というものは義務の不履行に伴うものだが、この場合には、そもそも〔不履行となるような〕義務がなかったのである。〔以上のようなことが言えるだろうが、ここで〕道徳システムは、私がこれに心を痛めることがあっても不思議ではないという点を一応譲歩して認める。ところが、道徳システムは、この感情を「遺憾（regret）」というような非道徳的な感情のもとに包摂し、呵責（remorse）や自責（self-reproach）から区別してしまう。

このような分類のやりなおしは重要である。これは、倫理的なるものが道徳的なるものに縮小される場合の特徴的現象である。自らの意思によらず行った行為や、二つの悪のうちのより小さな悪として行った行為に対してあなたが抱く感情は、遺憾の情——非道徳的感情——として理解されるべきであるという主張は、あなたが、自分の行為に対して、まったく偶然に起こったことや他人の行った行為に対してもつのと同じような感情をもつべきだ、ということを含意する。**私がした**のだという考え方はまったく重要ではなくなり、私がなすべきことを自らの意志で行ったかどうか〔だけ〕が、重要なこととされるのである。こうして道徳システムは、自分がしたことと自分がしなかったこと、という単純な区別に根ざす倫理的体験の重要な一側面から目をそらしてしまう。実はこの区別は、自らの意志に基づくか、基づかないか、という区別と同じくらいの重要性をもちうるのである。[3]

道徳的義務は、逃れられないものである。一方で、約束をするときのように、自発的に義務を負う場合もあろう。通常言われるように、約束が約束として成り立つためには、それが自発的に交わされたものでなければならないだろう。（もっとも、やむを得ない状況での約束といった判定しがたいケースもある。）他方、自分が選択しないのに義務を負ってしまう場合もある。しかし、いずれの場合も、いったん義務を負えば、それから逃れることはできない。ある行為主体がこのシステム内にいることを好まないとか、その規則に拘束されるのを好まないというような事実も、義務免除の理由にはならないし、〔それを理由に義務を履行しない〕行為主体への非難は、誤解に基づいてなされているのではない。非難という反応は道徳システムに特徴的なものである。すでに触れた呵責や自責や罪悪感は、道徳システム内部での典型的な一人称的反応である。行為主体がそのような感情を一度ももたないとすれば、その行為主体は道徳システムの内部にはいないか、あるいはそのシステムの条件にあうような十分な道徳的主体ではない。道徳システムは、人々が互いに交わす非難というものも認める。これがなければ、以上のような一人称的反応が見られることも決してないだろう。そういう一人称的反応は、〔非難される経験の〕内面化によって形成されるものだからである。しかし、〔ここには非対称性があり、誰もが他者を非難する能力を備える必要はない。自己非難すなわち自責があれば道徳は成立する。だから、〕道徳システムに属する特定の行為主体が、誰をも非難しないということはありうる。ここで非難しないというのは、彼が非難の意を表明しないとか、場合によっては、非難と関連した感情すらもっていないという意味である。たとえば彼は、他人がどんなことをする能力をもっているのかについて、用心深く、懐疑的な態度をとるかもしれない。自己に対する非難や呵責は自己の行為が自発的になされたことを前提とするという主張は、いかなる人に対する非難も自発的になされた行為に向けられるべきであるという一般規則を、特定の形で適用したものにすぎない。道徳法は、いかなる国外移住も許さないから、現実のリベラルな共和国の法よりもきびしい要求を出し、〔誰も逃れられない故に〕責任という考え方に関しては疑いの余地なく公正な立場をとるのである。

この点で、功利主義は道徳システムの周辺部に位置していると言える。功利主義は、非難や他の社会的反応が、社会的に有用な形で配分されるべきである、と考える傾向が強い。この考え方は、自発的になされたことに反応すべきだという立場とつながるかもしれないし、また、つながらないかもしれない。この結論は、功利主義的基準を、非難を表明するような社会的行為を含むすべての行為に適用することによって論理的に導き出せる。この基準の適用範囲は、表明されていない非難や批判的見解にまで拡大することができる。さらに、別のレベルでは、功利主義者は、次のように問うてみることもできよう——功利主義的立場では非難することの目的は有用性であるが、このことを忘れることこそ最も有用な政策ではないか? 〔功利主義者たちが〕自責や道徳的義務の感覚の問題を扱うとなると、このような理論的操作はやはり認めがたく、どうやら抑えこんでしまうようである。功利主義者たちはしばしば非常に良心的であり、人類のために尽くし、また動物のことを思い肉食をあきらめる。彼らは、こういうことこそ、道徳的に見てなすべきことであると考え、自分が設定した基準を満たすことができない場合には、罪悪感をおぼえるのである。彼らは、「私がこのように考え、感じていることは、どれほど有用なのか?」という問を発しない。おそらく、発することはできないのだろう。ほとんどの種類の功利主義が、道徳の典型ではないにせよ、やはり一種の道徳であるのは、功利主義の論理的特性によるばかりではなく、〔一貫しないことではあるが、〕功利主義者が以上のような行為の動機をもっているからである。

道徳的義務は逃れられないという感覚、つまり、私がするように義務づけられている行為は私がしなければならない行為であるという感覚は、すでに触れた見解の一人称的側面を表わしている。その見解とは、人々が欲しなくても、道徳的義務は人々に適用される、という見解である。この見解の三人称的側面は、次のように言い表わせる。人々が追いつめられ、道徳システムから抜け出し、その外で生活をすることを欲していても、道徳的判断や非難は、その人たちにも適用される。道徳の観点から見るかぎり、道徳システムの外などという場所はない、少なくとも責任ある行為主体にとっては、そうなのである。カントの用語を使って以上の二側面を統合するならば、道徳的義務は定言的なのである。

道徳システムの外部にいる人々については、後に触れることにしよう。まず、システムの内側にいる人にとって道徳的義務はどんなものであるかという点について、もっと述べておく必要がある。特定の状況で、確固たる道徳的根拠に基づいて、ある行為をすべきだと判断すれば、このような行為は必然的に道徳的義務と見なせる、という見解がある。しかし、これは同意しがたい見解である。義務以上あるいは義務以下の、いろいろな行為があるからである。（方針、態度などについても、同じことが言える。）義務づけられたことや要求されることを超えた、英雄的行為あるいは大変立派な行為もある。あるいは、倫理的観点から賛成でき、価値があり、名案であったとしても、その行為をすることが要求されない行為もある。この点は、人々の反応を見れば明らかだろう。人々は、しなかったからといって別に非難されることもないような行為をすることがある。そして、それで大いに称賛されたり、単に評判を良くしたりするのである。道徳システムは、義務を生み出すとは思えないこのような事柄に対して、どのように対処するのだろうか？

道徳のなかで重要な位置を占める義務論的道徳は、できるだけ多くの事柄を義務に変えてしまおうとする。この方法で、義務論的道徳は、義務を生み出すとは思えないような事柄に対処する。（この道徳は、それ特有の動機によって、あらゆる倫理的考慮を一種類のものにする還元主義的企てを支持する。）この問題の参考になるようないくつかの例が、ロスの著作に見出される。一応の義務という彼の専門用語については、すでに触れたとおりであるが、彼は、自分が一般的義務（general obligations）と考えるものをいくつかのタイプに分けて列挙し、この一般的義務を、務め（duties）と呼ぶ。[4] 第一のタイプには、誰もが義務と呼ぶようなものが含まれる。つまり、約束を守ることや、その当然の帰結とも言えそうだが、真理を語ることが含まれる。第二のタイプには、「報恩の務め」、つまりサービスをしてくれた人に対してよいことをする、という務めが含まれる。しかし、（サービスという言葉はこれを含意するかもしれないが）恩恵を施す人が返礼を期待する権利をすでにもっているのでない限り、これが〔なされねばならない〕務めなのかどうかは実際のところ不明である。もしそのような権利があるというのならば、その権利はなんらかの暗黙の約束から生じるものであり、報恩の義務は第一のタイプに属することになるだろう。確かに、私が請求していないにもかかわらずよい行為がなされ、それが恩を感じさせ圧迫感を生むこともあるだろう。しかし、だからといって、私がこの圧迫感を義務と単純に同一視してよいことにはならないのである。[5]

ロスがここで義務の型に無理にはめ込もうとしているのは、明らかに別の倫理的な観念である。それは、恩を返したいと思うのは人格者の特性のあらわれだという観念である。この特性は、道徳的に義務づけられたことを行う性向とは異なる。さらに、「正義の務め(duties of justice)」とロスが呼ぶ第三のタイプの義務があるが、これにも別の倫理的思想が隠されている。これについてのロスの発言は、私たちを驚かせる。

> 〔これらの正義の務めは〕快や幸福やそれを獲得する手段が、関係する人たちの真価に見合った形で分配されていない、という事実や可能性に左右されるものである。そういう事実や可能性があれば、分配パターンを覆したり妨害する務めが生じるのである。

正義の務めないし正義の義務といったものは、確かに存在する。しかし、このように資本主義経済（もちろん他のどんな経済でもかまわない）を転覆させるような反乱を扇動するのは、どう見ても、正義の義務を正しく説明することではない。正義の出す諸要求は、何よりもまず、発生すべきことに関わる。正義がある要求を出す場合、それは、ある人が理由あって行う行為、より具体的には、その人がするよう義務づけられた行為と関連をもつ。だが、両者がどのような形で関連するかは、本人がその正義の要求に対してどういう立場に立っているかによって決まる。政治においては、個人的な行為が、望ましいものからどれほどかけ離れているか——これをユートピア基準とでも呼んでおこう——という問こそが、第一に発せられるべき問、しかも第一の倫理的な問の一つとなる。

すべてを義務の問題にしようとするのは、道徳の誤りである。しかし、この誤りの根は深いところにある。義務という名で通常呼ばれているものは、道徳的考慮が対立しあう場合には必ずしも勝ち残るものではない、ということをここで想起すべきである。あなたが日常的な〔意味での〕義務を負っているとしよう。たとえば（教科書によく出てくるが）、約束したから友だちを訪ねなければならないと仮定してみよう。次に、なんらかの重要な目的に対してあなたが貴重な貢献をするという、またとない機会が、約束した時間や場所と衝突するような形で訪れたとしよう。（この例を現実的なものにするには、詳細を書き込まなければならない。しかし、道徳哲学でよく起こることだが、詳細を書き込めば、例そのものが崩れはじめるかもしれない。あなたの友だちがその目的にどういう態度をとり、あなたが目的を推進することに対してどういう態度をとるか、という問題がこれに絡んでくる。もしその人が、それらの両方、あるいは後者に好意的な態度を示し、連絡すれば約束などなかったことにしてくれるようであれば、それに道徳的わだかまりを感じるのは最も気むずかしい道徳主義者だけだろう。友だちが約束をなかったことにしてくれないのならば、あなたは、何と友だちがいのないやつだ、と思うだろう。いずれにせよ、これを読む人それぞれがふさわしい実例を見つけ出すのは、それほど難しいことではないだろう。）あなたは、この機会を目的達成に力を注ぐのに用いるべきだという結論に無理なく落ち着くかもしれない。[6] しかし、義務というものは道徳的な厳格さをもっており、義務の不履行は非難をひきおこす。道徳の世界内部で問題をうまく処理しようとするかぎり、この義務を帳消しにするには、競合する行為が他のより厳格な義務を表わしていると考えるよりほかに手はない。こうして道徳は、**義務を打ち破ることができるのは義務だけである**、という考えを助長する。[7]

それにしても、あなたのこの行為は、もっと一般的な義務から生じたものでないとすれば、一体どうして義務になることができたのだろうか？　この一般的な義務が何であるかを述べるのは、容易でない。自分の目的を追求する無制限の義務があなたにあるわけではないし、設定した目的のためにできるだけのことを行う義務があるわけでもない。そこで、次のような弱々しい案だけが残る。すなわち、援助するのに特に好都合な場合、人は、なんらかの重要な目的が達成されるのを援助する義務を負う、と考えるのである。個別的な義務を支える一般的な義務を見つけるという道徳システム内のプレッシャー——義務出し・義務入れの原理(the *obligation-out, obligation-in* principle)[11]——は、もっとはっきりとした結果を生み出すこともある。たとえば、危険にさらされている人を助けるよう努めなければならないという義務がそれである。私たちは、緊急事態の発生によって一般的な倫理的考慮が特定の状況に向けられるのをよく知っている。危険な状態にあるすべての人を助けたり、危険な状態にあって助けてあげねばならないような人を探しまわる義務は、私にはない。多くの人は、危険にさらされている人に直面すれば、[8]助ける努力をする義務があると感じるだろう。(ただし、自分は過度の危険にさらされない、というようないろいろな納得ゆく条件が考えられるが。)この場合、先の場合とは異なり、根底にある義務は既成の義務のようである。「このような緊急事態において、私には助ける義務がある」という私に対する直接の要求は、「人は、緊急時には助けるべしという一般的義務をもつ」というものを淵源とすると考えられる。ここでさらに、道徳的考慮の多くが、おそらくはその全部が、状況によってはなんらかの義務を無効にすることがあることを想起してみよう。そうすれば、多くの、おそらくはすべての道徳的考慮が、ロスの還元主義が示唆するような単純かつ無制限の一般的義務に関連しないまでも、やはりなんらかの一般的義務と関連することが分かる。

一般的な義務を探し求める旅が始まると、今度は、道徳的に中立な行為を確保しておくことが困難になるかもしれない。この困難は単に哲学的なものだけではなく、良心に関わるものもあろう。すでに私は、なんらかの特定の行為をしてもよい（*may*）という道徳的結論が可能である、と触れておいた。これは、私が義務づけられている行為が他にはない、ということを意味する。しかし、私たちが先ほどの考えに勇気づけられて、いろいろな道徳的目的を達成するという一般的で不確定な諸義務を受け容れたならば、それらは、暇な人々に仕事を与えるために待機することになるだろう。そして、私は義務づけられていないことをするよりも、もっとまともなことに従事できる、という思考が地歩を固めることになる。（必ずそうなるというわけではない。その可能性があるということである。）しかも、もっとまともなことに従事できるのならば、従事すべきである。したがって私は、義務づけられていないことをして時間を浪費してはならない、という義務を負うことになる。この段階では、義務を打ち破ることができるのは、もちろん義務だけである。そこで、自分がしたいことをするためには、自己への義務というあの一種の詐欺的な代物が必要となる。義務に倫理的思考の組み立てを許してしまえば、義務は、いくつかの自然な道筋をたどって、生活を完全に支配できるようになるのである。

二

道徳は、義務の観念によって威圧的な構造物をつくりあげた。その舞台裏を見て正体を明かすためには、義務をさまざまな倫理的考慮の一つにすぎないものとして正しく把握したうえで、義務というものがどのようなものであるかを説明する必要がある。このような説明によって、私たちは道徳がもつ特殊な道徳的義務の概念から抜け出すことができるし、最終的には、道徳システムそのものから完全に抜け出すこともできるだろう。

私たちに第一に必要なのは、**重要性**という観念である。言うまでもなく、いろいろなものがいろいろな人にとって重要である。(これは、それらがその人々の利益にとって重要であることを必ずしも意味しない。) ここで問題になっているのは、重要性についての相対的な見方である。人はある特定のものを重要と**見なす**、という形でこれを表現してもよい。この相対的にすぎない見方を超えたところに、無条件に重要である(端的に重要であるとか、**とにかく重要**、と人が言うときのあれである)、というもう一つの見方がある。何かが無条件に重要であるとはどういうことか? これは少しも明らかではない。その何かが宇宙にとって重要である、という意味ではない。そのような意味では、重要なものなどない。また、大部分の人間が事実そのことを重要と見なしているという意味でもなく、人々がそれを重要と見なすべきだという意味でもない。〔無条件に重要という〕この観念について、論争の余地のないような説明をすることは不可能だろう。人々がこれを説明しようとすれば、必然的に、自分が重要と見なしている事柄に影響されるからである。

この観念がきちんと理解されていないことは、ここでの議論にとっては重要ではない。この観念に関して、今は三つのことだけに注意する必要がある。第一に、そういう観念が存在するということである。第二に、何かがある人にとって相対的に重要であるとき、これは、その人がそのことを無条件に重要であると考えていることを必ずしも意味しない、ということである。ある切手を加えて切手コレクションを完成させることは、ヘンリーにとって、なるほどとても重要なことかもしれない。しかし、そのヘンリーですら、これは無条件に重要なことではないことが分かると考えてよいだろう。ここには次の重要な理念を看て取ることができよう。人々は、無条件に重要ないくつかのものとともに、無条件に重要とは言えない多くのものを重要と見なすだろうが、両者を区別する能力をもってしかるべきである。

第三に、重要性の問題、特に無条件に重要であるものについての問題は、熟慮上の優先順位についての問題とは区別する必要がある。熟慮する際に、ある考慮を他の考慮よりも重視するならば、前者は私たちにとって高い優先順位をもつ。〔これには二つの見解が含まれている。熟慮の際に、ある考慮が他のほとんどの考慮よりも重視されるという見解と、これが熟慮のプロセスで起こるという見解である。後者の見解を別個に論じるべき理由も、いくつかある。後にその一つには触れるつもりであるが、一般には、両者をあわせて考える方が簡単である。)

重要性は熟慮上の優先順位と関連しているが、両者の関連は単純明快なものではない。誰もほとんど左右できない多くの重要な事柄があり、さらに、特定の個人の力ではどうすることもできない、非常に多くの重要な事柄がある。あるいはまた、熟慮の中には、熟慮に関して分業が成立しているため、その個人の関わるべきでないことがあるかもしれない。あなたの行う熟慮は、あなたにとって重要なことでさえ単純にはつながっていない。あなたが何かを重要と見なせば、それはあなたの人生になんらかの影響を与え、したがって、あなたの熟慮にも影響を与える。しかし、そういう効果は、必ずしもあなたの熟慮の内容のなかに直接見出されるとは限らない。

ある考慮は、特定の人にとって、あるいは一集団にとって、あるいはすべての人にとって、熟慮上の高い優先順位をもつかもしれない。優先順位は、このように人々に応じて相対化される。しかし、別の相対化がなされてはならない。優先順位が主題ごとに相対化され、道徳的な観点や処世的配慮の観点から熟慮優先順位がつけられてはならないのである。そういう順位づけをしたとすれば、それは誤解に基づいている。なるほど、道徳的考慮は、道徳的観点からみれば優先されるべきだと言われるかもしれない。しかし、もしそうであれば、これは、道徳システム内部にいる人がそのような考慮に高い優先順位を与えることを意味する。この方法は、優先順位の種類を決めるものではない。熟慮上の優先順位の主な特徴は、異なるタイプの考慮を関連づける点にある。[9] 重要性についても同じことが言える。ある意味では重要性にはいくつもの種類がある。当然私たちも、道徳的に重要なこともあれば、審美的に重要なこともある、などと言う。しかし、最終的には、特定の場合、あるいはより一般的な場合に、ある種類の重要性が他の種類の重要性よりも重要かどうか、という問題があるはずである。

　道徳システム内部にいる人は、通常、道徳を重要なものと考える。しかも、道徳は定義上、個人の行為と関係があるとされているため、重要性がしばしば熟慮と関連づけられるのである。しかし、重要性が熟慮とどのように関連づけられるかは、道徳および道徳の重要性をどう理解するかということに決定的に左右される。功利主義者にとっては、できるだけ多くの福利があるべきだということが重要である。熟慮との関連は、その次に考えるべき問題であり、これは〔答があらかじめ決定されてはいない〕まったくオープンな問題である。間接的功利主義を考察したときに、私たちは、どんなことが功利主義者の熟慮において道徳的考慮の対象となるかという問が、オープンな問であることを確認した。そればかりでなく、そもそも道徳的考慮がなされるのかどうかという問も、実はオープンな問なのである。功利主義思想のいくつかの派は、人々が道徳的に思考するのを完全にやめ、

（たとえば）利己的に行為しさえすれば、最善の結果が得られると考える。他の派の人々は、見えざる手をそれほど信頼せず、道徳的考慮をある程度優先させる。そのなかには、すでに見たように、かなり良心的な態度を示すような人々もいる。しかし、どんな功利主義者にとっても、福利の重要性が熟慮にとってどのような意味をもつかという問は、常に経験的な問題のはずである。ところが、この点に関しては、多くの功利主義者は第一義的に道徳システムに属しており、副次的に功利主義者なのである。

他方の極には、最も純粋なカント的見解がある。これによると、道徳の重要性は、道徳的動機そのものがもつ重要性に由来する。人々が道徳的考慮に最高の熟慮優先順位を与えることが、重要なのである。ヘーゲルは、この見解を容赦なく、正しく批判した。カント的見解が道徳思想にいかなる内容も与えず、世界の改良については一貫して偽善的な態度をとっている、というのが彼の批判の根拠であった。カントによれば、単なる性向に従うことではなく、なんらかの行為をする義務を思考することが、道徳的動機の内容をなした。そのような思考が必要とされるということは、個人は自然にまかせればそういう行為をしたがらないということを含意した。そのような思考が最大の重要性をもつということは、その思考が克己の上に成り立つのはいいことだ、ということを意味した。

以上二つの見解は、どちらも適切ではない。より優れた見解が単純な妥協から生まれる、ということもなさそうである。倫理的生活はそれ自体重要であるが、同時にこの生活は、それ以外のものが重要であることをも理解する。倫理的生活に含まれる動機は、確かにそれら他の目的にも役立つものだが、この生活の内部からみれば、それを価値あるものにするために不可欠なものである。どんな説明も適切であるためには、倫理的動機が重要なものとなる。このことは、私たちがどう熟慮すべきかという問題に、いくつかの帰結をもたらす。その帰結の一つは、いく種類かの倫理的考慮が熟慮優先順位の高いものとなるだろう、ということである。これとて、倫理的動機が人々の熟慮に影響を与える一つの仕方でしかない。倫理的動機は、熟慮のスタイルや機会などに対しても、同じように影響を及ぼすことが考えられる。[10]

重要性と熟慮優先順位を直接つなぐような、倫理的考慮が一つある。それは義務である。義務は、本来人々は何をあてにすることができるか、という基本問題に根をおろしている。人々は、殺されないことや、手段として使用されないことや、自分自身のものと見なせるような空間や物体や対人関係を保つことを、できるかぎりあてにせざるをえない。相手が嘘をついていないことを、少なくともある程度あてにすることができるならば、これも人々の利益になる。これらの目的にかなう一つの手段、おそらく唯一の手段と思われるものが、なんらかの種類の倫理的生活である。当然のことだが、倫理的生活というものが存続するためには、その生活は、その内部において、これらの目的を達成しなければならない。倫理的生活が目的達成に役立つ一つの方法は、ある種の動機を奨励することであり、その一つの形態は、関連する考慮に高い熟慮優先順位をつけるような性向を、人々に植えつけることである。最も深刻な問題については、事実上絶対的な優先順位を与えておけばよい。そうすれば、ある種の行為が第一に取り上げられると同時に、他の行為は最初から除外されることになる。行為を除外する効果的な方法は、その行為のことが少しも思考にはいりこまないようにすることである。これはしばしば最善の策である。政治やビジネスでのライバルにどう対処するかという議論をしている最中に、誰かが「もちろん、彼らを殺させることも可能だが、この選択肢は最初から論外とすべきだ」と言ったとしよう。私たちは、このような人物には違和感をおぼえる。一顧だにしないではなく、そもそも思いつきもしない、というのがあるべき姿である。このように熟慮に現われないのが望ましい事柄がある。しかし、道徳に特徴的なのは、この可能性を見過ごしてしまう傾向である。

義務を構成するのは、信頼性確保のために高い熟慮優先順位が与えられているようないろいろな考慮である。これらの義務に対応して、義務から恩恵をうける人々は権利をもつ。あるタイプの義務は、それが促進する利益が基本的、恒常的な重要性をもつがゆえに他の義務と区別される。これらの義務はすべて消極的な効力をもち、私たちがしてはならないことに関わる。もう一つのタイプの義務は積極的であり、近接性の義務に関わる。この場合、先に考察した救助の例のように、緊急事態が、高い熟慮優先順位を与えることになる。近接性は、人々の死活的利益の一般的、倫理的な認識を集約して、熟慮優先順位の高さとして表現する。しかも、**私にとっての**近接性が、**私の義務**、つまり無視すれば必ず非難を招くような私の義務、を生み出すのである。緊急事態の義務をこのように理解すれば、二つの関連した論点に到達する。第一に、結局、私たちは、義務がより一般的な義務から生じると考える必要はないのである。消極的義務の重要な点は、それがまさに一般的であるということである。この義務は、熟慮優先順位の定型の恒久的パターンをうちだす。他方、積極的義務の場合、根底にある性向は一般的関心であるが、これは常に熟慮優先順位の形で表現されるとはかぎらない。そこから義務を生み出すのは、緊急事態以外の何ものでもない。**義務出し・義務入れ**の原理を受け容れる必要はないのである。

もっと重要なのは、義務をこのように理解することによって生じる倫理的帰結である。道徳家のなかには、次の主張をする人がいる。もし私たちが、近接性や物理的な近さを道徳と関連すると考えているとすれば、私たちは合理性や想像力を欠いている。他の場所で飢えている人々が、ここで飢えている人々と同じように、私たちに道徳的要求を突きつけていることを承認しなければ、不合理である。こういう道徳家は、義務の構造だけに基づいて挑戦状を突きつけようとしており、少なくともこの点に関しては間違っている。もちろん、これだけでは挑戦そのものを斥けたことにはならないし、確かに、私たちは他の場所にいる人々の苦しみにもっと関心を寄せるべきである。しかし、義務とは何かを正しく理解すれば、まずこの挑戦をどのように考えたらよいかが明らかになるだろう。私たちは近接性の概念を追放すべきではない。むしろ私たちは、現代の世界で私たちにとっての近接性とは何かを考察しなければならない。さらに、そのような関心事が義務でない場合には、それを私たちの生活のなかでどう位置づけるかを考えねばならないのである。

これまで考察した義務は、(消極的な形では)根本的に重要なもの、そして(積極的な形では)重要かつ近接なものに関わる。究極的には、これらの二種の義務は、人はそれぞれの人生を歩む、という一つの思想に基づいている。人々は援助を必要とするが、(若年か、高齢か、重度の障害者でなければ)いつも援助が必要なわけではない。〔だが、〕人々が殺されたり、攻撃されたり、恣意的に妨害されることがないという条件は、いつでも必要である。契約論の強みは、積極的および消極的な義務がこういう根本的利益から生じることを見抜いた点である。[11]

義務と呼ばれるもののなかで、最もなじみ深いのは約束の〔もたらす〕義務であるが、これは以上の二種の義務とは異なる。なぜなら、約束の場合、義務づけられている行為は、それ自体として考察するならば、まったく重要でないこともあるからである。しかし、まさにこの理由によって、約束の義務は、義務と信頼性の間をつなぐ絆を示す一例であることになる。約束の制度の機能は、高い熟慮優先順位を与えるような公式を、そのような順位が与えられそうもない事柄に与え、それによって、ポータブルな信頼性をうみだすことである。誰かがあなたを殺さないとあなたに約束するのが不自然なのは、このためである。

もしその人があなたを殺さないことにすでに高い優先順位をつけていなければ、どうしてその人の約束を信頼して、胸を撫でおろしたりするだろうか？（特殊なケースでは、この問にはいくつかの答がある。それがどのような答になるかを考えてみれば、約束のシステムがどのように機能するかが分かるだろう。）

義務は、信頼性を確保する働きをする。この信頼性とは、人々が他人の行動を、ああではなくこうであろうと、かなりの程度予測できる状態のことである。義務は、信頼性を確保するいくつもの倫理的手段のうちの一つにすぎない。この手段は、「……についての期待」によって「……という期待」を生み出そうとする。このような義務は、実に多くの場合に最高の熟慮優先順位を与えよと命じ、同時に、みずからが重要であるものとして現われる。約束の場合には、単にその内容によってではなく、それが約束であるという理由によって、そうなる。しかし、私たちは、倫理的に健全な行為主体の場合でも、こういう義務が常に最優先される必要はないということも分かっている。先に〔生命にかかわる緊急事態が発生したために約束を破るという例で〕見たように、行為主体は、ある目的が特に重要で、現在の行為がその目的に重要な関係をもっていると反省したとしても、この場合は義務が破棄されてもよい、と理にかなった形で結論を出すことがありうる。実際、この結論は受け容れられるべきものかもしれない。[12] 受け容れられるというのは、行為主体がこのような決定を下した理由を倫理的に筋の通った仕方で説明することができるという意味において。しかし、行為主体がこれをもう一つの、より厳格な義務と呼ぶ必要はない。義務は、重要性と近接性に一般的な関係をもつような、特殊な種類の考慮である。ここで私たちが考えているのは、この場合には、この義務を超えるような重要な考慮が存在するというケースにほかならない。[13] そうあからさまに述べておいた方が、事ははっきりする。私たちは、道徳のもう一つの原理、つまり、義務を打ち破ることができるのは義務だけであるという原理を斥けるべきなのである。

三

熟慮の結論が、最優先の、しかも(少なくとも行為主体にとって)最も重要な考慮を具現する場合、この結論は特殊な形をとることがある。この場合、人はあることをすべきである(should)、というような結論ではすまず、人はあることをしなければならない(*must*)、しかも、他のことをすることはできない(cannot)、という結論が出されることもあろう。これを実践的必然性の結論と呼んでもよいだろう。もちろん、実践的結論の「ねばならない(must)」が、相対的な意味しかもたない場合もある。その場合、「ねばならない」ようなこととまったく関係のない目的のために、ある行為をする必要がある、ということだけが意味される。「私はもう行かねばならない」という文は、「私が映画に間に合うようにするつもりならば」という部分を補って完成させることができるだろう。この場合、映画に行かねばならないということが示唆されているわけではない。私は、映画に行こうとしているだけである。ここで私たちが問題にするのは、こういう相対的な「ねばならない」ではなく、無条件で**どこまでも優先する**「ねばならない」である。

行為しなければならないという結論（あるいは、同じことになるが、行為してはならないという結論）は、行為すべき最大の理由があるという形でのみ表現されるような結論と較べて、どう違うのだろうか？　これは興味深い問題である。前者は後者よりも強い力をもつようである。そのような強さがどのようにして生じるかという問題は、特に興味をひく。（行為すべき最大の理由があるという主張よりも強い結論が、一体どうやって熟慮において生みだされ、特定の行為を支持するようになるのだろうか？）この問題をここで論じようとは思わない。[14]ここで私たちに直接関連があるのは、実践的必然性は決して倫理に特有なものではないということである。無条件に何かをしなければならないという結論は、処世的配慮や、自己防衛や、審美的ないし芸術的関心や、単なる自己主張の結果、生まれることがある。これらのうち、（たとえば、明らかな正当防衛のように）倫理的なものの見方そのものが、結論を肯定する場合もあろうし、また逆に、結論を否定する場合もあろう。ここで基本的に重要なのは、実践的必然性についての結論が倫理的理由に基づいていようがいまいが、結論は同じ種類のものであるという点である。

実践的必然性、さらには、そのような強さをもつ結論に到達したという経験は、道徳的義務の観念を形成する一要素である。（道徳的義務はきわめて特異であると同時に、きわめてなじみ深い、という多くの人がもつ感覚は、これによって説明されるかもしれない。）しかし、実践的必然性は、倫理的理由に基礎をおいている場合でも、必ずしも義務があることを告げるものではない。行為主体が「しなければならない」行為は、他人の期待や、しくじった場合の非難と結びつかないこともあるかもしれない。先に触れたような、倫理的に秀でた、あるいは英雄的なものと呼ぶべきような行為は、義務を超えたものであり義務づけられたものではない。通常は、そういう行為をするように要求されることはなく、そういう行為をしないからといって非難されることもない。しかし、行為主体は、当の行為をしなければならないものと感じ、それに代わる行為はないと感じながらも、他方では、それが他人に要求できる行為ではないことを認めるかもしれない。自分は他人とは異なるがゆえに、その行為は他人ではなく自分に対して要求される、と考えるかもしれない。ところが、実はこの差異は、典型的には、行為主体がこの確信をもっているという事実それ自体に由来する。したがって、彼の感情や、行為しなかった時にどんな感情をもつだろうかという彼の予期が、義務と結びついた感情に似ている（道徳自体が認めるよりも似ている）[15]としても、少しも不思議ではない。

すでに触れたように、カントは道徳を定言的なものとして記述する。カントが道徳の基本原理は定言命法であると主張したとき、彼は「命法〔命令形〕」のさまざまな形態を、純粋に論理的な観点から区別することに関心をもっていたわけではない。彼の関心は、無条件でどこまでも優先されるような、私はしなければならないという観念があることを認めることにあった。しかし彼は、この無条件の実践的必然性を道徳に特有なものと解釈した。欲求に少しも依存しないという意味で、この必然性が無条件であると考えたのである。つまり、私たちが熟慮する行為がこの種の必然性をもっているならば、この行為こそが、いま私たちがどんなことを欲していようとも、なすべき理由のある行為とされるのである。しかも、道徳的理由だけが、このような形で欲求を超越できるのである。しかし、私の考えでは、実践的必然性は、これほど強い意味で欲求から独立している必要はない。私は、無条件の「ねばならない」を、行為主体がたまたまもっているにすぎない欲求に基づく「ねばならない」と区別した。しかし、もしこの欲求が、行為主体がたまたまもっているにすぎないものではなく、行為主体にとって本質的なものであり充足されねばならぬものであるとしたら、実践的必然性の結論そのものが、欲求の表現となりうる。この実践的必然性の捉え方とカントのそれとの違いは、もちろん単なる定義や論理分析の問題ではない。カントの実践的必然性の捉え方は、基本的には、ここで示した私たちになじみのあるものと同じである。しかし、カントのそれは、特に徹底した形でこの捉え方を解釈したものである。この解釈によれば、いかなる欲求にもまったく制約されることのない結論だけが、必然的な実践的結論である。カントにとっては、このような形で〔仮言、つまり〕条件づけから完全に自由である実践的結論が存在しうる。これが可能であるのは、彼が理性的自我を因果律から自由なものとして描いているからであり、さらに、理性的主体性だけに依存し、（たとえば、欲求のような）行為主体がもっていないかもしれないものには依存しない行為の理由があるからである。[16]

カントはまた、道徳に固有なものとして理解された実践的必然性の結論を、道徳法の要求を承認したものとして記述する。[12] 彼が心理的な言葉でこれについて語る時には、特別の感情ないし情操である「法則に対する尊敬の念」に言及する。現代の道徳家たちはこのような言葉をあまり使わないだろうが、彼らは、カントが述べていることが何であるかは承知している。（今日でも、道徳家のなかには、道徳法という概念に訴える人がいる。また、そうすることを躊躇しつつも、この概念に暗に関わるさまざまな観念を使っている人もいる。）カントは、道徳的必然性にともなう余儀なくさせる感覚——これは感情と見なされるものである——が、それ自体で道徳的行為の理由となるとは考えなかった。これは感情である限り、ただの感情であり、他の単なる心理的事柄と同様、なんら理性的な力をもつものではなかったのである。道徳的行為の理由は、それがどんな感情かということに存するのではなかった。道徳的行為の理由は、その感情が表象するものに、すなわち、道徳的普遍性は実践理性そのものの要請であるという真理に存するものとされたのである。

この真理――カントは真理と考えた――は、第四章で見たように、道徳が客観的基礎をもつということを意味した。彼は、道徳的要求の体験がこの基礎を表象するものだと考えた。しかし、その体験は、この基礎を大きく誤った形で表象する、ということも述べておかねばならない。ここでの体験は、あたかも、何かと対峙している体験のようである。何かとは、自分が生きる世界の一部を形づくっている法のことである。[17] しかし、カントによれば、道徳法の拘束力は、自己以外の何かに存するのではなく、また自己の外に存することなど考えられないものである。道徳法の拘束力はその客観的基礎に存し、いかなる体験も、このような客観性を適切に表象することはできない。このような客観性が生じるのは、まず第一に、実践理性の要求は、道徳的考慮が基本的かつ特徴的な役割を果たすような生活をしてはじめて満たされるからであり、さらに、道徳的考慮は、他の動機とは異なり、客観的要求という形で現われる場合にのみ、そのような役割を果たすからである。しかし、そうだとすれば、ある考慮が客観的要求として現われるとは、いったいどういうことだろうか？　これは、その考慮が、当の議論にこのような形で関係するものとして現われる、ということではありえない。その考慮は、何か別の心理的な形をとって現われねばならないのであり、その分だけ、これが誤解を生むことになるのである。

しかし、カントの前提に立てば、私たちは少なくとも、なぜ、どのようにして、そういう体験が誤解を生まざるをえないかを理解することはできる。理解することができれば、その体験を安定化させ反省ができるようになろう。カントの見解が正しければ、私は「法則に対する尊敬の念」が何であるかを理解することができ、なおかつ、この体験や道徳法に対する敬意を失わないでいられる。この安定性を補強するのは、この体験が法を自己の外にあるものとして表象するのはある意味では正しい、という考え方である。ある意味とは、法は他の人々にも等しく体験されるという意味である。道徳法は、道徳的行為主体から成る思弁上の共和国の法である。思弁上の共和国ではあるが、その構成メンバーは実在する行為主体である。しかも、法は、それぞれの行為主体が理性的に自らに課したものであるから、実在する法なのである。

しかし、いったんカント自身の基礎やそれに類似した立場を信じることをやめてしまえば、この体験をこのような形で解釈するのはまったく不可能になる。そうなると、経験される道徳的要求は実践的必然性の結論であり、それ以上でも、それ以下でもない。それが「外側」からやって来るように思われるのも、〔他のすべての〕実践的必然性の結論が、いつも外側から――つまり内部の深いところから――やって来るように思われるのと同じように感じられる。倫理的考慮が問題にされるのであるから、行為主体の結論が孤立していたり、支持されていなかったりすることはほとんどないだろう。なぜなら、彼の結論は、彼がかなりの程度まで他人と共有している倫理的生活の一部分だからである。この点では、道徳システムは、罪悪感や自責というような「純粋に道徳的な」個人的感情を強調することによって、倫理的生活が個人の外側にあるという面を実は隠蔽してしまうのである。

義務を承認することがどのようなことかが分かったとしても、依然として義務を倫理的体験の中核に据えておくならば、私たちは幻想のまわりに倫理的生活を築くことになる。カント自身の観点からしても、この倫理的体験は誤った表象を含む。しかし、これは、客観性を超越論的レベルから心理的レベルに移す結果生じる必然的な誤りであり、容認できるものである。ところが、仮にこの体験の心理的なあり方だけが特別扱いされるようであれば、これは表象の誤りよりもひどいものになる。この場合、体験が表象するようなものは、何一つ（あるいは、何一つ特筆すべきものは）存在しないからである。

四

さらにカントの理論は、なぜ道徳法が、道徳の外で生きてゆこうとする人を含めて、すべての人に無条件にあてはまるのか、ということを説明する。カントの理論を受け容れずに道徳システムを依然として受け容れるのであれば、どのようにして道徳的義務がそれを拒む人々を拘束するかを説明する必要がある。そもそも道徳の**法**なるものがどのようにして存在することができるのか、これを説明する必要がある。[18] 法が誰かに適用されるという事実は、決して言葉の意味の関係に還元されるものではない。問題になるのは、ある人物が、法に含まれている記述にあてはまるということだけではない。国家の法が個人に適用されるのは、その人が、権力を行使することのできる国家の一員だからである。神の法の適用があるのは、神が適用したからである。カントの道徳法の適用があるのは、理性的存在者として、行為主体が自分自身にその法を適用する理由をもっていたからである。現代において道徳法の適用があるとすれば、それは、私たちが適用するからにほかならない。

誰かが、ある望ましい仕方で行為すべきだったにもかかわらず、実際はそうしなかった、ということを表現する場合、私たちは次のように言うことがある。あの人が望ましい行為をしなかったのには**理由があった**、と。たとえば、その人はすでに約束をしていたのだとか、その人が実際にとった行為が他人の権利を侵害してしまったのだ、と言ったりする。なるほど、そのように言うこともできるかもしれない。しかし、これは、**その人が望ましい行為をする理由をもっていた**という考え方と、頼りになる仕方で結びついているようには思えない。ひょっとすると、その人は何の理由ももっていなかったかもしれない。義務を履行しないからといって、その人は必ずしも不合理または理不尽な行動をしていたというわけではない。彼は、ひどいふるまいをしているだけかもしれない。私たちはさまざまな理由によって、その人が行儀よくふるまうことを願っていたかもしれない。しかし、だからといって、その人が行儀よくふるまう理由をもっているはずと思い込んでよいわけではない。私たちはそういう人物をどう扱っているだろうか？　人々が私たちの倫理的期待に沿わないケースは数多く、種類もさまざまである。事実、私たちは、法的には大変不器用な形で、非公式の実践においてはややましな形で、このことを認めている。一方の極には、〔重度の知的障害を抱えている人々のように〕熟慮能力一般の欠如がある。他方の極には、熟慮能力はあるが、異なる主義主張を心から信奉している人がいる。しかし、さらにいろいろな弱さや悪癖をもつ人もいる。悪意のある人、利己的な人、野蛮な人、思いやりのない人、自己中心的な人、怠惰な人、貪欲な人などである。これらの人々はみな、私たちの倫理的世界を構成しうる。このような悪癖をもった人がまったくいないような倫理的世界は、あったためしがない。（もっとも、悪癖をどう分類するかは、文化により異なるだろう。）また、どんな個人の生活も、これらの悪癖のうちのいくつかで満ちているものである。同様に、これらの悪癖に対する否定的反応も、極端な場合の憎悪や嫌悪から、怒り、遺憾、戒め、非難にいたるまでさまざまである。国家の法のように事案が一律に扱われる場の外側では、誰が反応しているかという側面も見逃せない。すべての人が、あらゆる訴えを正当なものとして受け容れたりはしないし、またすべきでもない。私たちがこの真理に気づきもしないのは、道徳法という擬制から生み出されるもう一つの結果である。それはあたかも、思弁上の共和国のあらゆるメンバーが、市民による〔現行犯〕逮捕の権限をもっているようなものである。

このような現実において、日常的な非難の仕組で対処する広範囲におよぶ多様な逸脱の態様がある。それは多くの義務違反を含むが、すべての義務違反を含むわけではない。最もひどい義務違反行為のなかには、通常の非難では対処しきれないものがある。これは基本的人権を侵害する行為である。他方、非難も義務違反のためだけになされるものではない。特に子供を育てている場合には、私たちは、子供の行動にちょっと悪い癖が見られるだけで非難する。しかし、非難は、特殊な意味における道徳的義務がもっているような、個別化した実践的性格を常にもつ傾向がある。〔非難という〕否定的反応は作為・不作為に集中し、これが非難されるのである。しかも、実際には変則的なケースが多く出ることはまぬかれないとしても、理想的には、非難が妥当するのは、望ましくない結果が特定の状況における自発的行為の結果である限りにおいてである。

人々の行為に対する否定的ないし敵対的な倫理的反応のなかには、非難とは異なる種類のものがある。（どれほど多くの種類があるかを忘れないでおくことは、きわめて重要である。）しかし、非難の制度は、それらとは対照的に、別の行為をすべき理由が行為主体にあったという見解と特に強く結びついているように見える。ところが、すでに指摘しておいたように、実際にはそうでないことが多い[19]。非難の制度は、擬制を含むものとして最もよく理解される。その擬制のもとでは、理由こそが行為主体に関連する倫理的考慮であるとされ、行為主体はそういう存在として扱われることになる。非難用語の「すべきだった」は、私たちが目的を共有しているような人々に助言として与える言葉「すべきだった」の用法を拡大して、行為をしたがらない人々に適用したものとして理解することができる。この擬制はいろいろな機能を果たす。私たちが行為主体を倫理的理由を重視する人として扱えば、この扱いが行為主体を実際にそういう人物にしてしまうかもしれない。こういう思い込みを誘発するのもその機能の一つである。

この擬制は、人間関係に潜む二つの可能性を媒介する役割を果たすという点で、特に重要である。一つは、熟慮的実践を共有する可能性である。つまり、人々が同一の性向をかなりの程度まで共有し、互いに助けあって実践的結論に到達する可能性である。もう一つは、一つの集団が他の集団を規制するのに、暴力を用いたり脅迫したりする可能性である。非難のシステムを支える擬制は、最もうまく機能すれば、〔闘争状態にある人々を〕熟慮共同体に絶えず取りこむことによって、以上二つの可能性を架橋することになろう。逆に最悪の場合には、多くのひどいことが起こりうる。たとえば、この擬制のために、人々が、自分で感じている恐怖や憤り――こういう感情を抱くことがまさにふさわしい場合もあろう――を、「法」の声だと誤解してしまうことである。

熟慮共同体という擬制は、道徳システムが生み出した優れた成果の一つである。私たちがこの擬制の機能を明確に把握〔し、これが擬制であることを自覚〕した後にも、これは機能し続けるだろうか？　他の擬制の場合と同様、これは重大な問題である。この問題ははるかに大きな問題の一部をなすものである。つまり、私たちの倫理的実践についての反省的、非神話的な理解に照らしあわせてみて、何を構築しなおすことが必要であり可能であるか、という大問題の一部なのである。将来、非難という実践が変化するのは確実である。より一般的には、他人に対して人々が示す否定的な倫理的反応のスタイルは変化するのが確実である。私の見解では、もはや道徳システムは、そういう変化が望ましい形で起こるのを手助けすることはできない。道徳が自発的なるものに関して、あまりにも窮地に立たされているからである。

非難の制度が支障なく機能しているのは、道徳が要求するだけのことを、それが試みないからである。自発的に行為したかどうかと問うとき、私たちは大体次のようなことを問題にしている。その人は本当に行為したのか、自分のしていることがどんなことか分かっていて行為したのか、起こったことの〔問題となる〕部分を意図していたのかどうか。このような実践では、行為主体とその人格がひとまとめにされ、彼が別の人格を選びえたかという選択の自由については不問に付すのである。非難のシステムは、たいてい特定の行為の条件にばかり注意を集中する。それが可能なのは、このシステムがそれだけで機能してはいないからである。その周囲には、激励したり落胆させたり、受け容れたり拒絶したりというような別の実践がある。これが作用して、倫理的生活の要求と可能性に適合するように、欲求と人格を作り上げるのである。

道徳はこのような環境を見ずに、焦点となる個別化された判断のみに着目する。道徳内部に働くプレッシャーは、完全な自発性を要求する。この自発性は、本人の人格形成や心理的ないし社会的な決定要因をすべて考慮にいれた上で、行為主体自身による〔問題となる結果発生への〕寄与度そのもの、それ以上でも以下でもないもの、という究極的に不偏不党の観点から、非難や責任を配分する。このような要求が満たされると思うのは幻想である。（この要求は、人格をほとんど所与のものとして扱うような、自発性に対する控えめな要求となれば別論だが。）この事実を知らない人はほとんどいないし、これを否認〔して幻想を維持〕することにコミットしているシステムの将来は長くないだろう。しかし、道徳自体が生き残るかぎり、この事実を認めるのには危険が伴う。なぜなら、道徳システムは、理性的な非難と対照的なものとして、いろいろな種類の説得だけを私たちに残すが、それと同時に、これらの説得を根本の精神において強制や束縛とかわらないものと見なそうとするからである。

実際、価値ある人間生活のほとんどすべては、道徳が私たちに提起する極端な選択肢の中間に位置している。道徳は、相反するものをいくつも組み合わせて、対比を鋭く描きだす。強制と理性、説得と理性的な確信、恥と罪悪感、嫌悪と〔吟味に基づく〕不承認、単なる拒絶と〔理由に基づく〕非難、という具合に。対比を強調するように仕向ける態度は、道徳の純粋さと呼ぶことができる。道徳の純粋さは、他の感情的反応や社会的影響から、何がなんでも道徳意識を抽出しようとする。この純粋さは、共同体の逸脱したメンバーに対処する際に道徳が用いる手段ばかりでなく、その手段のよさをも隠蔽してしまう。道徳がそれを隠蔽してしまうとしても、驚くにはあたらない。なぜなら、手段のよさをよさとして判断することができるのは、道徳システムの外側から――このシステムに価値を付与できる立場から――に限られているが、他方で道徳システムそれ自体は閉じており、自らがもっていない価値を自分自身に付与することを、たちの悪い誤解だと考えてしまうからである。

道徳の純粋さは、それ自体、一つの価値を表現している。それは、カントがまったく無条件で、非常に感動的な形で提起した理想を表わしている。その理想とは、人間存在は究極的には正義にかなうことができる、というものである。〔ところが、〕競争上の利点や人から称賛される性質のほとんどは、不正とまでは言わないにしても、不偏不党ではない仕方で配分されている。ある人々は、他の人々よりも運に恵まれているとしか言いようがない。道徳が理想とするのは、運を超越するような価値、道徳的価値なのである。したがって、この価値は、どんな経験によっても決定されないものでなければならない。それは、成功することではなく、試みることの中にある価値でなければならない。成功は、ある程度運に左右されるものだからである。しかし、それだけでなく、この試みは、試みる能力そのものが運に左右されるようなレベルを超越してなされるようなものでなければならない。さらに加えて、この価値は至上のものでなければならない。もし道徳的価値が、世俗的な意味で幸せや才能や気質や愛に恵まれなかったような人に与えられる単なる残念賞だとしたら、何の意味もないだろう。この価値は、究極的には最も重要なものでなければならない。

いくつかの点で、これは宗教的な考え方と似ている。しかし、これは現実のどの宗教とも似ておらず、特に正統なキリスト教とは似ていない。キリスト教における恩寵の教義によれば、道徳的な努力という地点から救済にいたるまでの道筋は計算できるものではない。救済は〔個人の努力の成果である〕功績を超越し、人間がはらう努力は、道徳的努力でさえも、神の愛の尺度とはならない[20]。しかも、救済こそが究極的に重要であるとキリスト教が唱えたとき、これはある違いを意味するものと考えられた。〔多様な価値の間で〕この〔救済の価値の〕違いは決定的な違いであり、誰もが気づくようなものとされていた。ところが、純粋な道徳的価値には価値があるとする立場は、繰り返すが、〔道徳を超越するものではなく〕道徳それ自体の立場にすぎないのである。道徳は、自分自身の殻に閉じ込もることによってのみ、運を超越することを望めるのである。

道徳がかかげる理想は、世界にある程度の正義を実現し、権力使用と社会的な機会を動員して具体的な形で不運を埋め合わせるのに一定の役割を果たしてきた。道徳の理想は空想的イデオロギーであるとする俗流マルクス主義の主張にもかかわらず、これはまちがいなく起こったことである。しかし、どんな運からも超越した価値という考えは、幻想である。政治的目標がここからなんらかの信念を汲み上げ続けるというのは、できない相談である。ここでも、道徳についての他の捉え方は役に立たない。そういう捉え方は、幻想がなくなれば社会正義についての整合した観念はありえず、逆に効率や権力や〔所得再分配などによる〕修正をうけない運だけが存在する、という見解を助長するだけである。しかも、この見解をとりいれようという貪欲な人々は、常にいるものである。

道徳のなかには、多くの哲学的誤謬が織り込まれている。道徳は、義務が何であるかを誤解している。それが倫理的考慮の一種にすぎないことを理解していないのである。また、道徳は実践的必然性を誤解し、それが倫理的なるものに特有だと思い込んでいる。さらに、道徳は倫理的な実践的必然性を誤解し、それが義務に特有だと思い込んでいる。しかし、何よりも、道徳は人々に次のことを思い込ませる。道徳特有の義務がなければ傾向性だけがあり、道徳特有の完全な自発性がなければ力とその行使だけがあり、道徳特有の究極的に純粋な正義がなければ正義はありえない、と。これらの哲学的誤謬は、人生についての誤った見解を、最も抽象的に表現したものにほかならない。人生についてのこの誤解は、私たちに深く根をおろし、依然として影響力を保っている。

あとがき

一

本書で、私は絶えず二つの緊張関係に立ち返りながら議論を展開した。一つは古代と近代のあいだの緊張関係である。これは、哲学的な問や哲学的関心の所在に関わるものである。もう一つは、反省と実践のあいだの緊張関係であり、これは実生活において見られるものである。私は、古代の哲学的思惟が、いくつかの基本的な点において、近代のほとんどの道徳哲学よりも豊かであり、実りある問を提起したということを示しておいた。なるほど、古代の哲学においては、たとえば、人生をできるだけ運に左右されないものにしたいという欲求があったように、関心の対象がそれなりに限定されていたかもしれない。しかし、典型的には、それは近代哲学ほど強迫観念にとりつかれていない。また、近代哲学のように、還元論によって合理性を断固おしつけようという態度も見られない。ところが、過去においては哲学者たちのいく人かが哲学に対する期待を抱くことができたのに対し、現在ではこの期待は消え失せてしまっている。現在私たちが倫理的思考を適用する世界は、過去とは違った、もはや逆もどりさせることのできない世界である。この世界は、古代の世界と異なるばかりでなく、これまで人間が生きようと試み、倫理的概念を用いてきたいかなる世界とも異なるのである。

近代の道徳哲学がもっている〔思想的〕資源は、ほとんどの場合、近代世界にうまく適合していない。私が示そうとしたように、これは一つには、近代の道徳哲学が近代世界にあまりにも深く関わり、気づかないまますっかりそれに囚われてしまい、無反省に行政官庁的な合理性観念に訴えるからである。他方では、近代の道徳哲学、特にカント主義的な道徳哲学は、近代世界と十分に深く関わっていない。ヘーゲルが真っ先に指摘したように、近代世界を統治する理性共同体という夢は、社会的歴史的現実からも、特定の倫理的生活のもつどんな具体的意義からも、乖離したものである。それがとって代わった宗教と較べて、その乖離の度合は、いくつかの点でより大きいと言える。これらの道徳哲学にはさまざまな種類があるが、それらに共通して見受けられるのは、反省と実践の関連の仕方についての誤ったイメージである。それは、これらの理論がいたずらに相互の違いをこと細かに論じあう、というイメージなのである。

このような非常に新しい状況のもとでは、非常に古い哲学の方が、やや新しい哲学よりも多くのことを教えてくれる。これは逆説ではない。なぜそうなのかは、歴史的に示すことができよう。そのような歴史は、キリスト教の登場と退場（これは、なぜ古代世界が思ったよりも私たちの近くにあるかを説明するのに役立つ）、および啓蒙期の失敗（これは、啓蒙期に特徴的な諸々の哲学をひどく役に立たないものにする）を描くことになろう。この種の結論に到達した理論家のうちのいく人かは、いや、おそらくそのほとんどが、自分がたどりついた結論が、啓蒙期〔とその運動がもたらした〕諸々の価値を破壊してしまうと考えた。特に、ニーチェはそう考えた一人だった。ただし、これは彼の思想がこのような記述によって把握されるかぎりにおいて言えることである。そう考えなかった理論家もいる。彼らは、多くのヘーゲル主義者のように、啓蒙思想の価値を保守的な形で解釈した。私たちは、こういう理論家の仲間になる必要はないだろう。自由と社会正義を尊重し、抑圧的で欺瞞的な制度を批判してゆくことは、過去におけるのと同様、今日でも容易な仕事ではない。これは今後、一層むずかしい仕事になるかもしれないが、私たちは、これらの価値を基礎づける思想を何ひとつもっていないと考える必要はない。同様に、抽象的な倫理学理論が、そのような思想をもたらしうる唯一の知的環境を提供するとの主張にも譲歩してはならない。

本書は、あるかもしれないことではなく、あるがままのことを扱ってきた。私がすでに表明した期待は、現在のところ、あくまで期待である。私の期待を支えている諸々の前提を、楽観的だと考える人もいるだろう。これらの前提は、三つの事柄についての信念として、凝縮した形で表現できよう。それらは、真理、誠実さ、個人の人生の意味の三つである。最後に、それぞれについて手短に触れておきたい。

二

〔(1)真理〕私は、少なくとも自然科学は、客観的真理を取り扱いうると主張した。これを否定する人々の誤りは、慰めのレトリックが誤って用いられている点に特徴的に現われる。彼らは、科学が世界のありのままの姿を教えてくれると信じている人は、科学だけが最後の確実な対象だという絶望的な信仰をもち、科学に迷信的にしがみついている、と言う。これに対しては逆に、慰めが正反対の方向に求められているのだ、と言うこともできよう。十七世紀にも起こったことだが、科学についての懐疑主義は、知識や合理的実践を科学のように堂々と標榜することができなくなった人々に、慰めを与える役を果たすのである。近代科学こそが絶対知の本来的な姿であるという考えは、心の平静さを失わせる力をもっている。それゆえ、科学はまた一つ増えた人間の儀式の集合に過ぎないとか、またまた増えたテキストの集合を扱うものに過ぎない、と述べられると、これが心の安らぎとなるのである。

何が慰めを与え、何がそれを取り去るかについては、このように主張をどの方向にでも好きなように展開できる。しかし、どの主張をとってみても、少しも興味をひくものではない。もっと重要で、慰めや楽観主義とも関連がありそうな問題がある。それは、客観的真理という考え方が、どの程度まで社会の理解に適用できるか、という問題である。第八章で触れたように、社会理解が、自然科学と並んで、世界についての絶対的な捉え方をもたらそうとする必要はない。しかし、自己理解を達成したいという私たちの希望を実現しようとするのであれば、偏見なき同意が得られるような、歴史学を含めた反省的な社会的知識が、やはりいくらかは必要となる。諸制度の機能——特に、それらの制度がどうやってそれ自体への信頼をつくりだすか——を説明することによって、制度への倫理的洞察を深めるような形の批判を展開しようとするのならば、このような知識は確実に必要となる。

本書のいろいろな箇所で肯定的な倫理学理論を論じたときに登場した論点を、今ここで繰り返しておくのは無意味ではない。すなわち、右に述べたような社会理解なしでもこのような倫理学理論は十分にやっていけると思ってはならないのであり、純粋な道徳主義的立場をとることによって倫理学理論を制度的な問題から切り離すことができるなどと思ってはならないのである。肯定的な倫理学理論は、倫理学理論それ自体についての、最終的に避けることのできない問に答えるため、このような社会理解を必要とする。すなわち、倫理学理論が社会生活とどう関係しているのか、〔日々の〕実践とどのような社会的もしくは心理的諸関係をもっているのか、それに備わっているとされる理性的権威をどうやって現実の力に転化することができるのか、といった問に答えるために、社会理解が必要となるのである。

〔(2)誠実〕次に、誠実さへの期待について述べよう。これは、基本的には、倫理的思考が反省に耐え、その制度や実践が透明になりうることを期待することである。私は、なぜ倫理的思考には、すべての点でその外見と一致する見込みがないのか、ということを説明しようとした。仮に倫理的思考が幸福についての一定の捉え方に基礎をおいていたとしても、そこから生じる諸帰結は、なんらかの倫理的言明の真理を直接示すことではなく、その言明を受け容れる性向の正当化に関わることしかできない。しかし、その言明を受け容れる人の目には、普通そういうふうには映らない。加えて、この基礎を作り上げることなど、私たちにはできそうもない。

倫理的思考は、決してその実の姿を完全に現わすことはないし、また、それが人間の性向に依存しているという事実を、決して完全にさらけ出すこともない。これは、倫理的思考のある条件のもとでは、他の条件のもとにあるときよりも反省にとっての大きな障害となる。〔いろいろな条件の中でも〕倫理的生活が今なお、どの程度まで濃い倫理的概念(と私が呼んだもの)に依存することができるかによって、明確な違いが生じるだろう。なるほど、この濃い倫理的概念は反省によってその地位を奪われるかもしれない。しかし、その概念が反省に耐えて生き延びるならその分だけ、それを用いる実践は、それを用いない実践よりも大きな安定性を獲得し、倫理的判断の真理についての一般的、構造的反省に対してもその安定性を保持してゆくだろう。濃い倫理的概念を用いてなされた判断は、そのまま真となりうるが、それに対応して、その概念をもつ人々にとっては、その判断への同意が含意する〔規範的〕要求も尊重されうるのである。

ガラス張りという理想や、倫理的実践は反省というテストに耐えるだけの力をもつべきだという願望は、完全な顕在化や、すべてを一挙に明らかにしようとする反省を要求するものではない。私は、すでにこのことを明らかにしたと思う。この種の要求は、個人的、政治的いずれの意味でも、合理性の意味を誤解することから生じる。私のあらゆる計画や目的や必要が、推論を通して一挙に私にとっての考慮になるべきだという個人的実践思考のモデルは、受け容れてはならない。私は、現にある私という地点から熟慮しなくてはならないのである。誠実さは、〔種々の制約の下にある〕現実の私に対する信頼をも要求するのであって、その信頼を排除しようとする強迫的、破滅的な衝動を要求するのではない。現にある自己や社会に誠実であるということが、反省や自己理解や批判とどう結びつくのか？　哲学自体は、この問に答えることができない。この種の問は、反省的な生き方をすることによってしか答えられはしない。個人的かつ社会的な過程をたどってはじめて、答を発見、あるいは確立できるのである。この場合、具体性を欠く答を出すのでもないかぎり、あらかじめ答を定式化しておくことは本質的に不可能である。哲学は何が問題であるかを定めるのに役立つのであるから、この過程で一定の役割を果たすことができる。しかし、この過程の代わりを務めることはできない。それゆえ、倫理学の理論家がしばしば口にするように、自分たちが定式化したものに対して、あなたは「どのような代案」をもっているかと尋ねることは、問題を誤解することになる。彼らが尋ねているのは、彼らが示した答の定式化や、答を生み出すような確固たる発見手続きの定式化に代わるものとして、あなたはどんな代案をもっているか、ということである。だが、そのような代案は存在しない。〔いや、前述の結びつきに関する〕真正の問に対する答が、ひょっとして見つかることになるかもしれない。もしそうなれば、これは本当に彼らの定式に代わる代案となろう。しかし、これは彼ら理論家の注文に応じた仕方で、すなわち哲学上の業績として、生み出された答ではない。彼らの定式化を拒んだならば、私たちには何一つ残らないと考えるのは、社会や個人の生活で確実に何らかの価値をもつ事柄について〔それを無であるとする、誤った〕奇妙な見方をすることに他ならない。

(3)各自にとっての人生の意味〕私は、上記のようなさまざまな期待を支える背景を思い描いているが、最後に、そこには無論、自分の人となりを表わす性向をもち、自分の歩むべき人生をもった諸個人がいなくてはならない。〔第一章で述べたように、私たちはこれによって、人間の全生涯が倫理の基本的対象である、というギリシャ人好みの伝記的視点にコミットするわけではない。）ある意味では、個人と個人的性向の一次性は必然的真理である。少なくとも、クローン人間の生産や、頭脳情報の共有化といった飛躍的な技術革新が起こるまではそうである。この意味で、社会についてのどのように徹底した構造主義的記述も、その記述内容にかかわらず、なんらかの性向と目的を獲得しそれを行動で表現する諸個人がいることを想定するのである。構造主義者の見解が正しければ、このような性向は、伝統的に考えられていた以上に、階級のような社会的要因によって強く規定され、内容的には画一的で、当人自身はあまりよく理解していないものである。しかし、こういう主張も、性向の存在とその因果的役割を否定することはできない。社会構造をどれだけ集積したところで、それだけでは、サッカーの試合で若者を暴力に駆り立てることはできない。社会構造が若者の欲望や生活習慣に——どんなに混乱した、わかりにくい仕方であっても——反映されるということがなければ、そういうことは起こらない。この意味で、社会的ないし倫理的な生活は、人々の性向のなかに存在するのである。それぞれの社会によって異なるのは、人々の性向の内容であり、その理解可能性であり、その特殊性の程度である。現代社会について異なった解釈をとる人々は、まさにこれらの問題をめぐって論争を展開しているのである。

だが、社会計画や共同体的儀式と区別された意味での、まさに倫理的と呼べるような思考が可能になるためには、これほど形式的でない個人主義が当然に必要とされる。さらに、ここで私が表明している期待との関連では、明らかに、もっと実質的内容をもった個人主義が問題となる。本書の他の箇所――たとえば、義務を多くの倫理的考慮の一つとして説明した箇所や、実践的必然性を論じた箇所など――でも、このことは示されたはずである。私の三番目の楽観的な信念はこれである。意味のある個人生活が今後も可能だという信念である。このような生活は、社会を拒絶するのではなく、むしろ種々の認識をかなり深いところまで他の人々と共有する〔という意味で社会的である〕。しかし同時に、その生活は、考え、練られた意図だけでなく不透明さや混乱という点でも他人のそれとは十分に異なっているため、それはその人のものと言えるのである。大多数の人々がこういう生活を送るような社会を可能ならしめるために、哲学は力を貸すことができる。もっとも、哲学は、そのためにはどうするのが最善であるかを今後学ぶ必要があろう。なかには、そういう生活を送るにあたって、実際に哲学の力を借りるような人たちもいるかもしれない。しかし、それは、ソクラテスの想定とは裏腹に、反省的な人間それぞれがそうすることではなく、また基礎固めから始めるということでもない。

原注

第一章

1　プラトン『国家』352D。
2　アリストテレスの業績については第三章注6を参照。
3　Martha C. Nussbaum, *The Fragility of Goodness* (New York: Cambridge University Press, 1985) は古代の文学や哲学における運やこれに関連する観念について探究している。道徳が運を超越するものであるという発想については本書十章を参照されたい。
4　この当り前の話がわかりにくいと思った哲学者がいたとすると、それはその人がこの「総合的勘案」問題をただ一種類の考慮に基づいて答えられねばならないものと考えたからであろう。本章の後半でこの想定が誤っていると論じる。
5　F. H. Bradley, "My Station and Its Duties," in *Ethical Studies*, 2nd ed. (Indianapolis: Bobbs-Merrill, 1951); first published in 1876.
6　この点を論証するものとして、Alasdair MacIntyre, *After Virtue* (Notre Dame: University of Notre Dame Press, 1981)、および Michael Sandel, *Liberalism and the Limits of Justice* (New York: Cambridge University Press, 1982) がある。サンデルが強調する「社会的に構成された自我 (socially constituted self)」の概念は新ヘーゲル学派の論者〔の議論〕にしばしば見受けられる難点をもつ。第十章注16を参照、さらに、マッキンタイアについては、本章注13を参照。
7　P. T. Geach, *The Virtues*: *The Stanton Lectures, 1973-74* (New York: Cambridge University Press,

1977); Philippa Foot, *Virtues and Vices* (Berkeley: University of California Press, 1978); James D. Wallace, *Virtues and Vices* (Ithaca: Cornell University Press, 1978); MacIntyre, *After Virtue*. この観念が等閑視された理由としては、主として倫理的関心というものについての狭隘な見方と、中でも道徳のことにしか眼中にない状況であったということが挙げられよう。さらに徳の研究が宗教的な前提と結びつけられていたこと（これはギーチの著作に濃厚である）も挙げられるかもしれない。徳の観念については、真剣に取り上げるべき批判がある。つまり、この観念は人格という観念と堅く結びついているが、この人格という観念は私たち現代人にとって、もはや無意味、少なくとも十分意味あるものではない、というものである。この点についてはあとがきで触れる。私は、この批判は、適切に展開されたならば、倫理的思考の一つのあり方に対してではなく、倫理的思考そのものに対する批判となると考える。

8　たとえば、Harry Frankfurt, "Freedom of the Will and the Concept of a Person", *Journal of Philosophy*, 67 (1971); Amartya Sen, "Choice, Orderings and Morality", in Stephan Körner, ed., *Practical Reason* (New Haven: Yale University Press, 1974); R. C. Jeffery, "Preference among Preferences", *Journal of Philosophy*, 71 (1974); A. O. Hirschman, *Shifting Involvements* (Princeton: Princeton University Press, 1982), chap. 4.

9　この学理はカントの自由論の一部であり、たとえそれを理解可能なものにしえたとしても、内部矛盾から救うのが非常に困難なことが広く知られている。この点についてはさらに第四章を参照。

10　これについては、拙著 *Morality: An Introduction to Ethics* (New York: Harper and Row, 1972) で論じた。

11　義務論的なるものと目的論的なるものとの区別は、ここではごく荒削りな形で紹介しておいた。この区別の面白さはおそらく他のレベルで見出すべきものだろう。それは、道徳というものの重要性はどこにあるかということについての見解の不一致が問題になるレベルである。第十章参照。ここで挙げた区別は、多々あるものの一つにすぎない。その詳細な分類については、W. K. Frankena, *Ethics*, 2nd ed. (Englewood Cliffs: Prentice-Hall, 1973) 参照。

12 G. E. Moore, *Principia Ethica* (New York: Cambridge University Press, 1959), sections 17 and 89, *Ethics* (New York: Oxford University Press, 1967), pp. 246-248 and elsewhere. 彼は、次の文献でこの見解にある程度限定を加えているようである。"A Reply to My Critics," in P. A. Schilpp, ed., *The Philosophy of G. E. Moore* (La Salle: Open Court Publishing Co., 1942), pp. 558-571.

13 いくつかの形では、顕示的な推論的合理性への要求はソクラテスと同じくらい古いものであり、何ら近代の影響を表わすものではないが、現在活動中の最も強力な正当化モデルや、理由という単一通貨への要求などは確かに、近代官僚主義的合理性の表現である。この問題は、上掲注6で言及された「裸の」——社会的には定義されない——自我の歴史に関連している。これがどこまで純粋に近代的な自我観であるかについてのマッキンタイアの議論には誇張がある。合理性が決定システム——それが形式的に表現されている場合ですら——について何をまともに要求しうるかについて、参照：Amartya Sen, *Collective Choice and Social Welfare* (San Francisco: Holden Day, 1970), and "Rational Fools," reprinted in his *Choice, Welfare and Measurement* (Oxford: Blackwell, 1982); A. Sen and B. Williams, eds., *Utilitarianism and Beyond* (New York: Cambridge University Press, 1982), Introduction, pp. 16-18.

14 これは、次の文献では否定されている。Edward. J. Bond, *Reason and Value* (New York: Cambridge University Press, 1983).

15 アクラシア (akrasia) についての議論には、たとえば以下のものがある。Donald Davidson, "How Is Weakness of the Will Possible?" in Joel Feinberg, ed., *Moral Concepts* (New York: Oxford University Press, 1969); David Pears, *Motivated Irrationality* (New York: Oxford University Press, 1984).

16 これは、「私たちは何をなすべきか」という問いを閑却するものではない。これも確かに一人称のものである。根本的な問題は、話者が複数一人称の存在として誰を考えているかということである。ここでの話者とは、忘れてはならないことだが、いま一度私なのである。

第二章

1 Robert Nozick, *Philosophical Explanations* (Cambridge: Harvard University Press, 1981), p. 408.

2 G. E. Moore, "Proof of an External World", reprinted in *Philosophical Papers* (Atlantic Highlands, N. J.: Humanities Press, 1977). 懐疑論に対するムーア的な解答の説得力については、参照：Thompson Clarke, "The Legacy of Skepticism", *Journal of Philosophy*, 69 (1972).

3 Renford Bambrough, *Moral Scepticism and Moral Knowledge* (Atlantic Highlands, N. J.; Humanities Press, 1979), p. 15.

4 参照：Myles Burnyeat, "Can the Sceptic Live his Scepticism?", in Malcolm Schofield, Myles Burnyeat, and Jonathan Barnes, eds., *Doubt and Dogmatism: Studies in Hellenistic Epistemology* (New York: Oxford University Press, 1980). Myles Burneat, ed., *The Sceptical Tradition* (Berkeley: University of California Press, 1983) に再掲。

5 次と比較せよ。"The Analogy of City and Soul in Plato's *Republic*", in E. N. Lee, A. P. Mourelatos, and R. M. Rorty, eds., *Exegesis and Argument: Studies in Greek Philosophy presented to Gregory Vlastos* (Assen: Van Gorcum, 1973).

6 そのような不安定さの正確な定式化は、囚人のジレンマの問題に見受けられる。たとえば、参照：Robert D. Luce and Howard Raiffa, *Games and Decisions* (New York: John Wiley, 1957). ホッブズの政治理論は、この問題への一つの対処法に基づいている。この種の問題と倫理学との関連性については、参照：

Edna Ullmann-Margalit, *The Emergence of Norms* (New York: Oxford University Press, 1977).

第三章

1　これは、ギリシャ語の dikaiosyne の訳であるが、ギリシャ語の方はプラトンにおいては英語での表現(justice)よりも広義に用いられている。これらの点についての古代の見方に関するより詳細な論述を、ギリシャ哲学に関する M. I. Finley, ed., *The Legacy of Greece* (New York: Oxford University Press, 1981) 所収の拙稿で行った。本稿の議論はこれと部分的に重複する。

2　倫理に関するギリシャ思想は、近代の、特にカント的な思想に比べると見劣りするという想定は、A. W. Adkins の有名な著書 *Merit and Responsibility* (Chicago: University of Chicago Press, 1975) の望ましくない点である。

3　アリストテレスの主張は実際はこれよりもやや弱いものである。本書九〇ページ参照。

4　最近の研究として、参照：Paul Helm, ed., *Divine Commands and Morality* (New York: Oxford University Press, 1981). 利己主義の論点については、参照：拙著 *Morality* (第一章注10) 所収の拙稿 "God, Morality and Prudence." 存在から当為を導くという論点については第七章参照。

5　「『君を埋葬するのはどんなふうにしたものだろうか』とクリトンはいった。『なんとでも』とソクラテスはいった。『君たちの欲するとおりに——。もっともそれは、君たちが私というものを捕まえられたらの話だがね。』」プラトン、『パイドン』115 C-D.(『プラトン全集1』(岩波書店、一九七五年)所収の松永雄二訳を参照した。)

6　アリストテレスのものとされる『倫理学』という書物は二冊ある。ニコマコス倫理学とエウデモス倫理学の二巻である。両者に共通している素材もある。通説ではニコマコス倫理学の方がアリストテレスにより忠実であるとされるが、一方では参照：Anthony Kenny, *The Aristotelian Ethics* (New York: Oxford University Press, 1978). いくつかの一般的な問題については、参照：貴重な註釈書として、Sarah Broadie, *Ethics with Aristotle* (Oxford University Press, 1990). ほかに Amelie Rorty, ed., *Essays on Aristotle's Ethics* (Berkeley: University of California Press, 1981).

7　アリストテレスは確かに、よき人の友は「いま一人の自分」であるという（『ニコマコス倫理学』1166 a 31）。この表現は彼の思想における友情と自足との間の真正な緊張関係を表現している。しかし、いまや私がかつてこの表現を強調しつつ行ったアリストテレスの発想に対する批判（*Moral Luck*, New York: Cambridge University Press, 1981, p. 15）は大げさであったと考える。この問題については、マーサ・ヌスバウムの指摘に負う。参照：Nussbaum, *Fragility of Goodness* (New York: Cambridge University Press, 1985), part 3. さらに参照：John Cooper, "Aristotle on Friendship", in Rorty, *Essays on Aristotle's Ethics*（前注参照）。

8　参照：P. F. Strawson, "Freedom and Resentment", reprinted in *Freedom and Resentment and Other Essays* (New York: Methuen, 1976). 私は道徳（morality）の特性とその非難（blame）の捉え方について第十章で論じる。

9　『ニコマコス倫理学』1113 b 18. アリストテレスと自由意志の問題については、参照：Richard Sorabji, *Neccesity, Cause and Blame: Perspectives on Aristotle's Theory* (Ithaca: Cornell University Press, 1980) のとくに、part 5.

10　しかしながらアリストテレスは、人はその人格について責任があると、悪しき習慣によって人が自分の人格を台無しにした事例を強調しつつ、述べている。参照：『ニコマコス倫理学』1114 a 3-8, 1114 b 25-1115 a 2. もっとも、後所において、アリストテレスは行為と人格の状態とは「同じように自発的で」あるわけではないと述べている。参照：アリストテレスのこの探究の性質を論じる Myles Burnyeat, "Aristotle on Learning to Be Good", in Rorty, *Essays on Aristotle's Ethics*（前掲注6参照）。

11 たとえば、John Rawls, *A Theory of Justice*（Cambridge: Harvard University Press, 1972), sec. 45, pp. 293-298. さらに参照：同 sec. 63, pp. 409-411, sec. 64, pp. 416-424. これと反対の立場として、参照：Derek Parfit, *Reasons and Persons*（Oxford: Clarendon Press, 1984).

12 現実的な利害的関心についてのここで提起したような説明と、純粋に認知的な関心についての理論をめぐるいくつかの考慮との間には、類比関係がある。誤りを犯すかもしれないような状況の多くにおいては、そのような状況での探究が探究者の情報状況を改善する。その一つの帰結として、人は騙されないようになる、ということがありうる。しかし、誤りを犯す他の状況、たとえば夢を見ている状況などがあり、そこではこのようなことは可能ではない。（だからこそ夢は哲学的懐疑論を発生させるのに特別な役割を果たすのである。）そのような状況では何がおかしいかという説明はまた、その説明自体がなぜそのような状況では適用できないかを説明する。参照：拙著 *Descartes: The Project of Pure Enquiry*（Atlantic Highlands, N. J.: Humanitics Press, 1978) chap. 2 and appendix 3.

13 John Maynard Smith, *Evolution and the Theory of Games*（New York: Cambridge University Press, 1982). Michael Ruse, *Sociobiology: Sense or Nonsense?*（Hingham, Mass.: Kluwer Boston, 1979）は、いくつかの中心的問題についてのよくできた批判的紹介である。本文で用いた「適合性（fitness)」の定義とその意義については、参照：Richard M. Burian "Adaptation", in Marjorie Grene, ed., *Dimensions of Darwinism*（New York: Cambridge University Press, 1983). 進化論的生物学と倫理学とに関するより立ち入った考察、特に制度に関する制約の可能性という論点に関して、参照："Evolution, Ethics and the Representation Problem", in D. S. Bendall, ed., *Evolution from Molecules to Men*（New York: Cambridge University Press).

14 フロイトの思想におけるこの次元に関しては、参照：Philip Rieff, *Freud: The Mind of the Moralist*,

3rd ed.（Chicago: University of Chicago Press, 1979）.

15　この点に関するきわめて優れた叙述として、Hannah Arendt, *Eichmann in Jerusalem: A Report on the Banality of Evil*（New York, 1963; Penguin Books, 1978）. 善に関しては効果は逆になる。

16　Noam Chomsky の作品を参照せよ。特に、*Language and Mind*（New York: Harcourt Brace Jovanovich, 1972）. 一般的な紹介として、参照：John Lyons, *Noam Chomsky*（London, 1970; New York: Penguin Books, 1978）.

17　この点についてはより詳しく拙稿 "Egoism and Altruism", in *Problems of the Self*（New York: Cambridge University Press, 1973）で論じた。

18　この条件——私の性向が理解できるようになる外的な観点は、私自身をその性向から疎外しはしないこと——の重要性は、別の関連で（ここでいう「理解」とは異なった意味での理解が問題となる）第六章で再びあらわれる。

第四章

1　カントのアプローチを最もうまく要約するには、おそらく次のように言えばよいだろう。カントは、道徳の説明と実践理性の説明をしておいて、そのうえで両者が同じ地点にたどりつくと考えているのである。

2　私が展開する議論は、いくつかの点で、アラン・ゲワースが提示した議論と似ている。参照：Alan Gewirth, *Reason and Morality*（Chicago: University of Chicago Press, 1977）. ゲワースは次のように言う。「古代ギリシャ以来、行為が道徳哲学に対してもつ意義は認められてきた。それにもかかわらず、行為の性質が、道徳の最高原理の内容そのもの、さらにその正当化にまではいり込むということは、これまで注目されてこなかった。」（p. 26）ゲワースの議論は多くの独創的な特徴をもってはいるが、私の考えでは、この言明は、彼の企てとカントのそれとの類似性を過小評価したものである。ゲワース自身の問題への取り組み方は、ここで考察するものといくつかの点で異なってはいるが、同じ一般的理由によって、彼の試みも失敗するものと信ずる。

3　次のように言うだけでは不十分である。「欲している結果は、あなたが何かをすることを含んでいる。」このような定式化は、先に述べたような種類のケースにもあてはまってしまう。たとえば、あなたが、彼女が自分に恋してくれることばかりでなく、その後で自分とベッドを共にすることも、結果のなかに含ませたいというようなケースを考えてみるとよい。ここからさらに生じる複雑さや、それらがみな帰結主義とどう関連するかについては、参照：“A Critique of Utilitarianism” in J. J. C. Smart and Bernard Williams, *Utilitarianism: For and Against* (New York: Cambridge University Press, 1973), sec. 2.

4　参照：Bernard Williams, *Descartes: The Project of Pure Enquiry*, chap. 1.

5　この種の構造は、志向性という現象に特徴的である。特に、参照：H. P. Grice “Meaning”, *Philosophical Review*, 66 (1957). および John Searle, *Intentionality* (New York: Cambridge University Press, 1983).

6　これはゲワースが指摘している。*Op. cit.*, p. 53.

7　ホッブズは、この結論が導かれると考えていたかもしれない。しかし、人々が何かを欲するときに何が必然的に伴うかということについての彼の見解を、主権者のいない状況で、人々が何かを手に入れたり保持したりするときには何が伴うかについての彼の暗い見解と区別するのは容易でない。

8　ゲワースは、この道を選ぶ。

9　ここでは、欲求は行為の理由となるには十分でないという点が問題なのではない。私はすでに、十分であると述べておいた（本書、第一章）。実際、行為の理由のすべてが評価に基づいているわけではない。

10　指令について、より詳しくは、R・M・ヘアーの見解についての本書第六章、第七章の議論を参照。

11　ゲワースはこの種の議論を用いる。*Op. cit.*, p. 80.

12 Max Stirner, *Der Einzige und sein Eigentum*, translated by S. T. Byington as *The Ego and His Own*, ed. James J. Martin (Sun City, Cal.: West World Press, 1982), p. 128.

13 *Grundlegung*, translated by H. J. Paton as *The Moral Law* (Totowa, N.J.: Barnes and Noble Books, 1978), p. 88. 定言命法の別の定式を論じる際に、カントは次のように述べる。「理性的存在者は、常に自分自身を、意志の自由によって可能となるような目的の国における立法者と見なさなければならない——その国の成員としてにせよ、あるいは元首としてにせよ。」(p. 101) 私には、これはカントの考え方を最も鮮明に表現したものと思える。

14 この判定基準は、ジョン・ロールズが彼の正義論のなかで使ったものである。ロールズの正義論は第五章で取り上げられる。参照：Amartya Sen, "Informational Analysis of Moral Principles," in *Rational Action*, ed. T. R. Harrison (New York: Cambridge University Press, 1979).

15 たとえば、『実践理性批判』の第二定理を参照。私は本文中で、決定論についてのカントの見解に簡単に触れるが、これに関わる大きな謎には言及していない。カントは、あらゆる出来事について決定論の立場をとり、行為は出来事であることを認め、自由意志があることを信じた。さらに彼は、自由な行為を特殊な原因に帰することによって自由意志と決定論を両立させるような試みを、「へたなごまかし」と呼んで非難した。

16 デイヴィッド・ウィギンズは、存在すると思われる対称性に対して、また思考は原因によって生じたのであれば理性的であるはずがないというカント的主張——この通俗的形態は、リバタリアンの理論家が用いる常套手段である——に対して、興味深い反論を加えている。参照：David Wiggins, "Towards a Credible Form of Libetarianism," in Ted Honderich ed., *Essays on Freedom of Action* (Boston: Routledge and Kegan Paul, 1978)。しかし、事実についての思考と実践的熟慮の間に、自由をめぐって非対称性があるのが真だとしても、これは、私が問題にしているような議論を復活させるのには役に立たないだろう。なぜなら、実践的熟慮の自由という基礎の上に不偏不党性を築く試みは、理性的自由を、事実についての思考にもあてはまるように解釈することにまさに依拠しているからである。カントの場合は、それが実際に事実についての思考にあてはまると考えたのである。

17 ここでの一連の問題を論じるにあたり、私は、特にトマス・ネーゲルの著作や彼との議論から多くを学んだ。

18 これは、『純粋理性批判』の「誤謬推理」を論じた箇所で、カント自身が出した論点の一部である。この超越論的な私は、思惟一般の場合には形式的なものである。しかし、道徳との関連では、カントはこの私にはるかに大きな役割を与えた。

19 しかし、あらゆる真理を他のあらゆる真理と結びつけることはできないかもしれない。これは、ある種の知識が視点によって制約される性格をもつからである。参照：第八章。

第五章

1 Scanlon, “Contractualism and Utilitarianism,” in Sen and Williams, *Utilitarianism and Beyond*, p. 110. 私の議論は、いくつかの点でこの論文に負っている。

2 *Ibid.*, p. 116.

3 これこそが功利主義を定義づける特徴である、と考えてよい。参照：Sen and Williams, *Utilitarianism and Beyond*, pp. 2-4, and Amartya Sen, “Utilitarianism and Welfarism,” *Journal of Philosophy*, 76 (1979). さまざまな種類の功利主義の違いについては、参照：J. J. C. Smart and Bernard Williams, *Utilitarianism: For and Against* (New York: Cambridge University Press, 1973). ジェイムズ・グリフィンは、最近の関連文献を論評している。〔James Griffin,〕 “Modern Utilitarianism,” *Revue internationale de philoso-*

phie, 141（1982）.

4　この定式の修正を余儀なくさせる複雑な事情については、次を参照。“A Critique of Utilitarianism”, in Smart and Williams, *Utilitarianism*, sec. 2.

5　厳密には、〔これは〕総計をランクづけするタイプの福利帰結主義である。右の注3〔の文献〕を参照。

6　これが責任の問題におよぼす影響については、参照：“A Critique of Utilitarianism”, in Smart and Williams, *Utilitarianism*, secs. 3 and 5; and Samuel Scheffler, *The Rejection of Consequentialism*（New York: Oxford University Press, 1982）.

7　功利主義者のなかには、読者の心のなかにある不確定な罪悪感を強めることを狙う論者もいる。ピーター・シンガーはその一例である。著書『実践の倫理』において、彼は明らかに、理論的基礎よりもそういう効果を生み出すことに強い関心をもっている。理論的基礎はきわめてぞんざいな扱いを受けている。参照：*Practical Ethics*（New York: Cambridge University Press, 1980）. 道徳的説得の方法としては、これは生産的ではなく、弁明と憤りの感情を生みだして関心を萎縮させるだろう。この傾向は研究にも見出せるが、現在のところ、私たちの周囲のいたるところに見られる。これについては、参照：James S. Fishkin, *Beyond Subjective Morality*（New Haven: Yale University Press, 1984）.

8　参照：John Rawls, *A Theory of Justice*（Cambridge: Harvard University Press, 1971）ならびに本章の注10で言及する諸論文。次の論文集は有益である。Norman Daniels, ed., *Reading Rawls*（New York: Basic Books, 1975）.

9　Rawls, *op. cit.*, pp. 60, 83. これらの原理を最終的に、より精緻な形で述べたものは、p. 302 に見られる。

10　参照：Rawls, “Kantian Constructivism in Moral Theory”, *Journal of Philosophy*, 77（1980）; “Social Unity and Primary Goods”, in Sen and Williams, *Utilitarianism*; and T. M. Scanlon, “Preference and Urgency”, *Journal of Philosophy*, 72（1975）.

11 ハーサニの議論は、彼の論文集で提示されている。*Essays in Ethics, Social Behavior, and Scientific Explanation*（Boston: Dordrecht Reidel, 1976）. さらに、Sen and Williams, *Utilitarianism* に転載された論文 "Morality and the Theory of Rational Behaviour" も参照のこと。本章注1で言及した論文の中で、スキャンロンがハーサニの議論と純粋な契約論的アプローチを区別しているのは興味深い。

12 これは人口政策に特に関連がある。参照：Derek Parfit, "On Doing the Best for our Children", in M. D. Bayles, ed., *Ethics and Population*（Cambridge: Schenkman, 1976）; "Future Generations: Further Problems", *Philosophy and Public Affairs*, 11（1982）; and *Reasons and Persons*（Oxford: Clarendon Press, 1984）. さらに、J. McMahan, "Problems of Population Theory", *Ethics*, 92（1981）.

13 *Moral Thinking*（New York: Oxford University Press, 1981）に見られる通りである。ここでのヘアーの理論は発展したものであり、私は彼の初期の見解のいくつかにも触れるつもりである。それら初期の見解は、*The Language of Morals*（New York: Oxford University 1952; rev. ed. 1961）や *Freedom and Reason*（New York: Oxford University Press, 1965）に表明されている。

14 ヘアー自身の理論にも理想的観察者が登場するが、これは「大天使」（archangel）と呼ばれる。ファースの理論は、次の論文で展開される。"Ethical Absolutism and the Ideal Observer", *Philosophy and Phenomenological Research*, 12（1952）, pp. 317–345. 批判については、R. B. Brandt, *A Theory of the Good and the Right*（New York: Oxford University Press, 1979）, pp. 225ff. を参照。二つの理想的観察者の理論についての論評としては、Derek Parfit, "Later Selves and Moral Principles", in Alan Montefiore, ed., *Philosophy and Personal Relations*（Montreal: McGill-Queens University Press, 1973）, pp. 149–150 and nn. 30–34 もあわせて参照。

15 Hare, *Moral Thinking*, p. 170.

16 John Mackie, *Ethics: Inventing Right and Wrong*（New York: Penguin, 1977）, p. 97.「純粋な数的差異

を排除すること」とは、私が私であり、あなたがあなたであるというだけでは、どちらか一方を他方と違う仕方で扱う理由にはならない、という事実を指す。しかし、私は、これも「道徳言語」と関係がないと考える。普遍化可能性について、より詳しくは本書第六章を参照。

17　Sen and Williams, *Utilitarianism*, p. 8.

18　本章注11で言及した論文"Morality and the Theory of Rational Behaviour"を参照。

19　ヘアーは、この方法自体が常に福利を最大化するとは限らないことを明らかにする(*Moral Thinking*, pp. 101ff.)。これが福利を最大化するかどうかは、すでにわかっている「将来の時点での選好」の代用となる「将来に対する現在の選好」を、他の「将来に対する現在の選好」や「現在に対する現在の選好」と区別してどうやって計るか、という別の問題にかかっている。処世的配慮に基づく将来への関心や、それが他人への関心と類似している点について、本章注12にあげたパーフィット著 *Reasons and Persons* は綿密な議論を展開している。

20　John Findlay, *Values and Intentions* (Atlantic Highlands, N. J.: Humanities Press, 1978), pp. 235-236.

21　Hare, *Moral Thinking*, pp. 95-96.

22　*Ibid.*, p. 96.

第六章

1　今世紀においてはG・E・ムーア、デイヴィッド・ロス(第十章を見よ)、H・A・プリチャードが直観主義者であった。これと類似した伝統の、さらに時代を遡った代表者としては、リチャード・プライス(*A Review of Principal Questions in Morals*, 1758)とウィリアム・ヒューエル(*The Elements of Morality*, 1845)がいた。

2　ジョン・スチュアート・ミルは直観主義、特にその独断主義を常に攻撃した。次を参照。*Autobiography*, ed. Jack Stillinger (Boston: Houghton Mifflin Co., 1964), pp. 134-135. 直観主義の認識論は一九五〇年代にはひどく批判された。ヘアーの『道徳の言語』のほかに、たとえば次のものを参照。Stephen Toulmin, *The Place of Reason in Ethics* (New York: Cambridge University Press, 1950), Patrick Nowell-Smith, *Ethics* (New York: Penguin, 1954).

3　トロリー問題（と呼ばれるようになったもの）は、もともとフィリッパ・フット（Philippa Foot, "The Problem of Abortion and the Doctrine of the Double Effect", reprinted in her *Virtues and Vices* (Berkeley: University of California Press, 1978)）によって導入された。公平に述べておくならば、この問題は、ある状況の因果連関がどの程度その状況についての道徳的結論に関連するかを議論するためのものであった。これは、二重効果原則のような説に含まれていた問題である。たとえ奇抜な例であっても、この種の問題には関連性をもつものがある。一方、奇抜な例には別の使い方がある。ジュディス・ジャーヴィス・トムソンが中絶の議論で使った悪名高い例は、まったく現実的でないがゆえに効果的である。Judith Jarvis Thomson, "In Defence of Abortion", reprinted in Marshall Cohen, Thomas Nagel and Thomas Scanlon, eds. *The Rights and Wrongs of Abortion* (Princeton: Princeton University Press, 1974). 日常的な道徳的直観との関連で奇抜な例を使用することへの一般的な批判としては、参照：Hare, *Moral Thinking*.

4　これは、大ざっぱで不明瞭な前提である。これは、ブルース・アッカーマンによって使われたモデル（*Social Justice in the Liberal State* (New Haven: Yale University Press, 1980)）で重要な役割を果たしている。これに対する批判としては、アッカーマンの著書に対する一連のコメント（*Ethics*, 93 (1983)）を見よ。

5　ロールズは *A Theory of Justice*, pp. 20ff. でその方法を記述しており、pp. 48-51 でそれをアリストテレスと関係づけている。

6 ロールズはそれを「公共性」の要請と名づけている。*A Theory of Justice*, p. 133 および他の箇所、特に sec. 29 を参照。虚偽意識論に基づく批判については、批判理論への言及（第九章、注11）を参照。

7 ユルゲン・ハーバーマスは、支配から解放された人間関係という彼のモデルにおいて、非常に強いカント的前提を立て、すべてを明示するよう要求するため困難に陥る。

8 たとえば、『精神現象学』「理性的自己意識の自己自身による実現」と題された章（trans. A. V. Miller〔Oxford: Clarendon Press〕）を参照。これに対する論評としては、次を参照。Charles Tayler, *Hegel* (New York: Cambridge University Press, 1975); Judith N. Shklar, *Freedom and Independence* (New York: Cambridge University Press, 1976).

9 シジウィックの著作 *The Methods of Ethics* は最初一八七四年に出版された。これには多くの修正が加えられ、いくつもの版を重ねた。この引用は第七版（London, 1907, reissued 1962), p. 382 に拠る。「宇宙的観点」という言い回しは、弁明なしで p. 420 で繰り返される。シジウィックの理論やそれに似た理論に特徴的な問題については、拙稿で論じておいた。"The Point of View of the Universe: Sidgwick and the Ambitions of Ethics", *Cambridge Review*, 7 (1982). 本章の素材のいくらかは、この論文からとったものである。

10 *The Methods of Ethics*, pp. 338, 406.

11 このような言い回しは、次の論文に見られる。"Ethical Theory and Utilitarianism", in H. D. Lewis, ed., *Contemporary British Philosophy* (Atlantic Highlands, N. J.: Humanities Press, 1976); reprinted in Sen and Williams, *Utilitarianism*.

12 *The Methods*, pp. 489-490. シジウィックの見解は、デレク・パーフィット（*Reasons and Persons*〔Oxford: Clarendon Press, 1984〕）によって考察されている。彼は倫理学理論が「自己論駁的」、あるいはまた「自滅的」だとする詳細な議論を展開している。彼は、倫理学理論がこれらの特徴のどれかをもつといふ事実が、それが虚偽であることを示すかどうか、という問題に力を注いでいる。しかし、これがどういうことを意味するのか、私には彼ほどにはっきりわからない。本章では、どういった種類の生活（それが社会的なものであれ、個人的なものであれ）が、そういう理論を現実のものにするのに必要なのかを議論する。

13 Joseph Butler, *Fifteen Sermons Preached at the Rolls Chapel*, sermon XI. 私たちが冷静なひとときに見出すのは、どんな探究も「私たちの幸福のためになる、あるいは少なくとも幸福に相反しない、ということを確信するまでは」自分自身に対して正当化することができない、ということである。面白いことに、バトラーがこの結論を信頼できるものと見なしたかどうかは、議論の余地のあるところである。

14 次の拙著を参照。*Descartes: The Project of Pure Enquiry*. このような考え方を否定する議論（たとえばリチャード・ローティの見解などを見よ）は、第八章で論じられる。デイヴィッド・ウィギンズ（"Truth, Invention and Mental Life"〔British Academy Lecture〕）は、こういった視点を倫理学にふさわしい立場と区別している。もっとも、彼にとって倫理学にふさわしい立場というのは、この本で述べられるものよりも、むしろ第八章で議論されるジョン・マクダウェルの見解に似ている。

15 これは、いく人かの理論物理学者や宇宙論の理論家によって議論されている「人間原理（anthropic principle）」によって、反駁されるものではない。この原理は、反駁するのではなく、宇宙についてのいくつかの仮説が、私たちが存在し宇宙を観察しうるという所与の事実だけによって排除される、と説く〔つまり、逆に、宇宙と人間に関する私も共有する見解を支持しているのである。〕。

16 John Locke, *An Essay concerning Human Understanding*, I, iii, 4〔『人間知性論』一巻、三章、四節〕。

17 Michael Tooley, "Abortion and Infanticide", in Cohen, Nagel and Scanlon, *The Rights and Wrongs of Abortion*, および Tooley, *Abortion and Infanticide*（Oxford: Clarendon Press, 1983).

18 もちろん、意気阻喪させるような、もう一つの可能性がある。それは、すでに間接的功利主義についての議論に現われたものである。すなわち、ある原理は、それ自身に実践として適用されるとき、自らを論駁するような理由を出す可能性があるのである。

19 トゥーリーのような議論を許さない「人格」についての説明としては、参照：David Wiggins, *Sameness and Substance* (Cambridge: Harvard University Press, 1980), chap. 6, esp. pp. 169-172.

20 この言葉は、リチャード・D・ライダー（Richard D. Ryder, *Victims of Science: The Use of Animals in Research* 〔London: Davis-Poynter, 1975〕）によって導入されたようである。最近では、私たちと他の動物の関係の倫理について非常に多くの文献がある。それらの多くは、「動物の権利」と言われるものを尊重するよう主張している。この問題について、私はここでは十分論じることができない。非常に単純化すれば、三つの点が問題である。一つは、動物に苦痛を与えないということには十分な理由があるが、これを「権利」によって基礎づけても、レトリックを用いることにはなっても、それで特定の論点が打ち出せるわけではない。権利とは倫理的理由の中でも特殊なものであって、期待を担保するということによって最もよく説明されるものであり（第十章、義務についての議論を見よ）、人間以外の動物には適用されない考え方である（これに反対する見解については、参照：Tom Regan, *The Case for Animal Rights* 〔Berkeley: University of California Press, 1983〕）。第二に、その基礎が、苦痛のレベルを低下させるという、最も単純な功利主義的なものとして理解されてよいのなら、（リッチー〔Ritchie〕が何年も前に*Natural Rights* 〔1894〕で指摘したように）なぜ私たちは寸暇を惜しんで自然の取締りにコミットしないのか、その理由がはっきりしない。最後に、この問題については別の議論もある。その議論は、私たちと動物の関係を一般的な目的論によって基礎づけることによって、動物を資源としてではなく、私たちと共に世界を共有するものとして考えるよう促す（参照：Stephen R. L. Clark, *The Moral Status of Animals* 〔New York: Oxford University Press, 1977〕）。しかし、私たちと他の動物との「自然な」関係を現実的に見るならば、私たちがそれら他の動物を食べることがどうして排除されるのか、私にはわからない。

21 偏見と見る場合、それは、シェリダンのジャック・アブソリュートの言う「偏見」に似ていなくもない。「妻にするなら、やっぱり手足の数が人並みに揃っていて、背の高さもほどほどの人がいいね。それから、目の数については僕の好みは一つなんだけど、〔世の〕偏見がいつも二つの方がいいとしてきたからね。まあ、こんなことで変わり者になりたいとも思わないよ。」（*The Rivals*, III, I.）

第七章

1 ムーアの理論についてのやや立ち入った議論として、拙著 *Morality: An Introduction to Ethics* (New York: Harper and Row, 1972) の「善（Good）」の節を参照されたい。ムーアは彼の「批判に応えて」（第一章注12参照）で『プリンキピア・エチカ』で与えた自然と非自然の区別の説明はまったく不十分であるとの批判に同意したが、この区別を完全に放棄することはなかった。

2 David Hume, *A Treatise of Human Nature* (1739), III. i. i.

3 ヒュームがここで何を言わんとしていたのかに関するさまざまな解釈については参照：W. D. Hudson, ed., *The Is-Ought Question* (New York: St. Martin's Press, 1969)；その他に、参照：John Mackie, *Hume's Moral Theory* (Boston: Routledge and Kegan Paul, 1980), pp. 61-63, および同 *Ethics: Inventing Right and Wrong* (New York: Penguin, 1977), pp. 64-73.

4 Hare, *Moral Thinking*, p. 21.

5 この点についてはデイヴィッド・ウィギンズに負う。参照：Wiggins, "Truth, Invention, and the Meaning of Life" (British Academy Lecture, 1976), および "Deliberation and Practical Reason", in Amelie O. Rorty, ed., *Essays on Aristotle's Ethics* (Berkeley: University of California Press, 1981).

6 「言語論的転回（the linguistic turn）」という言い回しは、リチャード・ローティ（Richard Rorty）が編んだ、哲学の方法に関する同名の論文集（Chicago: University of Chicago Press, 1967）に端を発する。

7 このような傾向の例外として、ピーター・ウィンチの仕事がある。参照：Peter Winch, *The Idea of a Social Science and Its Relation to Philosophy*（London, 1958; Atlantic Highlands, N. J.: Humanities Press, 1970）など。

第八章

1 評価的なるものを実践的なるものへと還元する最もよく知られた方途は、指令的という概念を用いるものである。この戦略は前章で批判しておいた。

2 第七章注5であげたウィギンズの論文を参照せよ。

3 Richard Rorty, *Philosophy and the Mirror of Nature*（Princeton: Princeton University Press, 1980）, pp. 344-345. 私はローティの見解をやや詳しく、彼の *Consequences of Pragmatism*（Minneapolis: University of Minnesota Press, 1982）の書評で述べておいた。*New York Review of Books*, 28 April 1983 参照。

4 経験的プラグマティズムと超越論的プラグマティズムとでもいうべきものとの間に混同がある。同様の問題は、ウィトゲンシュタインの後期の作品においても生じる。参照：拙著 *Moral Luck* および Jonathan Lear, "Leaving the World Alone", *Journal of Philosophy*, 79（1982）.

5 Rorty, "The World Well Lost", in *Consequences of Pragmatism*, p. 14. さらに参照：Donald Davidson, "The Very Idea of a Conceptual Scheme", *Proceedings and Addresses of the American Philosophical Association*, 67（1973-74）.

6　この点はすでに第六章注14で述べた。さらに参照：N. Jardine, "The Possibility of Absolutism", in D. H. Mellor, ed., *Science, Belief, and Behavior: Essays in Honour of R. B. Braithwaite* (New York: Cambridge University Press, 1980)；および Colin McGinn, *The Subjective View* (Oxford: Clarendon Press, 1983).

7　特に、John McDowell, "Are Moral Requirements Hypothetical Imperatives?", *Proceedings of the Aristotelian Society*, suppl. vol. 52 (1978)；"Virtue and Reason", *Monist*, 62 (1979). マクダウェルは何よりも、徳のある人の心の状態や動機などに関心を寄せているが、私は彼の見解が本文で述べたような、より一般的な含意をもつものと理解する。評価的な概念を身につけうるのは評価的な関心を共有している者だけである、という考えは基本的にはウィトゲンシュタイン的なものである。私が初めてこのような考えに接したのは、一九五〇年代のあるセミナーでのことであって、フィリッパ・フットとアイリス・マードックがこの考え方を表明していた。ウィトゲンシュタインの後期哲学のアイディアの倫理学への適用については、参照：Hanna F. Pitkin, *Wittgenstein and Justice* (Berkeley: University of California Press, 1972)、および Sabina Lovibond, *Realism and Imagination in Ethics* (Minneapolis: University of Minnesota Press, 1983). ウィトゲンシュタインに多くを負った、広範囲にわたる考察について、参照：Stanley Cavell, *The Claim of Reason*, (New York: Oxford University Press, 1979) 特に第三部および第四部。ウィトゲンシュタイン自身が倫理的問題についてどう考えていたかは別問題である。参照：彼の遺稿である "A Lecture on Ethics", *Philosophical Review*, 74 (1965)；Rush Rhees, "Some Developments of Wittgenstein's View of Ethics", *ibid.*; B. F. McGuiness, "The Mysticism of the *Tractatus*", *ibid.*, 75 (1966).

マクダウェル自身は、心の哲学に関して、合理的行為についての「信念と欲求」モデルを斥け、重要な帰結を導く。私はこれらの帰結を受け容れはしないが、ここでこの問題には立ち入らない。しかし本章で後に行う、倫理的信念と知覚との相違に関する考察は、この点に密接に関わる。

8　マクダウェルは（"Virtue and Reason" で）この可能性を認めるが、そこからいかなる帰結も導かないし、異文化間の対立ということをまったく無視する。彼は倫理における客観性についての懐疑を（これは彼の発想の特質を見事に表わすものであるが）、一方では彼が「俗流科学主義」と呼ぶものに帰し、他方では哲学的病理、すなわち、〔理論的〕支えなき実践を前にした目眩（めまい）に帰する。彼の科学に対する態度については措くとしても、マクダウェルは歴史についてさえやや無関心の観があり、時間の流れと共にものの見方が変化するということについても何も言わない。この点については、主としてアリストテレスに関わる徳の議論において、彼が親切さを例にとっていることが示唆的である。というのは、親切さはアリストテレスの挙げる徳の中には含まれていないからである。

9　私の知る限り、命題知についての最も繊細で巧みな議論は、ノージック（Robert Nozick）が彼の *Philosophical Explanations* の第三章で行ったものである。ノージックの議論の主要な特徴のいくつか、特に反事実条件文の利用は、ドレツキ（Fred Dretske）が先駆的に捉えていたものである。この点はノージック自身、第三章（p. 630）の注53で認めており、そこに参考文献が挙げられている。

10　「概していえば」というときの「概ね」は、どの程度のことを考えればよいのだろうか。私は点が六つあるのを「六」と読むことができても、点が四つあるのを「四」と読むことができないかもしれない。もし私が点六つを「六」と読むことができるだけで、他のすべてを「六でなし」と読むことしかできない場合はどうか。

11　Alfred Tarski, "The Concept of Truth in Formalized Languages," in *Logic, Semantics, Meta-Mathematics* (Indianapolis: Hackett Publishing Co., 1981). この問題に関しては、参照：David Wiggins, "What Would Be a Substantial Theory of Truth?," in Zak van Straaten, ed., *Philosophical Subjects: Essays Presented to P. E. Strawson* (New York: Oxford University Press, 1980). ウィギンズの議論はさらに次の問題を提起する。すなわち、観察者は果たしてそこで用いられる文が、その文にかっこ外しの真理定式を適

用できない場合にも、理解できるだろうか、という問題である。この点に関しては、ウィギンズは Donald Davidson, "Truth and Meaning", *Synthese*, 17 (1967) に影響を受けている。感情移入はするが、同一化してしまうことはない観察者が存在しうるという事実は、自分自身はそのように主張するのを拒否しても、なおかつそのことを理解することは不可能ではないということを示している。

12 参照：John Skorupski, *Symbol and Theory* (New York: Cambridge University Press, 1976).

13 参照：Wiggins, "Truth, Invention and the Meaning of Life"; McGinn, *The Subjective View*, pp. 9–10, 119–120.

14 第一次性質と第二次性質を区別する定式は、西洋的な伝統では充足理由律の意識的な利用とほとんど同じくらい古いものである。

15 この二つの文は、Ted Honderich, ed., *Morality and Objectivity* (London: Routledge and Kegan Paul, 1985) 所収の拙稿 "Ethics and the Fabric of the World" からとったものである。同書は、John Mackie の追悼記念論集である。拙稿は、この主題に関するマッキーの見解、特に、知覚と道徳的な経験とでは似たような誤りが起こりうるとする、彼の考えを取り上げたものである。さらに、参照：McGinn, *The Subjective View*, esp. chap. 7.

16 誤謬を犯すことを説明する適切な理論がなかなか見出せないという問題は、倫理的真理の概念に関心を集中するあらゆる倫理の理論が直面するものである。倫理的なるものが道徳という特殊な形をとるとき、それはある特殊な歪曲、すなわち道徳主義 (*moralism*) と結びつく。つまり、ある特定の人が誤っているという指摘を、その人がいかにして間違ったかということの理解とまったく切り離して行った場合、その指摘を行った評者はその人のまったく外側に身をおくことになり、そのため往々にして、その人にお説教することになるのである。

17 この結論は、ある意味ですべての価値は人格の性向に依存しているという、第三章の最後で述べた点と関連している。本書のあとがきも参照されたい。

第九章

1　特に次を参照：Gilbert Harman, "Moral Relativism Defended", *Philosophical Review*, 84（1975）; reprinted in Michael Krausz and Jack W. Meiland, eds., *Relativism, Cognitive and Moral*（Notre Dame: University of Notre Dame Press, 1982）. 本書はこの主題についての重宝な論集である。

2　かつて私はこの見方を「通俗相対主義」と呼び、拙著 *Morality: An Introduction to Ethics* で論じた。

3　この区別についてはより詳細に拙稿 "The Truth in Relativism", *Proc. Arist. Soc.*, 75（1974-75）（拙著 *Moral Luck* に再掲）で論じた。本文では拙稿の文章を数行用いた。そこで明らかにするように、私はもはやかつて述べた（*Moral Luck*, p. 142）ような見解はとらず、倫理的なものの見方にとって、ここで述べるような意味での相対主義的な観点は、そのままでは正しいとは考えない。

4　伝説発生の例、より正確にはいくつかの異なった伝説の発生の例として、参照：J. C. Holt, *Robin Hood*（London: Thames and Hudson, 1982）.

5　この大きなテーマについての非常に面白い研究として、Bernard Smith, *European Vision and the South Pacific*（New York: Oxford University Press, 1969）.

6　同じ理由で、過去を舞台としない幻想物語は、今やエキゾチックな民族を捨ててE・Tを主人公とするに至った。地球外生物は、私たちの最も原始的な幻想に対してもなんら具体的な抵抗ができないので、現われた結果は哀れなほど、あるいは胸を悪くするほど貧困なものとなっている。

7　マッキンタイア（Alasdair MacIntyre）の *After Virtue*（Notre Dame: University of Notre Dame Press, 1981）におけるこのテーマについての記述は面白い。しかし、神話に対してはどうも甘いところがある。

8 「ヴェールが破れ始めると、もはやそれを繕うことはできない。無知というものは、特殊な性格をもっている。いったんそれがなくなると、それを再度作り出すことは不可能なのである。無知は、それ自体が実質的なものではなく、知識の欠如にすぎない。したがって、人は無知のままにとどめられうるが、無知にされることはありえない。」 Thomas Paine, *The Rights of Man*, part 1.

9 この点については、ホーソーン（Geoffrey Hawthorn）が、*Plausible Worlds*（Cambridge University Press, 1991）で論じている。

10 ロールズは『正義論』ではこの問題を特に歴史的に考察したというわけではなさそうである。より近時の業績においては、彼の正義論はとりわけ近代社会に適合している旨を強調するに至っている。

11 参考になる二次文献として、Raymond Geuss, *The Idea of a Critical Theory*（New York: Cambridge University Press, 1981）; Martin Jay, *The Dialectical Imagination*（Boston: Little, Brown, 1973）と同 *Adorno*（Cambridge: Harvard University Press, 1984）. 批判理論は、特に最近一〇年間で、不明瞭な思考スタイルに加えて、過激なレトリックと大学の先生臭い権威主義とが入り交じった醜い態度をとったがために、自業自得の不評を買った。しかし、特にその洞察を、（フランクフルト学派がもっぱら考察していた）自由の理論ではなく正義の理論に適用した場合には、批判理論から学ぶべきものはある。

12 一つの重要な問題は、「正義の普遍的な形式は、異なった社会で異なった内容をどこまで与えられうるか」というものである。これは、ウォルツァー（Michael Walzer）が、彼の示唆に満ちた *Spheres of Justice*（New York: Basic Books, 1983）で挙げている正義の捉え方にとって中心的な問題である。いま一つの問題は、「私たちが大切に思うほぼすべてのものを過去に負っているにもかかわらず、その過去を不正であるとどうして考えられるのか」というものである。私は社会正義に関する古代ギリシャの捉え方のいくつか、およびそれらと私たち自身のものとの関係について、拙著 *Shame and Necessity*（California Uni-

versity Press, 1993）の第5章で論じておいた。

13　このような見方のなかで、最もよく知られており、かつ最も面白いものは、サルトルが戦後しばらく続けていたタイプの実存主義である。多くの人はこれは滑稽で馬鹿げた考え方だと一貫して思っていたが、サルトル自身も後にそう考えるようになった。これほど劇的ではない形では、これは最近の多くの哲学に当然のこととして取り入れられている。たとえばマッキー（John Mackie）は、大して変わったことを言ってはいないつもりで（*Ethics: Inventing Right and Wrong* の p. 106 で）次のように言うことができた。「道徳は発見されるのではなく、作られるべきものである。私たちは、いかなる道徳的な見方を採用するかを決断せねばならないのである。」しかし、ここでの「私たち」が私たち各人を意味するのか、私たち全員からなる集合体を意味するのかがはっきりしない上に、いずれにせよその場合に何をすればよいのかが明らかでない。このような文章においては、論理的ないし形而上学的な学理が、紛らわしいことに、心理学的な形で表現されているように思われる。

第十章

1　後に本章で、いくつかの点に簡単に触れる。自由意志についての議論の多くは、因果的説明が、行為と責任についての私たちの思考の異なる部分に異なる影響を与えるかもしれないという点に、十分な注意を払っていない。非難をするにはできたのに（*could have*）ということが要求されるのに対し、熟慮はできる（*can*）ということだけを要求する、という点は考察に値する。

2　私は衝突の問題をいくつかの論文で論じておいた。拙著 *Problems of the Self* と *Moral Luck* を参照。二つの現実の義務が衝突することが論理的に不可能であれば、たとえ私自身に過失があった場合でも、私が義務衝突の状況にはいり込むことはありえない。これは重要なことである。いったい私がいかなる状況にはいり込むというのだろうか？

3　この点は、拙著 *Moral Luck* に含まれている同じ題の論文 "Moral Luck" で論じておいた。そこでは、道徳システムが自発性という不確かな構造に特に重きをおくという一般的論点を、具体的な形で示した。

4　W. D. Ross, *The Right and the Good* (Oxford: Clarendon Press, 1930), pp. 21ff.

5　よい行為が、他人が私に加わることを期待するような一般的な実践の一部分をなす場合でも、このことは言える。この論点は、ロバート・ノジックが見事に打ち出している。参照：Robert Nozick, *Anarchy, State and Utopia* (New York: Basic Books, 1974), chap. 5.

6　ここに示したのは、義務が、一見したところ義務ではないような考慮と衝突する例である。これはそのまま、私的なものと公的なものとの衝突を示す例にもなろう。これについてのさまざまな考察、特に公的生活での功利主義的考慮の役割の考察としては、次を参照。Stuart Hampshire, ed., *Public and Private Morality* (New York: Cambridge University Press, 1978).

7　道徳は、確かに、このような考えを助長する。この段落で述べたような場合にはそうである。しかし、道徳は常にこの考えに固執するのではない。少なくとも、この考えが、私の義務を上回ることができるのは別の私の義務だけである、という形をとる場合には、そう言える。私の死活に関わる利益が、約束を守るために犠牲にされねばならないとしたら、しかも、特にこの約束があまり重要でないものだとしたら、どうだろうか。最も厳格な道徳家ですら、私が約束を破る義務をもっているという条件をつけずに、私が約束を破る権利をもつことを認めるかもしれない。(この指摘は、ギルバート・ハーマンに負うものである。) なるほど、その通りかもしれない。しかし、約束がどうでもよいようなものでなければ、厳格な道徳家は、影響を受ける利益が真に死活の利益であるような場合だけ、このことを認めるのではないかと思う。これは、次のような解釈を示唆する。私の義務は、ある義務によって打ち破られはするものの、私の義務によって打ち破られるのではない。道徳家が、死活の利益だけが打ち破りうると強く主張し、私は自分の利益を守る権利をもっていると言ったとしよう。この場合の権利は、単に私がそうしてもよいということを意味するのではない。そうすることに関して、私がいわゆるクレーム権（claim right）をもっていること、つまり他人は私がそうすることに干渉しない義務をもつこと、を意味する。そうであれば、私のもとの義務は、行為の遂行に対して自分がもっている権利を放棄すべし、という**受約者**（*promisee*）〔つまり、私の義務ではなく、他者〕の義務によって無効とされることになろう。

8 何をもって「直面する」と考えるかは、重要な問題である。特に医師にとっては、これはとても実践的な問題である。後に私は、**義務出し・義務入れ**の原理を必要としないような形で緊急性を説明するが、その際にこの問題に触れる。この種の義務は、周知のように、現代の都市ではますます認められることが少なくなってきている。捨ておくことができない立場にありながらその場を去ってしまう人々ですら、この種の義務に目もくれなくなってきているように。

9 この点は、熟慮上の問題についての本書第一章の議論と関連する。

10 本書第一章で打ち出した論点を、ここで想起しておくのもよかろう。つまり、徳のような特定の倫理的動機に伴う熟慮上の考慮は、その動機と単純に結びつくようなものではまったくない、ということである。

11 契約論への言及によって、この理論がある意味で個人主義的であることが明らかになる。この点に関する追加コメントについては、本書あとがきを参照。

12 この結論が、誰にとっても同じように受け容れられるものでなくてはならない、と考えるのは誤りである。異議を表明する権利は人によってその強弱が異なろう。

13 〔この場合にはこの義務を超えると述べたが、ここで言う場合とは〕この種の場合のことではないか？ 答は、イエスである。しかし、たとえば、これは（彼女にとって、今年）二度目であるという事実のように、特定化を行う諸事実は、明らかにここで関連性をもつ。

14 これについて、私は提言をしておいた。参照：“Practical Necessity”, *Moral Luck*, pp. 124-132.

15　どういう風に似ているのか？　この問は、罪悪感と恥の区別、ということでは論じることのできない重要な問題と関わる。詳細な議論については、参照：拙著 *Shame and Necessity* (California University Press, 1993), especially ch. 4 and endnote 1. このような区別があり、これが倫理学に関連があるのは確かだが、この区別は通常考えられているよりもはるかに複雑である。とりわけ、罪悪感は、倫理的体験のなかに位置づけられる成熟した自律的反応であるのに対し、恥はそのように位置づけられない原始的な反応である、という具合に両者を区別できると考えるのは、誤りである。道徳は、道徳と恥との関係について、私たちを自己欺瞞に陥らせがちである。罪悪感と恥の区別についての示唆に富むコメントは、次のものに見受けられる。Herbert Morris, "Guilt and Shame", in *On Guilt and Innocence* (Berkeley: University of California Press, 1976).

16　これは、カントとヘーゲル主義的なカント批判者が、自我について異なった考え方をもっていることと関係がある。第一章、注6を参照のこと。ここで、次の二つの異なる観念を区別しておくのは重要である。〔第一に、〕他人は、そして私でさえも、たとえば私が別の仕方で育てられたと仮定した場合に私がもったかもしれないさまざまな理想や計画について、「外的な」観念をもつことができる。私が別の仕方で育てられたら、私ではないだろうという主張を支持する理由はほとんどないが、逆にそれを崩すような理由はたくさんあるのである。このような観念は、形而上学的な必然性の領域に属する。〔第二に〕他方では、実践的必然性という別の領域がある。これは、私が実際にもっている理想や人格を前提として、私にとって可能な行為や可能な計画とはどんなものか、ということを問題にする。私たちは、真の倫理的主体とは、主体性以外には何も必然的なものはないような主体のことである、というカント的な観念に抵抗しなければならないが、それはまさに、この実践的必然性のレベルにおいてである。これは第三章で論じた真の利益の問題とも密接に関連している。

17　道徳法のモデルは、なぜ道徳システムが（先に述べたように）義務以上または義務以下の倫理的行為をうまく扱えないのか、を説明するのに役立つ。法であると解釈されたものである以上、要求されること、禁止されること、許されること、という三つの範疇しか認めないのは、驚くにあたらない。カント自身は、義務の枠組の中で、これら〔義務以上や以下の〕他の倫理的動機についてのいくつかの問題に取り組む。その試みは、完全義務と不完全義務という伝統的区分についての彼の（時期によって異なる）解釈を含むものである。これについては、M. J. Gregor, *Laws of Freedom* (New York: Barnes & Noble, 1963), chaps. 7–11.

18 定言命法の問題や、それが行為の理由とどう関係するかという問題は、フィリッパ・フットが *Virtues and Vices* に収められたいくつかの論文で追究している。私の結論はフットとは異なるが、私の議論はこれらの論文に負っている。道徳的なべしは、アンスコムが、気迫に満ちた論文の中で攻撃対象の一つとするものである。参照：G. E. M. Anscombe, "Modern Moral Philosophy", reprinted in *Ethics, Religion and Politics*, vol. 3 of her *Collected Papers* (Minneapolis: University of Minnesota Press, 1981).

19 もちろん、何をもって理由をもつことと見なすかによって、結果はかなり違ってくる。私は、行為の絶対的に「外的」な理由、つまり、行為主体がすでにもっているいかなる動機にも訴えることのない理由が、ありうるとは考えない。（すでに私が強調したように、カントもまたそうは考えなかった。）確かに、行為主体がすでにもっている理由にただ単に彼の注意を喚起することと、行為主体に対して、ある行為をするように説得することを例にとってみれば、両者の間には、いくつかの違いがある。しかし、基本的に重要なのは、一つの〔連続した〕スペクトルがあるということであり、それらの違いは、道徳システムや他の合理主義的な捉え方が要求するほど明確なものではないということである。参照："Internal and External Reasons", *Moral Luck*.

20 第四章で、カントの見解がペラギウス派の異端的見解に似ていると述べたのは、この理由による。ペラギウス派は、事実、救済を功績に見合うようにしたのである。

訳注

（1）Wallace Stevens, "Esthétique du Mal" より。翻訳については、スティーブンズ研究家の名古屋大学言語文化部助教授、長畑明利氏の試訳を使用させて頂いた。長畑氏、およびニーチェの「歓ばしき知識」が下敷きとなっていることなど、解釈にあたって貴重な示唆を頂いた神尾美津雄名古屋大学文学部教授に感謝申し上げる。

（2）Albert Camus, *La Chute* より。翻訳は佐藤朔訳『カミュ全集』（新潮社、一九四二―七三年）第八巻、七九頁によった。

（3）英語の "good" には、〈よい〉という意味の他に、日本語でならば、〈腕がたつ、できる〉とでもいうべき意味がある。これは古典期ギリシャ語の「善」にあたる表現についても言えることであり、西洋の道徳哲学を規定する言語学的事実となっている。ここでの "good" も "good man" もこの多義性をもっているので、日本語では単一の表現にはならない。日本語の「善」についても「善処・善戦」のように、適切、上手、うまい、立派な、といった意味もあるが、やはり道徳的な響きが強いだろう。さらに第五章で扱うJ・ロールズの議論においては複数形の goods が登場し、これは日本語の「善」だけでなく、公共財の「財」、一般に強い需要のある「グッズ」の要素をも強く含む複合的概念として用いられている。日本語にはこれに相当する語がないので、慣用に従い、たとえば「基本善」と「善」を当てている。

（4）Maine, Henry James Sumner（1822–1888）. イギリスの法学者・法制史家。比較法学、とくに原始法および人類学的法理学を開拓。本文にある標語で見事に時代の趨勢を言い当てたことで有名。

（5） ペラギウス派。イギリスの神学者 Pelagius を祖とする五世紀のキリスト教異端。人間はアダムの罪で損われたものではなく、善にも悪にも性向を持たぬものとして生まれる。したがって、その意思いかんで善をも悪をもなしうる、とする。ペラギウスはこの考えにたって禁欲主義的な自然主義道徳論を唱えた。本文の叙述は、恩寵は各人の功徳に応じて与えられる、とした教義を念頭においていよう。参照：本書第十章注20。

（6） ロールズが「コミットメントの重圧（the strains of commitment）」について語っているのは、主として彼の『正義論』の第三章二九節においてである。

（7） ここでウィリアムズが提示しているのは、ロールズの *A Theory of Justice* (Cambridge: Harvard University Press, 1971), p. 60 に見られる正義の第一原理の定式、および *op. cit.*, p. 83 に見られる正義の第二原理の定式である。ただし、厳密には、ウィリアムズは、ロールズの正義の第一原理に見られる「最も広範な基本的自由」という表現を「最も広範な自由」と書き換えている。

（8） 「偏見」の原語は'prejudice'である。哲学的議論の文脈では、この語はしばしば「先入見」と訳されるが、本書ではあえて「偏見」という訳語で統一した。ウィリアムズがここで触れているように、'prejudice'という語は多義的である。その点から考えれば、文脈に応じて訳し分けた方がよいと思われるかもしれない。しかし、第一に、ウィリアムズ自身はこの語の多義性を逆手にとって、デカルトのいう基礎づけのない信念から、人種や動物に対する差別的信念に至るまで、さまざまな信念を'prejudice'の一語でとらえている。第二に、ウィリアムズが意識的に活用しているこの語の力強い響きは、「偏見」という日本語によって最もよくとらえられる。これら二点を考慮して「偏見」という訳語で統一した。

（9） Teutonic Knight, Deutscher Orden. 第三回十字軍の頃（一一九〇年）聖地パレスチナに創立されたキリスト教徒の医療組織が起源、後に宗教騎士団となり、異教民族を圧迫して中世ドイツの東方進出に力を尽くした。一九三〇年代のニュルンベルクは、ナチス党大会が開催されるなど、ナチスの拠点の一つであった。本文の叙述は、チュートン騎士をきどっていた多くのナチス党員を念頭においたもの。

(10) 'Obligation' という語の訳としては、「義務」を採用した。本書第一章や第十章では、'duty' という語も登場するが、これには「務め」という訳をあてた。'Obligation' を「責務」とし、'duty' を「義務」と訳す慣習には従わなかった。'Obligation' が人々を拘束する力をもつ法的・道徳的な絆という基本的意味をもつのに対し、'duty' は、特定の制度や組織の中での諸個人の地位、役割、任務、仕事が求める務めなどを指す傾向が強い。後者は、転じて、人間の本分、つまり人間が人間として果たすべき務めという意味でも使われ、'obligation' と 'duty' の区別も同時にかなり曖昧になる。本書、第一章、二七頁、および第十章、三四八頁もあわせて参照のこと。

(11) 著者がこのような名称をつけたのは、この原理が、個別的な義務が出れば(=登場 "out" すれば)、それを支える一般的義務を入れる(=見つけて投入 "in" する)からだと思われる。二種の義務の連動と支持の関係をもっと明瞭にしたければ、「連動的義務バックアップの原理」と言い換えればよいだろう。

(12) カントは『道徳形而上学の基礎づけ』第二章で、「法則に対する尊敬」に言及し、これだけが行為に価値を与えうるものだとする。ここでの「法則」とは、原語では moralisches Gesetz を指し、通常「道徳法則」と訳され、本書では英語の moral law が当てられている。ドイツ語の Gesetz は、議会での立法たる法律、また自然法則 (Naturgesetz) を語る際にも用いられる。原語では、「法律」と「法則」が区別されないので、訳語固有の問題が発生する。本訳書では、あえて「道徳法」と訳すことにした。ウィリアムズは、道徳法則と自然法則とに共通する普遍妥当性を重視せず、両者の不偏不党性についてはカントの実践的必然性の解釈と適用に誤りがあると指摘している。さらに、道徳法が自己立法による自律の体系としていかに成立するか、いかにして自由で理性的な行為主体が思弁的共和国のメンバーになるかを論じており、その際に自然の因果性（外在性）と道徳における自由な意志（一人称性）との対比を強調しているからである。

訳者あとがき

一　著者について

バーナド・ウィリアムズ（Bernard Williams）は一九二九年、ロンドン近郊で生まれた。チグウェル校を経てオクスフォードのベイリオル・カレッジ卒業。王立空軍のパイロットとして兵役を終えた後、オクスフォードのオール・ソールズ・カレッジのフェローを経てニュー・カレッジのフェローとなる。いずれもオクスフォード大学を代表するカレッジである。その後ロンドン大学で八年間教鞭をとる。最初はユニヴァーシティ・カレッジにて、ついでベッドフォード・カレッジの哲学教授として。六七年、ナイトブリッジ哲学教授としてケンブリッジ大学に移籍。七九年、ケンブリッジを代表するキングズ・カレッジの学長に就任。約十年後、米国のカリフォルニア大学バークレイ校に移り、頭脳流出だなどと何かと話題になった。さらに、最近古巣のオクスフォード大学のホワイツ道徳哲学教授を兼任。この間、イギリス政府のいくつかの諮問委員会で活躍。特に猥褻と映画検閲に関する委員会では委員長として通称ウィリアムズ・レポートをまとめた。

著書としては本書の他に、

『道徳（*Morality*）』New York: Harper and Row, 1972

『自我に関する諸問題（*Problems of the Self*）』Cambridge & New York: Cambridge University Press, 1973

『デカルト――純粋探究の企て（*Descartes: the Project of Pure Enquiry*）』Harmondsworth, Middlesex: Penguin Books, 1978

『道徳的運（*Moral Luck*）』Cambridge & New York: Cambridge University Press, 1981

『恥と必然性（*Shame and Necessity*）』Berkeley, Los Angeles & Oxford: University of California Press, 1993

がある。この他、共編著や多数の論文がある。著者はエリート・コースを歩んできたばかりでなく、業績面でも現代倫理学のみならず、古典学、行為論の分野で重要な論文を著し、玄人好みのスーパー・スターの観がある。

二　本書の概要と位置づけ

本訳書のカバーの内容紹介は、フォンタナ版ペーパーバックの裏表紙のそれに基づくものである。本書が読者に哲学的素養を要求しない、などと事実に反する事柄を述べた部分〔訳出を控えた〕を除けば優れた紹介である。

倫理的思考とはいかなるものか。哲学は、倫理的思考にいかに貢献しうるか。著者バーナド・ウィリアムズは、これらの問題を斬新な観点から捉え、近代世界の成立と展開は倫理的思考に対してかつてない大きな要求を出すこととなり、哲学はその現在の力をすべて発揮したとしても、この要求に応えられはしない、とするのである。このように論じる著者は、道徳哲学の典型的な理論を取り上げ、その実践的な意義と機能を問い、それらが「合理性についての合理主義的な捉え方」によって蝕まれていると診断する。この合理主義的な捉え方は、近代以来の世界を反映したものにすぎず、私たちがそこで生きてゆくための指針を与えうるものではないのである。

著者は、あざやかな手さばきで相対主義、客観性や倫理知の可能性など、倫理学の中核にあるとされてきた数多くの問題を新たに位置づける。その過程で、私たちが現代の問題状況に立ち向かうためには、古代ギリシャに多くを負ういにしえの諸観念が必要であると説き、義務の観念を中心とした「道徳」という名の近代固有の倫理的思考は、もはや無用であり斥けられるべきだと論じる。

本書の論述は厳密、明晰で、力強い。著者ウィリアムズは、倫理学とは何かについて学識と才気に満ちた説明を行い、倫理学の可能性に関する現在の諸説に異議を唱え、倫理学がいかに変貌すべきかについて方向づけを与えるのである。

本書は、「倫理学は人間の生き方について、何を根拠にどれほどのことが言えるか」という観点から、西洋倫理学の伝統を改めて考察したものである。むろん、「伝統」といっても、例えばカトリック的教養の下で育った人にとっては著者の西洋倫理思想史の理解には大きな空白があると感じられよう。確かに、これはイングランド、しかも、古典学科目(the Greats)を重視していた頃のオクスフォード大学で育った人の教養を背景とした伝統理解である。しかし、著者ウィリアムズが単に古典学やいわゆる分析哲学関係のみならず、デカルト、ヘーゲル、ニーチェ、フランクフルト学派など、大陸の哲学についても該博で独自の見解をもち、歴史、宗教や文学についても造詣が深いことは本書を一読すれば明らかであろう。ちなみに、第十章「道徳、この特異な制度」の「特異な制度」とは南北戦争当時の奴隷制度に言及する表現であった。自ら「道徳」と名づけた近代倫理学を著者がどのような目で見ているのか、知る人ぞ知る、というわけである。このような趣向は本書の至るところに見受けられるため、それが私たちの理解を阻んだり鼻につくこともあるかもしれない。しかし、本書が洞察に満ちており、しかも全体として、「倫理学は生き方について何が言えるか」という現在の英米倫理学の主要問題の一つを提起したのは事実である。

この問題は、考えてみれば学問としての倫理学の成立以来、常に問われてしかるべき問題であったろう。著者が指摘するように、「大学で教えられるような代物がどうして人生の指針を提供できるのか」という問は、大学の権威とか、その背後に想定されている理性への信頼とかにいったん疑問符が打たれたならば、むしろ問われない方が不思議である。しかし、著者がここで行っているような規模での根本的な反省が常に行われてきたといえるだろうか。逆に言えば、この問を哲学の問題として提起するためには、理性、特に情念と峻別された近代的理性とそれに対する信頼の構造を、実存的にもかなり深いところで反省しない限り困難であったろう。このような反省を遂行するためには、英米の倫理学の文脈で言えば、それまで当然視されていた倫理学・メタ倫理学の平板な二分化とその背景にある学問と理性の働きについてのさまざまな想定、そしてそれが可能にした、倫理学の実践的機能に関する暗黙の了解を問題視する力が要求される。それには著者の言う「合理性についての合理主義的な捉え方」の問題性を自覚し、そのような解釈を前提して倫理学理論の構築を進めてきた近代道徳哲学の伝統を批判的に総括する作業が必須のものとなろう。特に、合理主義的な世界解釈の(いずれかのヴァージョンの)正しさを前提して、倫理学をその伝統の中で「基礎づけ」、知識としての身分を与えて学として正当化し、そのことによって倫理学に生き方の指針を与える正当性を確保しようとするプログラムが全体として批判されねばならない。そのような批判、少なくとも問題提起を、十分に説得的であるかどうかは別にして、インパクトのある形で遂行したものとして本書を位置づけることができよう。

三　本書が提起した問題

本書は、その出版当時から英米の著名な哲学者が書評で取り上げるなど、注目された。本書は英米哲学界ではすでに必読書の地位を獲得し、独語訳も出版されたと聞く。難解であるばかりでなく、著者特有のひねりが加えられた本書が、なぜこのように注目されたのか。多くの人が論じるに値するとした本書が提起する諸問題とはいかなるものか。さまざまな書評における本書に対する反響などを手がかりに、提起された諸問題の輪郭を描き、本書が提起した問題領域を展望してみたい。

一　これまでの英米倫理学においては自然主義対非認識説とか、契約論対功利主義、権利論対徳論といった、ある意味での内輪もめが主要な論争であったのに対し、ウィリアムズはメタ倫理学説を含めたこれらの学説自体の知識論的・実践的身分を問題にする。手にした書評はいずれもこの点を指摘するが、問題を理解するためにはそれが議論全体の中でどのような位置付けを与えられているかを知ることが必要である。そこでまず、アラン・ゲワース（Alan Gewirth）[3]の書評を下敷きに、適宜補いながら議論の骨格を示してみよう。

ウィリアムズによれば、倫理学はソクラテスの問「人はいかに生きるべきか」を問うべきものである。ソクラテスにとってこの問は、各人にとっての理由であると同時に万人に共通の理由でもある答を要求した。そのような答は、人間のテロスに対する確信が失われ、「多様な価値観」が唱われている現代では存在しえない。この問に答えるにはこれをおそ人が生きる最良の生活とは何か、という一般的問いかけと解釈せねばならない。哲学はこの問に答えるのに、間接的に、**倫理学理論**（*ethical theory*）をもってする。倫理学理論とは、「倫理的な思考と実践が何であるかを理論的に説明するものであり、その説明は、基本的な倫理的信念や倫理的原理の正しさを判定する一般的基準を含意するか、あるいは、そのような判定基準がありえないことを含意する」（本書一五〇頁）。こうしてこのような倫理学理論、とくに判定基準の存在を前提ないし主張する理論が存立し得るかどうか、が問題となり、右に述べたように、最近の英米の実践哲学における主要問題の一つとなったのである。[4]

哲学はこの種の理論を提供する際に役立つものとされてきた。しかし、既存の理論はいずれもこの基準の提供に成功していない。他の分野と違って、ここでは「言語論的転回」は有害無益であった。思想史を遡ってみても、いわば倫理の世界にアルキメデスの支点を与え、倫理を外側から基礎づけようとする偉大な営み――アリストテレスのもの、カントのそれ――も、また、いわば倫理の世界の内部から、倫理の正確な自己理解を通して判定基準を見出そうとする試み――契約論、功利主義その他の試み――も、成功していない。

この意味で、邦題『生き方について哲学は何が言えるか』に対する著者の答はきわめて否定的である。しかし、他方で著者は、そもそも倫理についての本格的思惟は、ここでいう倫理学理論を目指すべきではない、つまり倫理の世界の内部で倫理の自己理解に努めるべきだが判定基準の定立を目的とすべきではない、という規範的主張を行う。哲学がこのような思索を援助するかぎりでは、また別の答も可能となる。しかしそれは哲学的倫理学の伝統を読み変える作業を伴った、来るべき哲学に関わることである。

あるべき倫理的思惟について著者は多くを語らない。来るべき哲学についてはなお寡黙である。[5]倫理的思惟に関して、著者は人の倫理的確信の性質を問題にする。人を倫理的行為へと動機づける確信がいかなるものであるか、という問題である。それを既存の知識論のモデルを前提して考えるどの試みも不適切であるが、一方で知の問題と断絶したところで人の実践を制御する倫理、確信をもてる倫理を考えようとする非認識説的捉え方も不適切である。著者は、残虐さとか勇気といった、局所的具体的で、いわば事実と価値の入り雑じった濃い（*thick*）概念を、より一般的抽象的な善、正、べし、といった薄い概念から区別し、濃い概念が生きている社会においてはそれらに関わる倫理知が可能だという。しかし、世界の近代化が進み、日常的営為における反省の度合いが高まるにつれて、このような概念が妥当する場所や共同体は減少する。こうして「反省は知を破壊しうる」と言い、（反省こそ知をもたらすとする）ソクラテス的な知の伝統とは異なった知識解釈を試みる。

しかしながら、本書は倫理的確信の問題について、知識論の再編成の方向に道を見出そうとするのか、それとも別の仕方で根拠を与えようとするのか、という点については必ずしも明確でない。主張されているのは、倫理的確信を、（知の命題的表現を要求する近代的知識観を前提にして）倫理知を獲得したならば得られる確実性と捉えるのか、それともそのような知識を否定して、ある信条への決断がもたらすもの、ありていに言えば、頑固さ、偏屈さの一種だとするのか、という二者択一が不毛だということである。代わって提起される視座は、問題を「知識か決断か」という従来の確実性についての発想とは区別された、自信（*confidence*）の問題として捉えるべきだ、ということである。自信は、倫理学理論ではなく、制度の利用・運営や子育て、公論といった営為を通じて身につき、その共同体において共有されるものである。これについては後述する。

二 著者がもっとも優れていると評したハート（H. L. A. Hart）の書評は、[6]倫理学における客観性、および倫理的考慮が行為を動機づける力をめぐる議論を中心にしたものである。その一部を手掛りに、本書が開拓した問題領域の一端を眺めてみよう。

アリストテレスの倫理学は、近代の原理遡行的な、義務や非難を中心とした貧しい「道徳」の世界とは異なった、豊かな倫理学の可能性について多くの示唆を与える。それは一定の仕方でものを見、感じ、行動するようにしむける人の性向を中心とした倫理の見方を教える。人が内面化し得た倫理的性向は、単にこのような性向をもつ行為主体としての私自身の一面を形作るだけでなく、他者の利害や正義の要請を私の利害とは独立の価値をもつものとして内的な観点から見ることを可能にする。しかし、私たちはさらに、倫理的なるものについて外的な観点から見ることもできる。[7]外的観点から見れば、私たちの倫理的性向やその一部をなす内的な観点の存立のためには、人の性向以外に必要なものはないことが分かる。つまり、倫理的価値の究極にあるものは、実践理性や超越者など、信頼すべき客観的なるものではなく、ただ人の性向だけなのである。

これは目的論的世界観を信じることができる時代には、人の性向もその完全実現が大宇宙のそれと調和するものであるので、何ら問題ではなかった。しかし現代においては、これは倫理に対する懐疑を呼び起こす。さらに、仮に倫理的思惟が実践理性によって客観的に基礎づけられていたとしても、それは倫理的言明が真であることは意味せず、ただその言明を受け容れて行動することが正当化されていることを意味するにすぎない。しかし、倫理が人の性向だけに基づくことが露にはならない内的観点（倫理的思惟の内部）においては、倫理的言明は世界についての真理を述べるものとして現れる。このような内的観点への信頼は、倫理的客観性についての実在論的把握ができなければ根拠のないものとなる。倫理的思惟は羊頭を懸げて狗肉を売ることになるのである。

一方、ハートは、著者ウィリアムズが本書では行為論に関してある前提を立てている点に注意を喚起する。行為主体の行為の理由は（直接とか、排他的に、ということではないが）主体の主観的動機や欲求、性向だとされているのである。無論、これに対して多くの哲学者が行為の理由、特に道徳的理由を行為主体の主観から独立した客観的・外的なものであるとしてきた。にもかかわらずこの点についての議論がないのは、著者がこの点について、すでに広く読まれている論文[8]で論じているからであろうが、一般の読者は行為を動機づける理由の性質に関して論争がないかのように誤解する虞がある。それどころか、行為の理由や原因を論じる議論の伝統になじみの薄い読者には、議論がわけの分からないものになる虞がある。また、行為理由の主観性が前提されると、ウィリアムズが批判の対象としているものとは別のタイプの倫理学理論を閑却する結果を導く。[9]

さて、倫理の客観性についての実在論的解釈に関しては、ウィリアムズは本書の第八、九章で検討を行う。議論の内容は本文に譲るが、そこでの結論は微妙ではあるがおおむね否定的なものである。実在論的根拠があるとする解釈の否定[10]は、前述の近代道徳理論が前提するプログラム自体の基礎を奪うことを意味する。というのは、羊肉を売っていること、つまり実在論的根拠があることを証明するのが先のプログラムの目的であるから。すなわち抽象的原理を用いた哲学的思惟が客観的な倫理の世界についての認識をもたらすので、倫理的判断の真偽が判定でき、それが道徳判断に確信を与え、行為を動機づける力となる、との想定の第一段階が成り立たなくなるのである。

では、あらゆる倫理的思惟が羊頭狗肉になるかというと、そうではない。ありもしない羊肉を売ろうとするのではなく、倫理的思惟についての自己理解を深めることによって看板と売り物とを一致させればよいのである。右に述べたように、真理認識の確実性か、さもなくば決断に基づく思い込みか、といった二者択一状況を離れ、倫理的行為を動機づける倫理的確信を自信の問題として捉えるべきなのである。ここではもはや判定基準を与えることによって道徳的真理認識を可能にしようとするタイプの倫理学理論は不要である。倫理学理論を求める心理は、倫理的行為への動機づけに関する根本的な誤解に基づいている。このような誤解に囚われている者は、例えば「神がそれを禁じていなければ子供を拷問にかけることは悪いことでも何でもない」と信じているだろう。道徳主義者を自認する者もこの点では五十歩百歩である。というのは、彼らはこの場合、その子が苦しむから、というだけでは十分な理由にならない、倫理的考慮の際に行為の理由としてその子の苦しみを考慮すべきなのは、そのような考慮を余儀なくさせる客観的な倫理原則ないし法則がある場合だけだ、とする発想に囚われているからである。

必要なのは、倫理的判断の正しさを保証する客観的実在を求める心理、そしてこの心理を導く知識論モデルから自由になることである。それは、自らの人格の奥深くに宿る、倫理的なるものへの関心の現れ(にすぎないもの)として自らの倫理的実践を捉えても何ら動揺しないような人格の持ち主たることである。それは主観性に埋没し、倫理的懐疑やその裏返しである教条主義に囚われた者たることではない。それはむしろ、真理の価値を重んじる、誠実の徳を身につけた者たることである。それは、その子が苦しむから、というのを行為の理由とする者である。このような性向の生成には、本人の知的努力といったものよりもむしろ、その者が生まれ育った家庭の教育や社会の制度・倫理的実践によるパイデイアが大切である。知的探究や議論も大切であるが、それらは先の倫理学理論を目指すようなものであってはならない。著者のいう自信とはこのような環境で生まれ育まれ、倫理的確信の実質をなすに至る。それは私たちの未だ知らないものではなく、すでに慣れ親しんでいるものである。来るべき哲学の任務は、(哲学自体が生み出すことはできない)自信というものの生成発展の構造について、歴史その他の社会知を動員し、諸制度の理解や私たち倫理主体の自己理解を深め、看板と売り物、名実を一致させることである。そのような思惟が行われる社会制度における自由や多様性の価値（が重要ではあるが、絶対ではないこと）について予感的に述べた本書のあとがきはこのような方向を指し示している。

ウィリアムズが嫌う過度の単純化、図式化をあえて行えば以上のようになろうか。

三　右に述べた、著者の客観性と動機づける力に関する立場は、著者の知識論的な構えの不明確さと相俟って、ないものねだりではないかという疑いを抱かせる。倫理が究極的には家庭や社会といった環境において育成される人の性向に依存しているのならば、二者択一を超えた第三の、自信を倫理的確信の内容とする道を歩むと言ったところで、所詮それは主観主義倫理学の一種ではなかろうか。ならば、倫理に関する知識や真理といったことは語り得ないのではないだろうか。語り得るとしても、それにはブラックバーンの準実在論[11]のような、客観性の反実在論的解釈が要請されるのではなかろうか。すなわち、ある倫理的世界の内部にいる者が、外的観点から見れば自ら投影していることが分かる規範や価値を内的観点からは「向こう側からやってくる」ものと扱うようになるシステムの説明を通して、客観的な語り方が正当であることを明らかにする作業を前提とするのではなかろうか。その正当化には、ヒューム的な戦略をとり、それが各人のニーズではなく、社会の存立に必要な公共的なニーズに対応するためには必須の手段であることを立証するのが（自由や多様性の価値を言う以上）適当ではないだろうか。というのも、公共的関心は動機づける力に関しても問題となるからである。各人にとっての「人はいかに生きるべきか」がもはやいかなる解釈によっても応えられないと主張するのならば、「およそ人にとって最良の生き方は何か」という問はどのような集合体を名宛人とするのか。そのような集合体に属する各人の倫理への動機づけをどのように説明するのか。公共財としての倫理という観点は、（ここでは内的観点を問題としているので、さしあたりフリー・ライダーを問題にする必要もないので）これらの疑問に応える一つの方法ではある。

これらの疑問は、知識か決断かの二者択一モデルに囚われていなくとも生じる。第三の道の道しるべを提供する責任はそれを主張する側にある。これに対する著者の応答は、再びあえて図式的な表現を用いるならば、次のようなものであろう。濃い概念が説明と熟慮のいずれの文脈でもいわば融通無碍に機能するという点に着目したい。この二つの文脈の峻別を拒否し、両者に同時に適合する言説を行い得る論理空間を開拓すべきだ。そこでの言説こそ倫理に適合的なものである。これまでの近代道徳哲学はこの空間を閑却してきた。古代ギリシャ世界ではこのような言説が行われたが、今やその記憶も忘却されており、新たな解読を行わない限りそれを読みとることはできない[12]。公共的ニーズによって各人における徳の生成を説明する議論は、まさに説明理論にすぎず、論理空間の両極にある、純粋説明と純粋思慮という極端な要求によってしか応えられない二つの局面を理論の主たる舞台と思いこみ、両極が中央に見える錯覚に囚われている者だけが要請するものである。真の中央においては倫理知と真理が語り得ると同時に、人格ということも語り得る、と。このような戦略は、後述のマクダウェルもとるが、本文とその注からも明らかなように、著者は彼とも一線を画す。さらに、この論争にも関わるが、倫理を公共財と見る生成理論は、あらゆる集合体における倫理の共通性に着目するものであり、倫理の多様性を積極的に説明するものではない。ところが著者によれば、倫理的確信の実質とともに、倫理の多様性こそ正確に理解すべきものなのである。

倫理学という営みについてのウィリアムズの哲学的反省は、このような議論を端緒とする古くて新しい問題領域を展望させるのである。

四　おわりに

最後に、本書の翻訳を志したきっかけとその後に得たさまざまのご協力・ご支援について記したい。

前節で言及したハート教授の書評は、私が本書とのつきあいを深めるきっかけを与えてくれた。それは私のオクスフォード留学の二年目、ユニヴァーシティ・カレッジのシニア・コモンルームのメンバーであった一九八五年から八六年にかけての冬のことである。当時ハート教授に週一度くらいの頻度でお目にかかっては学問的事柄について議論する機会に恵まれていた私は、ある日、これを発表すべきかどうか、君の意見を聞きたいと言われ、タイプ原稿を渡された。ハート教授は、書評を依頼した編集者と発表原稿に関して意見の食い違いがあり、発表について嫌気をさしておられたのである。私は帰宅して書斎に入るや、原稿を拝読し、またウィリアムズの本を読みなおしてみた。その結果、その書評が本書の意義と特色を知る上で格好の資料となるものだということが分かった。一週明けて、その旨をハート教授にお伝えし、書評は発表されることになり、同時に私自身も本書の価値について認識を深めたのであった。

私はジョン・マクダウェル（J. McDowell）とも本書について何度かプライベートに話し合う機会があった。彼は授業においてもこれを取り上げ批判していた。マクダウェルの批判[13]は、ウィリアムズがデカルト的な二元論、知識論、科学観と訣別しかねており、その結果として道徳的実在論に関して貧しい着想しか持ち得ず、それゆえに本書第八、九章のような主張となった、というものであった。それに代えてマクダウェルの提起しようとしていたものの見方は、クワイン、デイヴィドソン、エヴァンズの研究成果を踏まえた、図式と与件（解釈とデータ、理由と原因）の峻別を経験主義の第三のドグマと捉える全体論的（holistic）な観点を徹底しようとするものの一つであった。真理を超越的世界と認識者とをつなぐ裸の因果関係において捉えるのではなく、真理が問題となる文脈を「理由の論理空間」と捉え、真なる信念をもつために必要な理由・根拠を重視する観点から、科学と道徳における言明・判断構造に関して程度問題を超えた原理的な区別は認めず、両者について実在論的解釈を押し進めようとしていたのである。

　ハート、マクダウェル両氏が共に本書を真剣に取り上げていることが直接のきっかけとなり、また、本書の斬新な切り口と総合力がもたらす問題提起力、随所にちりばめられた洞察に感銘を受け、邦訳を思い立ったのであった。帰国後、たまたま東北大学の野家啓一教授にお会いした際に本書が話題になった。しばらくして産業図書の江面竹彦氏から電話があり、翻訳出版の話がまとまった。しかし、帰国後しばらくして改めて感じたことは、英米の倫理学者が倫理学を現実に自他の行動を制御する学として捉え、だからこそそのような権威をいかにして確保し得るか、あるいはし得ないかを真剣に論じているのに対し、わが国では倫理学に限らず、価値観に基づく行動制御を志すあらゆる学問が、結局はお題目として扱われ、本音のところでは真剣に受けとめられてはいないのではないか、ということであった。[14]

　さて、邦訳の校正も出ようという一九九三年五月、ハート・レクチャー[15]とそれに伴うハート教授追悼[16]の意味をこめた晩餐会などに出席のため、オクスフォードを訪れる機会があった。滞在中、ウィリアムズ教授に学内便を送り、翻訳に関する質問の機会を設けて頂くようお願いした。短期間の滞在の上、これまで幾度か手紙を書いたが返事がなかったので期待はしていなかったのだが、応答があった。ぜひ会いたいということであったが、なかなか日程が合わず、けっきょく十三日木曜日、Philosophical Society Meeting 後の夜十時という異例の時刻にお目にかかることとなった。会場の通称 10 Merton Street で初めてお会いしたが、ダンディーでリラックスしたお人柄であった。近くのパブでビールをご馳走になりながら、翻訳に関する質問などをさせて頂いていたところ、すぐに打ち解け、本書の内容全般について、また執筆の経緯や今後の研究活動についてもいろいろと伺うこととなった。すでに何度か言及したウィリアムズ教授ご自身の発言というのはこの機会のものである。伺った事柄はこの文章に適宜織り込んでおいたが、ただ一つつけ加えるならば、近年のウィリアムズ教授におけるニーチェの影響の深まりがある。ニーチェに関しては独自の解釈を持ち、九〇年にはこれをテーマにセミナーを開き、さらに一著をものしようともされたようだが、結局のところ次に出版する『真理・誠実・権力(*Truth, Truthfulness and Power*)』でニーチェに一章を割くことでおちついたようである。ニーチェへの関心は、近著『恥と必然性』における古代ギリシャ人の倫理が未開のものであったという誤解を解こうという気持ちにつながり、それは恥を知る人格とその統一性、〈人格〉という現代の西洋社会ではその存立の余地がどんどんと狭められている人間のあり方、そして真理と誠実との関係を重視し、倫理を自然の一部と捉える見方に対する肯定的態度をいうもののようである。その展開は右に述べた、ディドロ的啓蒙主義とその時代の分析をテーマとする次の著作をまたねばならないが、さしあたりは『道徳的運』の関連論文が参考に 17

なろう。

諸般の事情のため、翻訳の出版がすっかり遅れてしまった。公刊を待たれていた読者諸氏にお詫びするとともに、この場を借りて忍耐強く翻訳の作業をサポートして下さった産業図書の江面竹彦、西川宏のお二人に心からお礼申し上げる。また、共訳者の畏友下川潔氏に感謝申し上げる。ご専門のイギリス道徳・社会哲学の学識に加えて英米生活で鍛え上げられた英語能力を惜しまずご提供頂いた。願ってもないパートナーを得たお陰で、誤訳・迷訳を減らし、公刊を早めることができた。多謝。索引については、下川、西川両氏をお煩わせしたが、他に一太郎4・3の助力を得た。最後に、ご多忙のところをいろいろとご教示頂いた原著者のウィリアムズ教授に感謝申し上げる。共訳者とともに、翻訳には相当の努力を注いだつもりであるが、なお思わぬ見落とし、誤訳や力不足による不適切な表現などがあろうと思う。読者のご叱正を乞う。

一九九三年夏

森際康友

1 J. J. C. Smart & B. Williams, *Utilitarianism: For and Against* (New York: Cambridge University Press, 1973). A. Sen & B. Williams, *Utilitarianism and beyond* (Cambridge: Cambridge University Press & Paris: La maison des sciences de l'homme, 1982).

2 "Justice as a Virtue," in A. O. Rorty (ed.), *Essays on Aristotle's Ethics* (Berkeley and Los Angeles: University of California Press, 1980), 189–199; rep. in his *Moral Luck*, 83–93.

"Internal and External Reasons," in R. Harrison (ed.), *Rational Action* (Cambridge: Cambridge University Press, 1979), 17–28; rep. in P. K. Moser (ed.), *Rationality in Action* (Cambridge: Cambridge University Press, 1990), 387–397; also in his *Moral Luck*, 101–113.

3 A. Gewirth, "Bernard Williams, *Ethics and the Limits of Philosophy*" 22 *Noûs* 143–146 (1988).

4 Cf. T. M. Scanlon, "The Aims and Authority of Moral Theory" 12 *Oxford Journal of Legal Studies*, 1–23 (1992).

5 近著 *Shame and Necessity* はそのような試みの第一歩であると著者自身が位置づけている。

6 33. 12 *The New York Review of Books*, 49–52 (17 July) 1986.

7 しかし、外的観点をとることができるからといって、反省を離隔というものと混同してはならない。このような混同は、私たちの倫理的信念が単なる偏見を超えるものであるためには、私たちの倫理的実践とその混乱から身を離し、距離を隔てたところで初めて構築できるような倫理学理論を模索せねばならない、という誤った問題意識へと人を導きがちである。ウィリアムズはカントの道徳哲学にもこの傾向を看て取る。

8 Williams, "Internal and External Reasons," *supra* note 2.

9 倫理学理論に動機づけの力を要求しない立場も考えられ、それに対してはウィリアムズの道徳批判は致命的ではなくなる。参照 Scanlon, *op. cit.*, p. 20.

10 それは後述のマクダウェルとの論争を生むことになった。しかし、一方で、ウィリアムズの議論は、性向を重視するアリストテレス的な問題の捉え方など、多くの点でマクダウェルと議論の前提を共有する。

11 Cf. S. Blackburn, "Making Ends Meet" 27 *Philosophical Books*, 193–208 (1986).

12 参照　注5。

13 彼の書評を参照されたい。95 *Mind*. 377–386 (1986).

14 参照　拙稿「哲学と哲学政策」、『二一世紀の哲学』(『哲学雑誌』一〇七巻、七七九号)(哲学会編、一九九二年)、一五七—一七三頁。

15 毎年行われるタナー財団主催の講演シリーズで、実践哲学で注目すべき業績を挙げているオクスフォード外の研究者が、ハート教授が学長を務められたブレイズノウズ・カレッジに招かれ、講演する。すでにJ・ロールズ、オクスフォードに戻る前のB・ウィリアムズなどが講演しており、今年はエジンバラ大学のN・マコーミックがハート教授を讃えて講演した。講演は *Oxford Journal of Legal Studies* に掲載される。

16 二十世紀の英米法理学を代表する一人であるハート教授は、一九九二年十二月十七日に亡くなられた。享年八十五歳。

17 例会が、一学期(八週間)中二度、University College 裏の哲学科会議室で開かれる。この時は訪問中の Tyler Burge が報告、C. Peacocke が質問者であった。

文庫版訳者あとがき

本書は、一九九三年に上梓した邦訳『生き方について哲学は何が言えるか』（産業図書）の文庫版である。この四半世紀の間に、原典が版を重ねたので、文庫版を出版するにあたり、最新の二〇〇六年版 Bernard Williams, *Ethics and the Limits of Philosophy*（Oxford: Routledge; Taylor & Francis e-Library, 2006）を参照した。本文に一部省略と最小限の訂正があり、原注には多少の補遺があった。実際の作業は e-book 化している二〇〇六年版を用い、原注の変更に加え、本文に関しては訂正のみ対応した。訳文修正にあたっては、むろん、旧版の凡例に示した方針を継承した。なお、著者の名前 Bernard の表記を米国読みの「バナード」から英国読み「バーナド」に改めた。「バーナード」が流通しているのは承知しているが、著者が、周りの人たちが米国読みで呼びかけても、妥協せず、英国読みを大切にしていた旨を今般、オクスフォードで彼の同僚であったジョン・マクダウェルに確認したので、著者の心情を尊重してこのようにする次第である。

産業図書版は絶版となって久しく、古書価格も信じがたいほど高騰している。本書をちくま学芸文庫で復刻しないかとのお話を頂き、よろこんで承諾した。その際には、邦訳を見直し、修正すべきところはしておく、との当然の要請があった。共訳者の畏友、下川潔氏と相当丁寧に訳した自負があったので、修正は最小限度と思い、この点も承知した。ところが、実際に検証をはじめてみると、不満な部分が多数あった。修正作業に時間がかかった結果、出版が大幅に遅れ、ちくま学芸文庫の編集担当であった平野洋子氏（当時）および北村善洋編集長にはたいへんご迷惑をおかけし、申し訳なく思っている。

本書の概要と評価、訳者が注目すべきと考えたところなどについては旧版の訳者あとがきで述べたので、とくに付け加えることはない。しかし、本書が英米を中心にそれなりの評価を得たとはいうものの、たとえばジョン・ロールズ（John Rawls）の業績に比べれば、その影響力が思ったほどではなかったように見える。その理由、および、そこからウィリアムズの「生き方、およびそれについて哲学は何が言えるか」への応答について気づかされたことを述べてみたい。また、訳文修正作業の際、いくつかの訳語について検討を加える過程で、著者や本書の性格について気がついたことも多少述べておきたい。

さらに、それらを踏まえ、ウィリアムズ倫理学の真価についての現在の考えを述べるだけでなく、彼が提起した「生き方に関して役に立つ哲学の姿を明確にせよ」との命法を、訳者個人も主体的に受けとめ、兆民のひそみに倣い、特に日本国を拠点に活動するにあたって自分の学問の方針を述べることとした。関心のない読者はこの部分を無視して頂きたい。

一　ウィリアムズの倫理観

本書テキストの読者の中には、「それで?」という読後感をもった方も少なくないかもしれない。旧版訳者あとがきでも述べたように、カント的な道徳 Morality 批判、アリストテレス的な倫理 ethics 観への親近性とその限界の指摘などは鋭く、オリジナルだが、それに代わるウィリアムズ自身の倫理観がいま一つよくわからない、イメージが沸きにくい、というところがあるように思う。それは、私をはじめとする読者の理解力や感受性に問題があるのかもしれない。というのも、後述するように、ウィリアムズは新たな ism、倫理理論を打ち立てるのに反対で、豊穣な人生を貧困な理論枠組みで拘束してはならない、という態度で倫理を捉えていたので、「どういう理論か」といった問題関心に正面から答えることは期待できないからである。が、他方で、著者自身がまだ予感的な形でしか自分の考えを展開できなかった面もあるように思う。彼がそれをどのような方向でどのような著作活動を通じて補おうとしていたかについては旧版訳者あとがきの末尾で紹介した。そこで言及した、彼が[1]『真理・誠実・権力 *Truth, Truthfulness and Power*』との仮題で構想していた著作は、結局、死の前年二〇〇二年に *Truth and Truthfulness: An Essay in*

Genealogy (Princeton: Princeton University Press) として結実した。その内容や方法は、旧版訳者あとがきで述べた、オクスフォードのパブで説明してくれたとおりのものになっていると思う。副題から明らかなように、ニーチェの歴史の捉え方に大きな影響を受けている。

　結局、ウィリアムズは「生き方について哲学は何ができるか」との問に対して何を言いたかったのか。訳文修正作業を終え、本書や著者に関する多少の周辺的知識をも加えた上での結論から先に述べる。本書の基本的メッセージは「自分の人生と言えるものを生きる、しかもできるだけよく生きられるように、他の制度的手段と協力しつつ支援するのが哲学の役割である」という命題にまとめることができると思う。

　ウィリアムズにとって倫理とはその古義[2]に近く、一定の住み慣わされた地域の習わし(mores)、しきたり、おきて、慣習といった形で、濃い thick 概念が現実に生きている共同体で妥当し、実践されている規範体系がなければ適切な仕方で成立しない。倫理規範の体系は、このような習わしの体系を背景にしつつ、その人格の生き方を一貫したものとする原理原則を柱とし、自己の行為規範・評価規範として機能するだけでなく、人格的属性(徳)や生活形式を表現・評価する規範でもある。

　このように言うと、わが国では、それは個が共同体に埋没し、「自分の人生」、「私の生き方」などと言った表現が虚しく響く、しがらみの世界を想像しがちである。『楢山節考』

の世界では、村のおきては共同体の生産性の限界を、（増産手段の開発によってではなく）姥捨てその他の人口調節によって対応する、まがまがしいしきたりが統べる秩序を形づくる。命の尊重や自我の確立など、とんでもない。

　ところが、ウィリアムズが想定する共同体は、古代のアテーナイのような都市国家で、（それが本当にできるかどうか、実際のアテーナイがどうであったかは別にして）個の育成を国是とするようなところである。本書第一章その他随所で強調されるように、ソクラテスにとっての倫理の哲学は、「およそ人間として」ではなく、「人間たる私として」を主語とする、個別化された、つまり自我の確立を前提としたものであった。

「自分の人生」と言えるためには、「私は何者か」との問に答えうる自己同一性 self-identity、反省的自我の確立が前提となる。ウィリアムズによれば、それは、カントが言うような思弁界の住人（ヘーゲルのカント批判にあるような抽象的自我）ではなく、具体的な歴史と地政学的現実によって規定された共同体に住まう、時代の精神や課題を具現化した生身の人間、失敗もあれば成功もする、努力だけではどうしようもない運——その人生をあらかじめ決定しはしないが振り回しはする命運——に翻弄される個人である。

　このような具体的な自分を嚮導しうるものが倫理であり、その倫理が形づくる規範体系は反省する自分と相互フィードバックの関係にあり、自分の人生を歩む過程で、その生き方が「自分のもの」、（後述の integrity のある）本物であれば、その規範体系からより多くを発見していき、他方で、この規範体系もそのように読み込まれた分、規範とその解釈において豊穣化し、その影響で、背景にある習わしの体系も多元化する。それがリアルではなく模倣の生き方であれば、人は自らの倫理体系からも、背景にある習わしの体系からも学ぶものは少なく、世間からは浅薄、glibなどと評され、これらの体系に還元するものは僅少である。

命運に翻弄されないためには、主に二つの方法がある。一つは、テキストにもあるストイックなそれで、できるだけ失望するようなことがないように欲をもたない、もったとしても最小限にするという意味で禁欲的に生き、期待や希望に背く運命に遭遇しないように、期待や希望を膨らませないで済む、静寂で、俗世を離れた仙人の（ような）シンプルな生活をすることである。いま一つは、カントのそれで、近代自然法思想が前提するような人間の本性を（実践理性論として超越論的分析によって析出し、それを）表現する規範体系を以て既存の倫理体系に取って代える。ウィリアムズが「道徳」と呼ぶその理性的体系は、義務・自己責任原理を徹底し、引き受けられないものは引き受けないようにして（「べしSollenはできるKönnenを含意する」とし、米国等の法律家の言う厳格責任を否定）、運命による翻弄から可能なかぎり自由な人生計画を構築し、それを生きることを可能にする。この可能性を現実化することをカントは自由、自律Autonomieとしての自由と解釈し、近代的自由の概念把握を確立した。自由の実現には、自律の体系を育み、実行するのに最も適合的な国家社会、すなわち立憲民主制の近代国家が環境として展望される。近代法体系はそのような環境構築の設計図であると同時に、構築された政体の骨格をなす。

ウィリアムズはこれらをそれぞれ敗北主義、啓蒙期に特有の理性の傲慢と批判し、第三の道を提唱する。倫理的行為主体は、運命に翻弄されることを引き受け、その環境の中で自分らしく生きる。その際に、個人にこのように生きる自信を与える生き方、integrityをもつ生き方を支援するのが哲学であるとする。哲学は、道徳と同じような仕方で経験と直接に体系的に関わるのではなく（カント批判）、倫理体系がよりよいシステムへと展開していくように、非体系的な仕方で、他の社会制度の円滑な運用、およびそれに必要な権力の適正な行使と協働しつつ、支援を行うのがその任務であるとする。

現代の社会契約論の伝統に属する道徳と法思想は、啓蒙期における最も洗練された形であるカントに大きく影響された構想で設計されている。とくに、ロールズのそれは。独立した近代的自我であり、他者と平等に自由な権利主体である個人が、平等に自由である権利を保障しうる権力体制（立憲民主制）を制度設計するときに指導的な原理を提供するのが、この立場からの公共道徳[3]、政治哲学の任務となる。これをウィリアムズがどう評価するかは、興味深い問題である。個人道徳に関しては、理性偏重の啓蒙思想を指弾したが、それは、社会全体の制度設計、合理的な権力秩序形成など、公共道徳とそれを実現運営するための公権力システムに関する哲学の有効性の問題とは一応別である。ウィリアムズは公共道徳や政治の哲学を「運命による翻弄を無視した、全体状況に無自覚な近視眼的自己破壊的活動」と批判しただろうか、それとも親近感を持っただろうか。

現実には、公共道徳・政治哲学の活動が一世を風靡しつつある環境にあって、恩師ライル（Gilbert Ryle）から ism やレッテルを拒絶することを学んだウィリアムズは、これらの分野から距離をとり、むしろ本書で見るように、功利主義に対しても社会契約論的アプローチに対しても、これらの公共哲学の前提にある人間観とその個人道徳論に容赦のない批判的な態度をとった。〈自分〉という存在に倫理における中心的意義を認めるウィリアムズは、哲学の分野では自己同一性 personal identity の問題領域を自ら開拓し、他方、公共的な分野では、彼の心情にふさわしく、実質的問題を同定し、具体的な提案・方針の吟味に取り組むことをその実践とした。[4] 具体的には、社会のかかえるギャンブル問題、薬物中毒問題、ポルノ問題など、個別の問題に取り組んだのである。さらに、早くから平等の理念について論文を書き、ケンブリッジ大学を代表するキングス・カレッジの学長として男女共学化を早期に実現するなど、男女平等の推進に寄与した。むろん、公共道徳・政治哲学におけるリベラル陣営に属する学究も、良心的徴兵拒否など、具体的な問題に取り組むので、この点では両者の関心や意欲は重なる。同時に、両者に共通の問題も同定しうる。大上段に普遍的ないし概念的観点から捉えた哲学的問題意識がこのような具体的な問題にうまく適用できるのか、という問題であり、ウィリアムズ自身、問題提起している。[5]

倫理学理論の有無を問わず、抽象的な性格を帯びざるを得ない哲学が、具体的にどうすればよいのかという形での答を要求するタイプの問に本当に力になれるのか、という問題である。[6]

この共通の問題を抱えつつも、現実には多くの研究者に希望とやりがいを与える「正義実現のために立憲民主制の発展を図るアカデミックな理論活動」と、それを、カント批判・契約論批判を題材に、「魅力的なグランドデザインで複雑な社会問題を単純に割り切り過ぎる愚」と鋭く批判する著書（本書）まで刊行する活動とでは、どちらが大きく伸びるかは明らかであろう。

二　訳語が示唆するもの——law, practice, reasonable, conception, integrity など

（1）Law　すでに、訳注12で述べたように、ウィリアムズの論述において用いられる"moral law（moralisches Gesetz）"における"law"は、法律・法則を区別しないので、日本語の訳語としては、いずれかを選ばねばならず、慣用の「法則」ではなく「法」をあてた。多くの重要な哲学的概念はそれがもつ両義性を積極的に利用する。この場合は、法（則）的なるものの重要な性質を着目させる。それは physis-nomos 区分、つまり自然の法則と人為の法規の区別をそもそも可能にする上位概念の本性である。ちょうど、猫と犬が

双方とも〈哺乳類〉という上位概念の元で区分されるとそれぞれの特質が明確化するように、ドイツ語の Gesetz は自然・人為の発生因の区別を可能にする上位概念的性質を有する。あえて言うならば〈ある種の貴重な規範性〉という本性か。日本語では、このような統合的概念を現す語がないが故に、カントの moralisches Gesetz の有するこの統合的属性を表現することができないのである。ドイツ語に関しては、Recht という語にはさらに重要な統合的機能がある[7]が、立ち入らない。このような指摘に対しては、日本語の方が、無自覚な両義性を自覚可能にするから優れているのではないか、との反応もあろう。それは一面の真理であるが、これを的確に評価するためには、そのために失われる上記統合的属性の認識喪失との差引勘定が必要である。同様のことは、古代ギリシャ語におけるロゴス λόγος とラテン語の ratio、oratio の関係についても言える。古代ローマでは、理性 ratio の精神活動は、その活動の表現たる oratio とは別個の活動と捉えられており、ソクラテスのように、議論を通じて新たな真理を獲得する活動、その他の言語活動に見受けられる、精神と肉体が一体となった行為としてのロゴスという活動の統合的機能がわかりにくくなり、近代に至っては、対論が（客観化されたものであれ）精神活動 Dialektik として理解されるに至る。これを貧困化とするのか、進歩とするのか。

（2）Practice　この語も翻訳に苦慮した。辞書には「（理論・思想に対して）実行、実践、実地、実際、（実地で得た）経験、（反復して行なう）練習、けいこ、（練習で得た）

熟練、手腕、(個人の)習慣」(Weblio 英和・和英辞典 https://ejje.weblio.jp/content/practice 最終参照日 2020/08/19)とある。他に、業務、実務といった訳語が重要である。ウィリアムズにとってこの語はキーワードであり、「倫理は理論ではなく、practice なのだ」と言いたいのである。が、彼にはたとえば(理論に対する)実践という意味でこれを一義的に使用しよう、との意図はまったくない。逆に、上記(1)で述べた、語が現す概念の統合的機能を最大限活用するような使い方をする。したがって、文脈によってかなりの使い分けが必要であった。要は、〈役に立つ〉ということを核に、そのために必要な修練、それができる(手腕がある)が故に成り立つ営業、(専門)職務、それが日常化した習慣、といった広がりの活用である。ウィリアムズは、形容詞化した practical を「実用一点張り」といった軽蔑的意味で使ってもいた。倫理の古義、つまり規範内容が個人にとっての行動・評価規範だけでなく、人格の属性から生活形式や制度に至る、人間の条件となる環境およびその中で生活する主体を含む秩序全体を貫く規範状態を言うのに、これは格好の表現なのである。「「役に立つ」というが、倫理は何の役に立つのだ?」との問に対する答は、むろん、「人生をよく生きるのに役立つ」である。

これに対して「訳語は一度決めたら変えてはならぬ、あれこれと適当に入れ替えるのはけしからん、翻訳者として失格」と非難される方は、本書の読者にはおられないと思う。万一「単語に意味がある」と素朴に考えておられる方には、初期ウィトゲンシュタインが言うように、「語に意味があるのは文の中で構造的に働く場合においてのみ」であること、翻訳で重要なのは、「著者が何を言いたいのか（vouloir-dire）」が正確に伝わることであること、だけをリマインドしておきたい。[8]

（3） Reasonable　この語は、哲学用語としては、カントにおける「verstandlich（rational）悟性的」と区別された、「vernunftlich 理性的」の英文訳語として用いられている。しかし、カントのこの区別について誰もが意見が一致しているわけでなく、ロールズもこの区別を用いるが、カントの影響は明らかなものの、カントとどう違うかについて論議があり、気を遣う言葉である。ウィリアムズ自身は、まったく気にせず、rational を理性的の意味で使うこともあれば、この語を用いる際にもカントを意識しているようには思えない。そこで、損得勘定とか冷徹な計算的理性との誤解を受けないような表現で対応するにとどめた。語感としては、人間が一定の現実的制約（例えば予算や心身の機能的制約）や弱さをもっていることを前提にして、納得できる、分かる、という感じである。たとえば、納得できる価格 reasonable price である。複雑な現実を前にして reasonable であること、つまり分別のあること、他者の納得が要求できるように行動することはウィリアムズの倫理においてはきわめて重要なので、これもキーワードとなる。彼にとっては倫理ということで最も言いたいことを表す言葉の一つかもしれない。

（4） Conception　これも哲学用語としては、concept/conception と区別して用いられる。概念とその解釈・捉え方・把握・（その意味での）観念。このように、conceptionの方には多様な訳語があり、熟さないものが多い。人によって解釈が様々であるのにそうでないとの建前に惑わされ、概念とその用法を区別しない日常を反映しているものと思われる。倫理の文脈では、the Good/conception of the Goodの区別が重要で、通常「善・善の構想」と訳される。後者は初めて聞く分には何のことだかわからない。各人にとってのよき人生の観念、といった意味である。本書では、conceptionには文脈に応じて、著者の意図が伝わりやすい表現をあてたが、「捉え方」とすることが多かった。が、ウィリアムズは、notionという語もconceptionの意味で用いており、上記区別を意識している様子もない。が、この区別は重要である。とくに「正義については意見が多様で、正解がない」などとうそぶく価値相対主義者の自己理解を促すのに有効である。正義について意見を異にするためには、同じ正義というconceptについて、異なったconceptionをもつことが必要。ところが、この区別ができないと、犬というconceptについて論じている人に猫について論争をふっかけて、こんにゃく問答をしていても、論争をしている気になってしまう。それでは答えがないのは当たり前。論争には、まず同じconceptについて論じていることを確認する手続が必要。この点を自覚している価値相対主義者は稀である。むろん、ウィリアムズはそのような過ちはおかしていない。

（5）Integrity　この語は本書には直接出てこないが、ウィリアムズの倫理学を理解するのには必須の概念。功利主義批判でみたように、日ごろ人種差別反対を唱えていた人があからさまで残酷な差別をしても、結果として効用が高ければ非難できないことを含意する理論は、ウィリアムズにとっては、本当は倫理という concept の conception ですらない。この理論には倫理の要素としての、個人の integrity の説明が欠けているからである。ところが、integrity に相当する適切な日本語が存在しない。哲学用語としては「純一性、統一性、全一性」などが用いられているが、何のことかわかるまい。Territorial integrity は「領土の保全」、physical integrity は「身体の安全」。ラテン語の integritas は完全性、全体性、傷がついて損なわれていない状態にあることを言う。人格の同一性を言うときに、通常は personality があれば十分である。だが、時には、integrity ないし character をもつ人がいる。その人は principled である。すなわち、自らの行動・思想について原理原則をもっており、それに基づいて常に考え、行動し、反省して人生を生きている。人格者を人格者たらしめる、危機に直面しても揺らがない、生涯を通じて一貫性のある敬愛すべき「善の構想」を有していること、これが（領土や身体ではなく）人における integrity である。通常、man of integrity と man of character は置換可能な表現であり、人格者を言う。日本語には「人格者」という言葉はあるが、人格者を人格者たらしめるものを指す言葉がない。「人格性」とは言わない。人の「善の構想」を問うたりもしない。また、character は、性格・個性・キャラと理解され、人格者として称されるのにふさわしい性格を言う場合があることが閑却されている。一方、これがウィリアムズの倫理の中核にある概念である。が、彼の捉え方にも動揺がある。「悪人にも integrity はあるのか」との質問に、「悪党として一貫していれば、ある」といってみたり、人格者に限る用法に近づいたりもしている。(訳者の考えでは)倫理的な生き方とは、自分に与えられた環境で、integrity をもつ人間として育ち、生涯を生きること、しかもそれがその人ならではの integrity、つまり個性を展開する生き方を言う。この意味での倫理はわが国で成立しているだろうか。足りないのは単語だけであろうか。

以上で見たように、ウィリアムズと彼が前提する世界では、哲学には、自由と権利を守る政治制度と協力しつつ、このような人間が育ちやすい、安全快適で文化的に豊かな社会を実現するのに役立つことが期待されている。わが国では、哲学にこのような期待が寄せられているだろうか。

三　現代日本でウィリアムズをどう読むか

「足りないのは単語だけであろうか」、「わが国では、哲学にこのような期待が寄せられているだろうか」。いずれについても訳者は悲観的に考える。旧版訳者あとがきで訳者は英国留学から帰国後の感想を次のように述べた。「英米の倫理学者が倫理学を現実に自他の行動を制御する学として捉え、だからこそそのような権威をいかにして確保し得るか、あるいはし得ないかを真剣に論じているのに対し、わが国では倫理学に限らず、価値観に基づく行動制御を志すあらゆる学問が、結局はお題目として扱われ、本音のところでは真剣に受けとめられてはいないのではないか」と。四半世紀以上たった現在、残念ながら多くの現象がこの悲観的な見方を放棄させないでいる。

自由民権運動の理論的支柱となったルソーの『社会契約論』（中江兆民の『民約訳解』）やベンサムの著作の社会変革力、それを現実のものとした人々を明治政府は弾圧と懐柔を通して変質させ、哲学の活動自体を講壇哲学化した。[9] この負の伝統を克服したと評価するまで現状は届いていないと思う。とくに、訳者が専門とする法哲学の罪は大きいと、自己批判を籠めて判断する。長い間、講壇から政治的影響を与える言論はしてはならない、と講壇から説く者もいた。立憲民主制を支える市民の育成に手を出してはならぬ、との主張である。それが改まった現在でも、法哲学者を含め、少数の例外を除けば、社会的インパクトはまだあまりにも小さい。そのため、謬説が疑われもせず横行している。憲政の基本となる事柄が初等中等教育で市民教育 civic education として行われていなければならないのに、たとえば、法教育は平成二三年度に開始したばかりで、何をどのように教えるかについては、まだ（幸いにして手遅れではなく）試行錯誤の段階にある。

市民教育などを通して、子どもたちから国会議員や弁護士まで、共通了解であるべきなのにそうなっていない事柄が少なからずある。特に共通了解となっていないのが気になっている点をいくつかあげる。

（１）立憲民主制それ自体は目的ではなく、手段である。それは正義実現を可能にする制度として、人類にとって現状で最善の手段である。

（２）立憲民主制にあっては、conceptとしての「正義」とは、「権利保障の努力」と定義される。[10] その解釈や５Ｗ１Ｈについては多様なconceptionがあろうが、社会正義を論じるのであれば、手続として、この定義を共通了解としていなければ有益な論争にならない。

（３）他者の権利を侵害しつつ成り立つ権利はなく、権利は相互に衝突しない。権利主張が衝突した場合には、それは法制度を用いた不偏不党の方法で解決する（「法の支配」の一面）。そのためには紛争解決のための社会制度（典型的には裁判所）、権利が確定・確認された場合にはその行使を保障する公的制度（典型的には民事執行制度）が不可欠である。立法府・行政府だけでなく、この意味での司法制度がなければ、その秩序は「権利が尊重される社会」、「社会正義が行われている」、とは言えない。

（４）権利はあるかないかのデジタルなものであり、権利の有無による判断は、力の大小が強要する判断に取って代わるものであり、上記（３）のおかげで、社会的弱者といえども、権利があれば強者を屈服させうる。

（5）国民主権の公権力は権利システムの実効性を保障するために自らのあらゆる権力を用いる。公権力行使の管理責任者（公僕）によるその濫用は、国民によるモニター制度等が機能しておれば、制御可能である。そう信じきれる者を「民主主義者」と呼び、その養成が「主権者教育」の目的である。何を以て濫用とするかは憲法以下の法律にこれを定める。これも「法の支配」の一面である。

（6）公権力を管理する上記公僕には、実は権利の体系を保護しようとする性向がある。それが自らの私利私欲に適うからである。公僕の個別利害に適うのは、次の事情があるからである。まず、権力は常に権力者の利益のために用いられる。国民主権、すなわち国民が全権を掌握している秩序では、国民が権力者（主権者）であり、国民の共通利益の核には、生命・自由などの人権と呼ばれる権利保障がある。公僕は、全体の奉仕者たる公務員としての義務感からだけではなく、国民が主権者として適切に行動するかぎり、自らの私益に適うので公益、すなわち国民の共通利益たる〈国民の平等な権利実現〉を意欲する。こうして、公権力の正しい行使方法が実質的にも保障されるので、権利保障の努力、すなわち社会正義は、単なる理念ではなく、現実の（立憲民主制の）国家制度として実在し、機能する。

以上の、ほとんど自明の事柄が国民の共通了解となれば、哲学は「自由と権利を守る政治制度と協力しつつ、」integrity をもつ「人間が育ちやすい、安全快適で文化的に豊かな社会を実現するのに役立」ちうる。

ウィリアムズが活動した社会や伝統においては、上記了解事項の多くが共有されているように思う。一方、わが国は、「正義」は儒教の文脈で、「権利」は明治維新の文脈で、相互に関係ないものとして導入されている。歴史伝統の脱構築を通じ、権利と正義の相互関係の学習・認識を現実のものとすることが重要である。したがって、「現代日本でウィリアムズをどう読むか」に応えるには、哲学的考察を進めつつも、同時に、「わが国の**権利を守る正義の制度**をどのように充実させ、協力していくか」についても、考え、活動していく必要があると考える。哲学する者は、公共的な倫理についても、折々の時局的問題ごとに社会に発言する practice を定着させ、哲学が（私たちが主人である）公権力と適切に協力して、倫理が栄える秩序を実現・発展させる一助となるように日々努めるべきではないだろうか。

四　謝辞

文庫版を出版できることになったのは、お話を頂いた筑摩書房の関係者のおかげである。平野洋子、北村善洋のお二人には改めて感謝申し上げる。文庫版は、共訳者の下川潔教授の身体的制約を乗り越えてのご協力がなければ、不可能であった。（下川氏は、私には integrity の living definition であるが、むろん、そうであるが故に彼はそれを認めない。何度も勘弁してくれと頼まれた。）また、産業図書版がなければそもそも文庫版もあり得なかった。これを現実のものとしていただいた産業図書（当時）の江面竹彦さまにはご冥福を祈りつつ感謝申し上げる。編集の労を執っていただいた西川宏、産業図書につないでいただいた野家啓一東北大学教授（当時）にもこの場を借りて御礼申し上げる。最も深い感謝の念をもつのは本書の文庫版を待望していただいた読者諸賢に対してである。旧版の古書価格に見受けられる需要があるかぎり、上記の悲観的見方は遠からず捨てることができるのではないか、との希望が生まれる。その希望を与えていただいたこと、本書の知恵を共有できることを何よりも感謝申し上げたい。

二〇二〇年　新常態の夏

森際康友

1　ウィリアムズは二〇〇三年六月一一日、ローマにて心不全で逝去。一九九九年には癌診断を承知し、癌とつきあう生活に入っていた。享年七三歳。

2　「ギリシア語のエトス ethos ないしはエートス ēthos、あるいはラテン語のモレス mores（mos の複数形）に由来する。ēthos という語は、第1に、たいていは複数形の ēthē で用いられて、……住み慣れた場所、住い、故郷を意味し、第2に、同じくたいていは複数形で、……集団の慣習や慣行を意味し、第3に、そういう慣習や慣行によって育成された個人の道徳意識、道徳的な心情や態度や性格、ないしは道徳性そのものを意味する。」世界大百科事典【道徳】より。https://kotobank.jp/word/倫理学-150514　最終参照日 2020/08/19

3　道徳・政治・法をめぐる近代思想においては、道徳は三種に分類できる。第一に、通常「道徳」として観念される個人の生き方をめぐる個人道徳。第二に、そのような個人が快適に人生行路を旅し、幸せに生きることができる（国家）権力秩序が保障すべき道徳的価値（自由、平等、正義など）をめぐる公共道徳。第三に、上記の私と公（この順序が大切であり、公私ではない。公は私のためにあり、逆ではない。）の利益を媒介する専門職倫理など中間団体の倫理である。参照　森際康友編『法曹の倫理』第3版（名古屋大学出版会、二〇一九年）

4　ウィリアムズ自身、ギャンブルとポルノ問題については政府の委員を引き受け、後者については委員長として、後にウィリアムズ・レポートとして知られる、サッチャー政権では棚上げされつつも、後に英国の政策形成に大きな影響を与える報告書をまとめた。また、政治的には改革・進歩派であり、最初の妻Shirley Williams の政治活動を積極的に支援した。

5　参照　"Replies" in: J. E. J. Altham and Ross Harrison (eds.), *World, Mind, and Ethics*, (Cambridge: Cambridge University Press, 1995) p. 216

6　これは訳者にとっては仮象問題に近い。私たちは幾何学上の三角形は知覚できないことを百も承知で、なお建築家は三角法を用いて建築物の高さを測るなど、日々活動している。同様に、法学を修めた裁判官など法曹は、抽象的な憲法価値の理解に嚮導されつつ具体的事件を解決する活動に日々勤しんでいる。ジヤンボジェットは、航空力学上は飛ぶはずがないと言われた。このような practice（後述二（2）を参照）が成立しているとき、課題は、理論の修正・改善なのか、現実を否定して活動を停止することなのか、いずれであろうか。

7 詳細は森際康友『法の哲学』（新世社、近刊）を参照されたい。

8 Cf. L. Wittgenstein, *Tractatus Logico-Philosophicus*, 3.3. Project Gutenberg http://www.gutenberg.org/files/5740/5740-pdf.pdf p.102 最終参照日 2020/08/19

9 参照 森際康友「哲学と哲学政策」『哲学雑誌』一〇七巻七七九号（哲学会編、一九九二年）一五七―一七三頁。

10 正義論においては必ず挙げられるアリストテレスの正義概念も、ローマ法大全におけるそれも、つまるところ、この定義に集約される。言語表現が、「正義」と「権利」の相互関係を明示しており、わが国ではその関係が見えないところに系譜学的問題を看て取ってよい。ラテン語では、権利に相当する語は jus で、正義は justitia である。ドイツ語では Recht と Gerechtigkeit であり、英語はノルマン人による征服があったため権利は日常語の right だが、正義は公用語の justice である。要は、正義とは権利を尊重する状態をいう。参照 森際康友「正義と法」『法律論叢』八九巻四・五合併号（二〇一七年）三一一―三二五頁。http://hdl.handle.net/10291/18564

【わ　行】

【や 行】

【ら 行】

【ま　行】

【な　行】

【は　行】

【た　行】

【さ 行】

索　引

本書は一九九三年八月、産業図書株式会社より刊行された。

ちくま学芸文庫

生《い》き方《かた》について哲学《てつがく》は何《なに》が言《い》えるか

二〇二〇年十一月十日　第一刷発行

著者　バーナド・ウィリアムズ

訳者　森際康友（もりぎわ・やすとも）
　　　下川潔（しもかわ・きよし）

発行者　喜入冬子

発行所　株式会社　筑摩書房
東京都台東区蔵前二―五―三　〒一一一―八七五五
電話番号　〇三―五六八七―二六〇一（代表）

装幀者　安野光雅
印刷所　株式会社精興社
製本所　株式会社積信堂

ISBN978-4-480-09791-0 C0110